Mahmoud Fawzi Al-Hader

Monitorização de infra-estruturas de cidades inteligentes utilizando tecnologias LIDAR

Mahmoud Fawzi Al-Hader

Monitorização de infra-estruturas de cidades inteligentes utilizando tecnologias LIDAR

ScienciaScripts

Imprint

Any brand names and product names mentioned in this book are subject to trademark, brand or patent protection and are trademarks or registered trademarks of their respective holders. The use of brand names, product names, common names, trade names, product descriptions etc. even without a particular marking in this work is in no way to be construed to mean that such names may be regarded as unrestricted in respect of trademark and brand protection legislation and could thus be used by anyone.

Cover image: www.ingimage.com

This book is a translation from the original published under ISBN 978-3-330-02031-3.

Publisher:
Sciencia Scripts
is a trademark of
Dodo Books Indian Ocean Ltd. and OmniScriptum S.R.L publishing group

120 High Road, East Finchley, London, N2 9ED, United Kingdom
Str. Armeneasca 28/1, office 1, Chisinau MD-2012, Republic of Moldova, Europe
Printed at: see last page
ISBN: 978-620-7-77601-6

ÍNDICE DE CONTEÚDOS

LISTA DE ABREVIATURAS

GPS	Global Positioning System
GNSS	Global Navigation Satellite System
LIDAR	Light Detection And Ranging
IMU	Initial Measurement Unite
GPR	Ground Penetrating Radar
IT	Information Technology
DJA	Downtown Jebel Ali
UAE	United Arab Emirates
SOA	Service Oriented Architecture
RDB	Relational Database
XML	Extensible Markup Language
RS	Remote Sensing
GIS	Geographical Information System
TCP/IP	Transfer Control Protocol/Internetwork Protocol
CCTV	Closed Circuit Television
CATV	Community Access Television
BTM	Business Transaction Perspective
ISO	International Organization for Standardization
Wi-Fi	Wireless Fidelity
SCADA	Supervisory Control and Data Acquisition
BMS	Building Management System
GSM	Global System for Mobile Communications
GPRS	General Packet Radio Service

SMS	Short Message Service
CAD	Computer Aided Design
DGN	Design file formats supported by Bentley Systems
SOW	Scope of Work
SDI	Spatial Data Infrastructure
EIP	Enterprise Information Portal
UAN	Urban Area Network
TV	Television
NCRS	National Contagion Reporting System
UDDI	Universal description, discovery and integration
XML	Extensible Markup Language
HAN	Home Automation Network
BMM	Business Motivation Model
3D	Three Dimensional
MEO	Medium Earth Orbit
PDA	Personal Data Assistant
INS	Inertial Navigation Systems
MMS	Mobile Mapping System
CCD	Charge Coupled Device
DTM	Digital Terrain Model
NASA	National Aeronautics and Space Administration
WMS	Web Map Service
NEXRAD	NEXt generation weather RADar
LIS	Land Information System
DEM	Digital Elevation Model

CAE	Computer Aided Engineering
CMM	Coordinate Measuring Machine
NURBS	Non-Uniform Rational Basis Spline
RMS	Root Mean Square
3DLM	3D Laser Mapping
ALS	Airborne LIDAR Systems
PLC	Programmable Logic Controllers
SDI	Spatial Data Infrastructure
DLTM	Dubai Local Transverse Mercator

CAPÍTULO 1

INTRODUÇÃO

1.1 Visão geral

Nos últimos anos, vários livros e autoridades de desenvolvimento em todo o mundo iniciaram o desenvolvimento e o apoio a plataformas de cidades inteligentes em termos de monitorização e controlo. A rede de infra-estruturas é um dos principais subsistemas da cidade. Este livro aborda a plataforma de monitorização de infra-estruturas inteligentes no sentido da monitorização geoespacial, que destaca a localização geográfica actualizada (XYZ) representada num modelo de superfície 3D da área de interesse. A tecnologia de levantamento móvel a laser adoptada para a monitorização das redes de infra-estruturas.

A análise de dados do LIDAR terrestre identificou uma metodologia mais sofisticada para a sua utilização na recolha de dados de infra-estruturas. O livro também discute um método matemático de extração para identificar a velocidade do sistema mais eficiente a ser ilustrada durante as missões LIDAR terrestres para qualquer tipo de condutas/cabos de polietileno. A reorganização resultante constitui uma plataforma de monitorização geoespacial de infra-estruturas mais inteligente. O novo método de atualização de dados de infra-estruturas apoiará o desenvolvimento de um conceito de cidade inteligente mais sofisticado.

Existem várias tecnologias, estratégias e metodologias que podem ser utilizadas para a recolha de dados espaciais para levantamento e produção de mapas, incluindo a monitorização do progresso das infra-estruturas. O LIDAR terrestre está a fornecer capacidades mais inteligentes em termos de cobertura de levantamento e precisão dos dados. As outras tecnologias disponíveis com as metodologias comuns de recolha de dados, como as técnicas de levantamento terrestre, a fotogrametria e vários tipos de técnicas de deteção remota, podem ser consideradas métodos convencionais. O livro aborda uma comparação técnica entre as actuais técnicas de monitorização de dados geoespaciais e desenvolveu uma avaliação global do desempenho no sentido da capacidade de cobertura, extração de objectos, formatos de dados, tempo de inicialização dos sistemas e consumo de tempo de pós-processamento. O objetivo da realização desta comparação é validar o desempenho da tecnologia LIDAR terrestre em relação às outras tecnologias geoespaciais.

O livro aborda a modelação de redes de dados eléctricos e hídricos através da reestruturação da sua estrutura de dados, de modo a melhorar o desempenho da extração de dados. A reestruturação dos modelos de dados eléctricos e hídricos está fortemente relacionada com a origem das características, o carregamento de dados, a extração de dados, o processamento de dados e o desempenho dos dados. A modelação de dados reflecte o nível de complexidade do carregamento e da extração de dados. A modelação de dados baseia-se na criação de elementos ligados a domínios e subdomínios ao longo de um certo número de atributos. A forma de reduzir o número de características e de organizar as conectividades e os atributos relacionados reflecte o nível de desempenho da base de dados.

1.2 Declarações de problemas

As redes de infra-estruturas são um dos componentes urbanos mais importantes que necessitam de desenvolvimento e automatização contínuos. As técnicas de automatização são importantes para atualizar o enorme progresso frequente da rede, ou seja, novas instalações, reforços e substituições. A necessidade de atualizar diariamente o progresso das infra-estruturas deve-se à importância destas redes de serviços públicos para a vida quotidiana de qualquer comunidade. Este problema pode ser reconhecido no atual fluxo de trabalho de operação e manutenção. O problema começa quando um determinado utilizador necessita de manutenção eléctrica/água devido ao corte do serviço. O fluxo de trabalho normal consiste em desligar o serviço de todos os utilizadores próximos devido a dados incorrectos/incompletos sobre os serviços públicos. O serviço é desligado para todos os utilizadores próximos porque não se conhece a localização exacta do cabo/tubagem de serviço ligado ao utilizador em causa. A razão por detrás do desconhecimento da localização dos serviços de utilidade pública é a dificuldade de efetuar o levantamento das actualizações diárias da rede de serviços de utilidade pública utilizando as tecnologias de levantamento actuais. A dificuldade da atualização dos dados da rede de serviços públicos está relacionada com a falta de recolha, processamento e produção de dados. A viabilidade da utilização da tecnologia LIDAR terrestre oferece uma nova perspetiva para a atualização de dados de infra-estruturas.

A atualização dos dados geoespaciais actuais à escala da cidade está a utilizar as técnicas normais de recolha de dados, tais como GPS, estação total e equipamento de nível. O desempenho da recolha de dados é muito limitado e complicado utilizando as técnicas de levantamento disponíveis à escala da cidade devido a vários factores, tais como a existência de uma rede geodésica adequada para estabelecer os pontos de controlo de missões necessários antes de realizar a recolha de dados físicos. Por outro lado, os recursos necessários também são enormes para operar estas técnicas; a precisão dos dados será afetada e não será consistente devido ao grande número de recursos envolvidos com qualidade diferente. Devido à importância de ter os dados das infra-estruturas de serviços públicos actualizados e completos, a fim de melhorar os serviços gerais de operação e manutenção, vários países estão a realizar levantamentos geofísicos utilizando o radar de penetração no solo (GPR) e outras técnicas semelhantes, como a deteção de cabos, para atualizar as redes de infra-estruturas de serviços públicos.

O desenvolvimento de uma nova metodologia exige que se facilite a atualização diária (serviços expostos e antes do reenchimento) do progresso da infraestrutura para atribuir com precisão a localização dos serviços, a fim de melhorar significativamente o desempenho global da manutenção e do funcionamento. O termo cidade inteligente é atualmente designado para refletir o desenvolvimento das TI e a velocidade da ligação à Internet. O livro desenvolve uma metodologia de engenharia que reflecte o progresso diário do desenvolvimento das redes de infra-estruturas com uma precisão suficiente e consistente e com poucos recursos operacionais.

1.3 Objectivos

Devido à impraticabilidade das tecnologias actuais, como o GPR e o cable locator, na atualização geoespacial do desenvolvimento diário das infra-estruturas, este livro desenvolve uma plataforma mais eficiente e prática utilizando o LIDAR terrestre. O livro tem como objetivo melhorar uma metodologia mais eficiente utilizando o LIDAR terrestre na atualização do progresso das redes de infra-estruturas de polietileno. O modelo matemático de extração será desenvolvido com base na análise detalhada do comportamento dos impulsos do feixe LIDAR terrestre em relação ao material do polietileno e à velocidade do sistema no solo. Os objectivos secundários do livro podem ser conceptualizados nos seguintes objectivos.

• Identificar a tecnologia mais eficiente na recolha de dados geoespaciais, comparando o seu desempenho de recolha com as tecnologias de levantamento topográfico atualmente utilizadas.

• Desenvolver um método matemático para o replaneamento das missões LIDAR terrestres, correlacionando o comportamento dos seus impulsos com o material polietileno e a velocidade do sistema no solo.

• Modificar a atual estrutura de dados das redes de infra-estruturas, substituindo todas as classes de características por três classes e acrescentando mais domínios e intervalos, a fim de melhorar o desempenho dos enormes dados geoespaciais extraídos de missões LIDAR terrestres.

1.4 Área de validação

A área do livro de validação é ilustrada em duas áreas; área localizada nos Emirados Árabes Unidos, no centro de Jabal Ali. A extensão posicional da área de estudo para todas as missões LIDAR terrestres ilustradas situa-se entre a Latitude 24°59'10.28 "N e 24°57'54.62 "N e a Longitude 55° 5'27.54 "E e 55° 5'15.46 "E. A Figura 1.1 mostra a localização da área de estudo.

Neste trabalho, apenas são considerados materiais de infra-estruturas de polietileno, sendo a análise ilustrada para identificar a resposta do feixe laser móvel de materiais de polietileno. Outros materiais podem ser objeto de estudos diferentes, em que a velocidade do sistema no solo é alterada devido aos factores de refletividade da superfície do material dos impulsos LIDAR terrestres. A análise pormenorizada do comportamento dos impulsos LIDAR terrestres em relação às redes de infra-estruturas de polietileno (cabos e condutas) resultou num novo planeamento das missões do laser móvel.

O livro utiliza a arquitetura da estação de referência GNSS ao longo da plataforma normal do recetor de navegação GPS ligado ao scanner laser móvel durante a recolha/digitalização móvel das redes de infra-estruturas.

Figura 1.1. Localização da Primeira Área de Estudo; Google Earth (capturado em maio de 2010)

Figura1.2.Localização da Segunda Área de Estudo; Google Earth (capturado em maio de 2010)

A área de validação da segunda missão na área de estudo é limitada para medir a eficácia da integração das correcções da estação de referência GNSS/GPS com a tecnologia LIDAR terrestre na identificação e atualização da rede de infra-estruturas. A figura 1.2 representa a segunda missão LIDAR terrestre ilustrada no Dubai, Jebel Ali, Jumira

Village 5. A extensão posicional desta área de estudo situa-se entre a Latitude 25° 2'56.33 "N e 25° 2'45.20 "N e a Longitude 55°11'17.89 "E e 55°11'47.83 "E. O scanner laser móvel utilizado e todas as observações relacionadas com o pós-processamento são ilustradas utilizando equipamentos e software da Applanix.

1.5 Organização do livro

Este livro está organizado em cinco capítulos. O Capítulo Um faz um breve enquadramento da introdução do livro no sentido da utilização da tecnologia LIDAR terrestre na monitorização geoespacial da cidade. O capítulo explica também o enunciado do problema do livro, os objectivos do livro, as contribuições e a área de validação deste livro. O capítulo dois consiste numa introdução e noutros trabalhos realizados no que diz respeito aos scanners 3D, GNSS, aplicações GNSS, sistemas e aplicações de cartografia móvel. Foram discutidas mais investigações sobre a tecnologia LIDAR terrestre para aplicações de levantamento topográfico, scanners móveis e respectiva precisão e desempenho. São também abordadas as aplicações GPS e IMU e várias técnicas de levantamento topográfico. Os conceitos, objectivos e arquitetura das cidades inteligentes e os recursos de informação geoespacial são igualmente destacados. O capítulo três destaca a contribuição do livro, o quadro metodológico do livro, o desenvolvimento de infra-estruturas inteligentes e o quadro de monitorização. O fluxo do processo LIDAR terrestre e o quadro de análise analítica ilustrado são também abordados no capítulo três. O capítulo quatro menciona os resultados da comparação técnica ilustrada entre as tecnologias de levantamento topográfico. A análise e os resultados do LIDAR terrestre e o método matemático desenvolvido são também claramente mencionados. O capítulo cinco conclui as conclusões do livro, as suas vantagens e as sugestões para trabalhos futuros.

CAPÍTULO 2

REVISÃO DA LITERATURA

2.1 Introdução

A cidade inteligente é uma nova terminologia que reflecte o nível de plataformas inteligentes e de automação adoptadas na cidade. A principal indicação da inteligência e da automação é a possibilidade de monitorizar e controlar os componentes da cidade. A monitorização das redes de infra-estruturas é um fator vital da composição da smart city. A importância da monitorização das redes de infra-estruturas decorre da criticidade de manter estas redes em funcionamento devido à sua forte relação com o quotidiano da comunidade. Este capítulo apresenta uma visão geral dos conceitos, arquitetura e objectivos das cidades inteligentes. A razão pela qual se destaca o conceito de cidade inteligente é a capacidade de recolha de dados para atualizar as redes de infra-estruturas utilizando o LIDAR terrestre. Esta capacidade dá a possibilidade de melhorar o atual conceito de cidade inteligente, não só para abranger a tecnologia de comunicação, mas também para abranger as restantes redes de infra-estruturas, como as redes de energia e de água. O capítulo aborda também a arquitetura orientada para os serviços da gestão geoespacial das cidades inteligentes, bem como a modelização dos dados das redes de infra-estruturas de água e eletricidade. O capítulo centra-se mais nos sistemas de cartografia móvel, na tecnologia LIDAR terrestre, nas precisões extraídas, nas aplicações LIDAR terrestres e no Sistema Global de Navegação por Satélite.

2.2 Técnicas de levantamento topográfico

A medição exacta da topografia de um curso de água é importante para muitas aplicações ecológicas, como a modelação hidráulica e a caraterização de habitats. As medidas da complexidade do habitat são muitas vezes difíceis de quantificar ou são efectuadas de forma qualitativa. O levantamento tradicional com uma estação total pode ser moroso e limitado por uma fraca resolução espacial. Estes problemas conduzem a erros de medição e interpolação, que se propagam para a incerteza do modelo. A varredura laser terrestre (TLS) tem o potencial de medir a topografia com alta resolução e precisão. As tecnologias de estação total e TLS foram utilizadas para medir 100 m de uma área florestal no Parque Nacional de Shenandoah, EUA. O conjunto de dados TLS foi pós-processado para remover a vegetação e criar um modelo digital de elevação (DEM) de 2 cm. A posição e o tamanho de dez rochas foram comparados para cada método. Foi desenvolvido um algoritmo para delinear rochas dentro do canal do riacho a partir do DEM do TLS. Estação total comparada com TLS; onde o levantamento por estação total subestimou o volume de rocha e a heterogeneidade da secção transversal em 55% e 41%, respetivamente. O TLS tem o potencial de quantificar medidas de complexidade de habitat de forma automatizada e imparcial.

Danielle *et al.*, (2009) ilustraram um levantamento magnético de alta resolução numa área de 120m x 120m localizada num antigo terraço fluvial do rio Huerfano e um levantamento GPS numa extensão de 2,0 km^2 do terraço. Danielle *et al.*, (2009) desenvolveram proficiência com o Geometrics G-856 Proton Magnetometer, Garmin GPSmap 60CSx, e a Estação Total Sokkia SET 610, bem como software de redução de dados. O levantamento magnético de alta resolução tentou identificar concentrações de materiais de alta suscetibilidade do tamanho de cascalho e calhaus relacionados com canais paleo-fluviais dentro do terraço. Foi estabelecida uma rede de grelha X-Y-Z sinalizada, com um espaçamento de 10 metros, utilizando uma estação total Sokkia, tendo cada local sido localizado com precisão utilizando uma combinação do Garmin 60CSx e da estação total; a precisão destes dois métodos foi avaliada de forma crítica no laboratório. Foram recolhidas medições do campo magnético total em cada estação assinalada, tendo estes dados sido registados num caderno de campo e posteriormente transferidos para uma folha de cálculo Excel para processamento. Os resultados preliminares revelam uma série de áreas de suscetibilidade muito elevada que são provavelmente objectos enterrados que contêm ferro, tais como tubos e bueiros de drenagem. Danielle *et al.* (2009) filtrou os sinais de suscetibilidade elevada e revelou um padrão de áreas de suscetibilidade moderada que tenta interpretar como concentrações de materiais magnéticos, provavelmente cascalhos de barras pontuais rodeados por depósitos de menor suscetibilidade sobre a margem. O levantamento GPS forneceu dados para a construção de um mapa topográfico muito pormenorizado.

George *et al.*, (2009) fizeram um levantamento de mais de 100 artigos publicados relacionados com técnicas neuro-fuzzy derivadas e aplicadas à previsão dos mercados bolsistas. As classificações são feitas em termos de dados de entrada, metodologia de previsão, avaliação de desempenho e medidas de desempenho utilizadas. Através dos artigos pesquisados, é demonstrado que as técnicas de computação suave são amplamente aceites para estudar e avaliar o comportamento do mercado bolsista.

Xiang *et al.*, (2010) discutiram a necessidade de efetuar o levantamento de planos internamente, tendo sido desenvolvido um novo método de fotogrametria de curto alcance através de um sistema de retícula laser. Com a ajuda do sistema, podem ser marcadas duas linhas de nível paralelas e oito linhas laser verticais na superfície das paredes interiores. Quando se estuda a relação entre a distância de uma linha vertical e o comprimento da mesma linha numa imagem, é possível determinar a localização espacial dos cantos da divisão e alguns pontos característicos nas imagens. Com base na fotogrametria e no método de operação de mesa plana, o mapeamento do plano arquitetónico pode ser feito facilmente seguindo um conjunto de imagens de retícula laser que foram filmadas in situ fechadas por uma câmara digital não métrica. Com o método proposto, é possível registar simultaneamente mais pormenores dos edifícios históricos em folhas de desenho e imagens monogâmicas, que constituem a informação de base para a análise estrutural dos edifícios históricos.

Barber *et al.*, (2008) validaram os dados de nuvens de pontos digitalizados a laser recolhidos por um sistema de cartografia móvel terrestre. Dado que a necessidade de dados tridimensionais pormenorizados sobre o ambiente continua a crescer, é provável que os sistemas móveis terrestres venham a encontrar um nicho cada vez mais importante nas aplicações das agências cartográficas nacionais. Por exemplo, esses sistemas podem fornecer a captura de dados mais eficiente para a modelação numérica e/ou a visualização em apoio à tomada de decisões, preenchendo um vazio entre a digitalização laser terrestre estática e a digitalização laser aérea móvel. Barber *et al.* (2008) procuraram avaliar a precisão e exatidão dos dados recolhidos com o sistema StreetMapper em dois locais de teste: uma zona residencial periurbana com habitações de baixa densidade e ruas largas, e uma antiga zona industrial com ruas estreitas e armazéns altos. Foi efectuada uma estimativa da precisão do sistema em ambos os locais de teste, utilizando passagens repetidas de recolha de dados, indicando uma precisão de medição (95%) entre 0,029 m e 0,031 m na elevação. A precisão da medição da elevação foi avaliada em comparação com pontos de controlo recolhidos utilizando técnicas de levantamento convencionais ao mesmo tempo que o levantamento por varrimento laser, encontrando erros RMS na elevação na ordem dos 0,03 m. A precisão planimétrica também foi avaliada, com resultados que indicam uma precisão de aproximadamente 0,10 m, embora tenham sido encontradas dificuldades na avaliação fiável da precisão planimétrica. Os resultados desta validação foram comparados com uma pré-análise de erro teórico que também foi utilizada para mostrar as componentes relativas de erro no sistema.

Kontogianni *et al.,* (2008) argumentaram as aplicações de instrumentos geodésicos modernos em actividades relacionadas com o desporto e o lazer. As estações totais, os receptores GPS por satélite e os sistemas de nivelamento a laser são utilizados para normalizar as dimensões dos recintos desportivos, para registar com precisão e digitalmente os desempenhos em saltos e lançamentos durante os jogos, para melhorar os desempenhos dos atletas de remo através do registo dos pormenores da cinemática da embarcação durante o treino, para navegar em iates, barcos e alpinistas e para definir as alturas dos papagaios que voam alto.

Haifeng (2009) apresentou o princípio e as características da técnica RTK. Haifeng (2009) debruçou-se sobre os problemas dos métodos tradicionais de levantamento de secções transversais e encontrou soluções para esses problemas. A exatidão do levantamento da elevação através da técnica RTK pode satisfazer as exigências do levantamento da secção transversal da autoestrada através da comparação com o método de levantamento de nível. Ao mesmo tempo, Haifeng (2009) introduziu em pormenor as etapas gerais do levantamento transversal com a técnica RTK.

Jin-feng *et al.,* (2008) apresentaram uma nova aplicação técnica na prospeção mineira, incluindo o equipamento de instrumentação avançado. A tecnologia, a informação e a tecnologia de rede e a tecnologia de fusão da informação são analisadas em relação aos problemas existentes no atual levantamento mineiro. Jin-feng *et al.,* (2008) também forneceram uma nova forma de apresentar a prospeção mineira da idade do ponto de vista do desenvolvimento sustentável.

Worral (2007) desenvolveu e avaliou um conjunto de procedimentos de Garantia de Qualidade legalmente rastreáveis para a utilização de GPS RTK aquando da realização de um levantamento cadastral. Para criar o livro de procedimentos de GQ foi ilustrado com base na legislação atual, nos organismos reguladores (literatura) e nas directrizes das melhores práticas. As directrizes ISO9000 foram utilizadas para o desenvolvimento dos procedimentos de Garantia de Qualidade. Foi efectuado um levantamento comparativo em que o mesmo levantamento foi realizado utilizando GPS RTK e uma Estação Total Robótica. Worral (2007) forneceu uma comparação pontual entre os dois métodos para determinar a precisão alcançável, e também deu uma boa indicação quanto à eficiência de custos dos dois métodos. A utilização de procedimentos de controlo de qualidade ISO9000 permite melhorar significativamente a rastreabilidade legal das observações

GPS. Worral (2007) também demonstrou que, dependendo da dimensão da restauração necessária, o GPS RTK pode atingir o nível de precisão desejado com um nível de eficiência mais elevado.

Tunstel *et al.* (2009) efectuaram os levantamentos móveis para fins científicos e de engenharia como parte de futuras missões em superfícies lunares e planetárias. Com a caraterização do local como objetivo da tarefa, são possíveis várias configurações do sistema e técnicas de levantamento. Tunstel *et al.*, (2009) descreveram vários exemplos de abordagens de levantamento móvel utilizando configurações de deteção local e remota. A cada um deles é aplicada uma medida geométrica do desempenho da cobertura da área e o desempenho relativo no levantamento de uma área comum é caracterizado pelas tendências de desempenho esperadas. As métricas de desempenho que expressam apenas aspectos geométricos da tarefa robótica têm uma utilidade limitada como auxiliares de decisão para os operadores humanos da missão. Como tal, a importância de enriquecer essas métricas através da incorporação de atributos adicionais pertinentes ao levantamento de superfícies planetárias é realçada pela síntese das vantagens de vários sistemas de levantamento no país e no estrangeiro. Pan *et al.*, (2010) mencionaram um sistema de levantamento visual altamente automático de operação simples desenvolvido com uma caraterística de visualização automática de levantamento de orientação de túneis de escudo e visualização de gestão móvel de engenharia. O sistema foi aplicado na construção de caminhos-de-ferro. Pan *et al.* (2010) mostraram que o sistema de levantamento é conveniente, preciso e viável para realizar automaticamente toda a tarefa de medição. Com base na informação visual das correlações oferecidas pelo sistema sobre o local e o edifício em redor, podem ser evitados acidentes causados pela envolvente durante a construção do túnel.

2.3 Scanner tridimensional

O scanner tridimensional (3D) é um dispositivo que analisa um objeto ou ambiente do mundo real para recolher dados sobre a sua forma e, possivelmente, a sua aparência. Os dados recolhidos podem então ser utilizados para construir modelos tridimensionais inteligentes, úteis para uma grande variedade de aplicações. Estes dispositivos são amplamente utilizados pela indústria do entretenimento na produção de filmes e jogos de vídeo. Outras aplicações comuns desta tecnologia incluem o design industrial, ortopedia e próteses, engenharia inversa e prototipagem, controlo de qualidade/inspeção e documentação de artefactos culturais.

Bernardini *et al.*, (2002) mencionaram que, na maioria das situações, um único exame não produzirá um modelo completo do objeto. São normalmente necessárias várias digitalizações, mesmo centenas, de muitas direcções diferentes para obter informações sobre todos os lados do sujeito. Estas digitalizações têm de ser colocadas num sistema de referência comum, um processo que é normalmente designado por alinhamento ou registo, e depois fundidas para criar um modelo completo. Todo este processo, que vai desde o mapa de alcance único até ao modelo completo, é normalmente conhecido como o processo de digitalização 3D.

Curless (2000) argumentou sobre a variedade de tecnologias para adquirir de forma inteligente a forma de um objeto 3D. Uma classificação bem estabelecida divide-as em dois tipos: scanners 3D com e sem contacto. Os scanners 3D sem contacto podem ainda ser divididos em duas categorias principais, os scanners activos e os scanners passivos. Há uma variedade de tecnologias que se enquadram em cada uma destas categorias.

2.4 Sistema Global de Navegação por Satélite (GNSS)

Os sistemas globais de navegação por satélite (GNSS) proporcionam uma cobertura global para a observação de dados de posicionamento espacial, que é o termo genérico padrão para os sistemas de navegação por satélite. O GNSS permite que pequenos receptores electrónicos determinem a sua localização 3D com uma precisão de menos de um metro, utilizando sinais de tempo transmitidos por rádio visível a partir de satélites.

Os receptores calculam o tempo exato, bem como a posição, que constituem a entrada ideal para o famoso modelo de ajustamento dos mínimos quadrados, utilizado para o cálculo da posição. Schmidt *et al.,* (2007) referem que os receptores GNSS estão a tornar-se cada vez mais eficientes, mais pequenos em tamanho, peso e preço, o que faz com que os receptores GNSS sejam hoje em dia um produto de massa.

Segundo Wanyun (2010), o Sistema de Posicionamento Global (GPS) NAVSTAR dos Estados Unidos é
o único GNSS totalmente operacional. O
GLONASS russo é um GNSS que está a ser reposto em
pleno funcionamento (21 dos 24 satélites estão operacionais). O sistema de posicionamento Galileo da União
Europeia é um GNSS em fase inicial de implantação, cuja entrada em funcionamento está prevista para 2014. A República Popular da China indicou que irá expandir o seu sistema de navegação regional Beidou para o sistema de navegação global Compass até 2020. A cobertura global de cada sistema é geralmente assegurada por uma constelação de 2030 satélites de órbita terrestre média (MEO) distribuídos por vários planos orbitais.

2.5 Aplicações GNSS

Os actuais utilizadores essenciais dos sistemas de posicionamento são os utilizadores militares e civis. No entanto, os futuros utilizadores terão várias opções GNSS adicionais à sua disposição, à medida que novos sistemas forem ficando operacionais. Estes sinais GNSS, que em muitos casos são gratuitos e estão disponíveis em todo o mundo, serão utilizados para fazer avançar as aplicações que foram iniciadas com o GPS. Independentemente da utilização do GNSS, seguem-se algumas das principais aplicações GNSS.

- Navegação pessoal: trata-se de aplicações que ajudam as pessoas a pé a orientarem-se. Um exemplo disto são os dispositivos de navegação pessoal amplamente conhecidos e utilizados por caminhantes. Um exemplo disto são os dispositivos de navegação pessoal amplamente conhecidos e utilizados pelos caminhantes. Esta tecnologia está atualmente a ser introduzida nos telemóveis e nos PDA, expandindo a navegação por satélite a um novo grupo de utilizadores. Khider *et al.*, (2008) discutiram a aplicação de receptores GNSS de interior na simulação e validação de sistemas de posicionamento de interior através da simulação de trajectos pedestres realistas e da aplicação desses trajectos como parâmetros de controlo de um sistema que simula sensores.

• Aplicações aeronáuticas: incluem a navegação em rota, bem como as aplicações de aproximação e aterragem de precisão, que exigem um nível de desempenho muito elevado em termos de precisão e robustez. Khider *et al.*, (2008) introduziram um novo algoritmo de integridade para as anomalias da ionosfera que tira partido da modernização do GNSS, que está a sofrer alterações no sistema GPS e que melhora as capacidades dos utilizadores civis. Ling *et al.*, (2010) discutiram um novo erro de modelação do sistema móvel para a falha do filtro de Kalman alargado na estimativa do estado do recetor GNSS para a aviação civil. Este problema torna-se ainda mais crítico porque a mobilidade das aeronaves varia consoante as fases de voo.

• Aplicações para automóveis: Os sistemas baseados no GNSS permitiram o desenvolvimento de muitas aplicações automóveis que melhoram a facilidade de operação. Os sistemas mais simples e mais utilizados fornecem aos condutores instruções para irem do ponto de partida ao destino com um mínimo de desvios. Há, no entanto, aplicações mais sofisticadas baseadas no GNSS que podem aumentar a segurança das operações automóveis. Um exemplo de aplicação é a estimativa dos parâmetros do veículo em tempo real para melhorar as suas características de manobrabilidade. Toledo-Moreo *et al.*, (2009) apresentaram um algoritmo para a navegação de veículos rodoviários ao nível da faixa de rodagem que integra GNSS, cálculo morto (odometria e giroscópio) e dados cartográficos no processo de fusão.

- Aplicações de navegação com sinal fraco: são aplicações em que a qualidade do sinal GNSS é fraca. Por exemplo, em determinadas aplicações, como a navegação em interiores, a solução GNSS tem de ser optimizada para um desempenho robusto em ambientes onde o sinal é altamente atenuado. Nestas aplicações, o posicionamento GNSS autónomo não é fiável.

- Aplicações marítimas: Gleason *et al.*, (2009) argumentaram que uma das aplicações civis originais do GPS, e o GPS é bem adequado para esta utilização. Isto deve-se às vistas desimpedidas do céu e aos requisitos de precisão modestos da maioria das aplicações marítimas. Atualmente, os receptores GPS tornaram-se equipamento de série em embarcações de todas as dimensões e prestam um serviço muito valioso de navegação autónoma.

2.6 Sistemas de cartografia móvel

O conceito de cartografia móvel refere-se a um meio de medir dados espaciais utilizando tecnologias de cartografia e sensores montados numa plataforma móvel. Schwarz *et al.*, (2007) discutiram um processo que foi principalmente impulsionado pela necessidade de cartografia de infra-estruturas rodoviárias e inventários de corredores de transporte. As câmaras, juntamente com sensores de navegação e posicionamento, por exemplo, GPS, e dispositivos inerciais como IMU, foram integrados e montados num veículo móvel para fins de cartografia. Os objectos podem ser medidos e cartografados diretamente a partir de imagens que foram georreferenciadas utilizando sensores de navegação e posicionamento. Nos primeiros tempos, a comunidade livreira utilizou vários termos para caraterizar esta área do livro. Termos como levantamento cinemático, cartografia móvel e cartografia baseada em veículos.

Schwarz *et al.*, (2007) mencionaram que a cartografia, que é uma disciplina de engenharia bem estabelecida, está a tornar-se cada vez mais influente na vida das pessoas e nos processos empresariais. Há muito que se reconhece que os dados geoespaciais estão no centro de qualquer aplicação geoespacial. Consequentemente, a recolha e atualização de informações sobre mapas e imagens de forma atempada e precisa tornou-se mais importante do que nunca.

Zhang et *al.,* (2003) discutiram o desenvolvimento e a evolução mais recentes das tecnologias de levantamento topográfico e cartografia móvel, que abrem novos caminhos para a aquisição, atualização, processamento rápido e em linha de dados. Zhang *et al.,* (2003) destacaram as tecnologias atualmente avançadas que suportam os sistemas de cartografia móvel, incluindo GPS e Sistemas de Navegação Inercial (INS), sensores de imagem de alta resolução, sensores multiespectrais e hiperespectrais, computadores portáteis e algoritmos de processamento/automatização altamente inteligentes. A definição e a história do sistema de cartografia móvel (Mobile Mapping System - MMS) são revistas e brevemente delineadas. Avanços nas tecnologias micro-GPS de baixo custo; em que alguns novos avanços do atual MMS foram recentemente desenvolvidos e integrados para demonstrar os progressos actuais e as tendências futuras de desenvolvimento previstas.

A tecnologia de cartografia integrada multiplataforma e multi-sensor estabeleceu claramente uma tendência para a aquisição rápida de dados geoespaciais. Schwarz *et al.,* (2007) discutiram alguns sensores que podem ser montados numa variedade de plataformas, como satélites, aviões, helicópteros, veículos terrestres, embarcações aquáticas e até pessoas. A utilização crescente da Internet e das redes de comunicação sem fios e os recentes avanços nas redes de sensores permitem-nos ainda transferir e processar dados de forma mais eficiente. Consequentemente, a cartografia tornou-se móvel e móvel.

Jeong *et al.,* (2006) forneceram uma base eficaz para a gestão da informação sobre a construção e reparação de auto-estradas e respectivas instalações auxiliares. Os dados fotográficos são recolhidos com um sistema de mapeamento móvel composto por câmaras CCD (Charge-Coupled Device), GPS e INS (Inertial Navigation System). O livro fornece também uma metodologia para a gestão de dados com os dados recolhidos num troço piloto de uma autoestrada. O protótipo do sistema de gestão de instalações rodoviárias pode melhorar o poder cognitivo e permite a extração de informações qualitativas sobre os atributos e as posições dos objectos interessados.

2.6.1 Aplicações do sistema de cartografia móvel

As aplicações disponíveis estão orientadas para a investigação da utilidade da recolha de informação de terreno de alta qualidade. Hug *et al.* (2004) apresentaram um estudo destinado a avaliar a exatidão, a exaustividade e a coerência de informações de alta qualidade sobre o terreno na zona costeira e o modelo digital do terreno (DTM) derivado, em comparação com um conjunto de dados de controlo independente e com um conjunto de dados LIDAR aerotransportado da mesma zona. (Para efeitos de demonstração, o sistema LIDAR utilizado incluía uma capacidade de digitalização completa da forma de onda. Hug *et al.,* (2004) descreveram o sistema utilizado e abordaram brevemente a natureza do sítio de ensaio. Em seguida, descreve o processo de levantamento e as fases de processamento de dados (para os levantamentos LIDAR terrestres e aéreos) antes de apresentar os resultados da comparação entre os pontos de controlo levantados e o LIDAR aéreo. Em seguida, serão discutidas as questões relacionadas com a utilização de dados de forma de onda, antes de se apresentar uma discussão mais geral sobre a utilização da cartografia móvel na zona costeira. Hug *et al.* (2004) utilizaram o sistema LIDAR aerotransportado Reigl LMS Q560 com capacidades completas de digitalização da forma de onda, montado no tejadilho de um veículo 4x4; ver Figura 2.1. Um recetor GPS foi colocado numa estação de controlo local para fornecer os dados necessários para o pós-processamento diferencial necessário para determinar a trajetória do veículo. O sistema LIDAR foi fornecido e operado pela 3D Laser Mapping, Nottingham. A montagem do sistema no veículo e as primeiras operações necessárias para recolher os dados para calibrar e verificar o seu funcionamento demoraram menos de duas horas

e foi concluída no local.

Figura 2.1: Sistema LIDAR terrestre montado num veículo 4x4 (Hug *et al.*, 2004)

Jin-Suk *et al.*, (2007) discutiram um sistema de mapeamento móvel eficaz utilizando o veículo equipado com GPS, IMU e câmara CCD. Este sistema é eficaz para a gestão das instalações rodoviárias, atualização do mapa inteligente, etc. Se a informação geográfica adquirida pelo sistema de cartografia móvel puder ser transmitida em tempo real, os utilizadores podem processar o que pretendem utilizando os dados mais recentes. O desenvolvimento e o avanço da cartografia móvel foram impulsionados principalmente pelos avanços nas tecnologias de imagem inteligente e de referência direta. No final da década de 1990, estavam em funcionamento comercial vários sistemas de cartografia móvel baseados em veículos terrestres. Schwarz *et al.*, (2007) discutiram as limitações da utilização e aceitação das tecnologias de cartografia móvel, porque havia um problema de fluxo de trabalho na utilização da tecnologia para o levantamento topográfico de transportes. Muitas vezes, era necessário um novo levantamento de objectos em falta por equipas terrestres para finalizar o projeto que tinha sido originalmente entregue pelo sistema de cartografia móvel. Assim, a produtividade destes sistemas não era garantida. A outra razão foi o elevado custo de aquisição e implementação do sistema que, até à data, tem limitado a utilização destes sistemas para levantamentos de rotina de corredores rodoviários.

As observações recentes sobre a procura crescente de cartografia móvel terrestre para transportes, telecomunicações, resposta a emergências e aplicações de engenharia em que a informação na berma da estrada é importante. Recentemente, um extenso livro e desenvolvimento foram orientados para a personalização de sistemas e modelos de serviço para servir a enorme variedade de aplicações de engenharia de apoio.

2.7 LIDAR terrestre para atualização de infra-estruturas

Alho et al., (2011) discutiram diferentes abordagens de levantamento e modelação em geomorfologia fluvial. As medições de campo para a aquisição de modelos digitais do terreno (DTM) com base em abordagens tradicionais são limitadas em ambientes fluviais porque as margens íngremes dos rios, as barras curvas e a vegetação densa criam áreas de barras ocluídas na vista do levantamento. Na década de 1990, um número crescente de estudos utilizou a varredura a laser aerotransportada (ALS) para a representação de DTMs. Mais recentemente, o ALS tem sido aplicado para uma modelação mais detalhada do ambiente, como a cartografia topográfica de florestas/vegetação e infra-estruturas. Também tem sido utilizado em ensaios de deteção de alterações, incluindo em ambientes ribeirinhos. Mais recentemente, o varrimento laser terrestre (TLS) é uma abordagem mais precisa para a recolha de dados topográficos, por exemplo, os DTM baseados em TLS têm sido utilizados em DTM que medem corpos de deslizamento de terras, definindo as influências dos sismos, bem como na deteção de alterações ribeirinhas. Embora o TLS permita a recolha de dados com uma resolução e precisão mais elevadas do que o ALS a um custo mais baixo, a sua cobertura aérea é consideravelmente mais restrita. Alho et al., (2011) destacaram as limitações que podem ser melhoradas com a utilização de varrimento laser a partir de uma plataforma móvel (sistema de mapeamento móvel, MMS).

Joanna et al., (2010) utilizaram um scanner laser terrestre para monitorizar a variabilidade da humidade da superfície da praia durante um período de três horas e meia após um evento de chuva e investigaram as relações entre o desenvolvimento da forma do leito, a rugosidade da superfície e a humidade da superfície. Os nossos resultados demonstram que, à medida que a superfície da praia seca, o transporte de areia aumenta, com a erosão de sedimentos a ocorrer na fronteira entre a superfície húmida e seca e a deposição mais a sotavento. Joanna et al. (2010) mencionaram que a estrutura dinâmica, dependente da alteração das características de humidade da superfície, resulta na formação de uma faixa de areia ondulada e, por fim, de uma protoduna. Os resultados destacam as relações dinâmicas de mobilidade e confirmam a necessidade de considerar a forma do leito e a humidade superficial transitórias em várias escalas ao medir o transporte em ambientes de praia. O laser scanner terrestre constitui um aparelho adequado para o efeito.

Kukko et al., (2010) discutiram as experiências adquiridas no livro de monitorização da morfologia fluvial e do manto de neve levado a cabo pelas equipas Mobile Mapping e EnviLaser do Departamento de Deteção Remota e Fotogrametria do Instituto Geodésico Finlandês, nos anos 2008-2010. O Finnish Geodetic Institute iniciou o desenvolvimento de um sistema de mapeamento móvel em 2003 com o objetivo de construir um sistema que maximizasse a automatização da extração de características urbanas na fase de pós-processamento. Além disso, o sistema, denominado ROAMER, pretendia ser um protótipo de um instrumento de cartografia que pudesse ser adotado de forma flexível para várias aplicações urbanas e ambientais. Kukko et al., (2010) concluíram que a elevada automatização do scanner laser capaz de fornecer nuvens de pontos densas era o requisito para o sistema. A integração do laser scanner em plataformas móveis (como carros, tractores ou barcos) criou recentemente um novo campo de aplicações graças à sua eficiência na cobertura de áreas relativamente grandes com alta resolução.

Kukko et al., (2010) apresentaram neste documento o sistema de cartografia móvel montado num barco, num carro e em plataformas móveis de neve. Os sistemas baseados em veículos são capazes de uma aquisição de dados mais rápida e eficaz do que os métodos actuais, como a fotogrametria, os levantamentos com estações totais e a digitalização laser terrestre, utilizados para a recolha de dados no terreno. Também proporcionam uma resolução mais elevada e uma mobilização mais fácil em comparação com os sistemas de varrimento laser aéreos. A utilização da cartografia móvel já se tornou comum na modelação 3D de, por exemplo, áreas urbanas e ambiente rodoviário.

Johanna et al., (2011) utilizaram dados de altimetria de alta resolução de deteção de luz e alcance (LiDAR) em estudos fluviais. A varredura a laser aerotransportada (ALS) pode ser utilizada para mapear extensivamente a topografia ribeirinha. Embora o LiDAR aéreo azul/verde também possa ser utilizado para o mapeamento da batimetria fluvial, os níveis de precisão alcançados não são tão bons como os das medições da elevação do terreno. Além disso, o LiDAR batimétrico aerotransportado ainda não é adequado para cartografar zonas de águas pouco profundas. Johanna et al., (2011) detalharam os dados topográficos na obtenção da varredura laser terrestre de posição fixa (TLS) ou varredura laser terrestre móvel (MLS). Uma das mais recentes aplicações das abordagens MLS envolve um sistema de mapeamento móvel baseado em barcos/carrinhos (BoMMS/CartMMS).

David et al., (2008) descreveram um estudo, efectuado em nome de uma agência nacional de cartografia, para validar dados de nuvens de pontos digitalizados a laser recolhidos por um sistema de cartografia móvel terrestre. Dado que a necessidade de dados tridimensionais pormenorizados sobre o nosso ambiente continua a crescer, é provável que os sistemas móveis terrestres venham a encontrar um nicho cada vez mais importante nas aplicações das agências nacionais de cartografia. Por exemplo, esses sistemas podem potencialmente fornecer a captura de dados mais eficiente para modelação numérica e/ou visualização em apoio à tomada de decisões, preenchendo um vazio entre a digitalização laser terrestre estática e a digitalização laser aérea móvel. Este estudo procurou avaliar a precisão e exatidão dos dados recolhidos com o sistema StreetMapper em dois locais de teste: uma zona residencial periurbana com habitações de baixa densidâde e ruas largas, e uma antiga zona industrial constituída por ruas estreitas e armazéns altos. Foi efectuada uma estimativa da precisão do sistema em ambos os locais de teste utilizando passagens repetidas de recolha de dados, indicando que foi alcançada uma precisão de medição (95%) entre 0,029 m e 0,031 m em elevação. David et al., (2008) avaliaram a precisão da medição da elevação em relação a pontos de controlo recolhidos utilizando técnicas de levantamento convencionais ao mesmo tempo que o levantamento por varrimento laser, encontrando erros RMS na elevação na ordem dos 0,03 m. A precisão planimétrica também foi avaliada, com resultados que indicam uma precisão de aproximadamente 0,10 m, embora tenham sido encontradas dificuldades na avaliação fiável da precisão planimétrica. Os resultados da validação de David et al. (2008) foram comparados com uma pré-análise de erro teórico que também foi utilizada para mostrar as componentes relativas de erro no sistema. Finalmente, são apresentadas recomendações para futuras metodologias de validação e são discutidas brevemente as possíveis aplicações do sistema.

Eetu et al., (2011) recolheram dados LIDAR terrestres em simultâneo com dados hiperespectrais utilizando o sistema Sensei do Instituto Geodésico Finlandês. Os dados foram testados para a classificação de espécies de árvores. A área de teste foi um jardim urbano na cidade de Espoo, Finlândia. As nuvens de pontos que representam 168 espécimes individuais de 23 espécies de árvores foram determinadas manualmente. A classificação das árvores foi feita utilizando primeiro apenas os dados espaciais das nuvens de pontos, depois apenas os dados espectrais obtidos com um espetrómetro e, por fim, os dados espaciais e hiperespectrais combinados de ambos os sensores. Eetu et al.,

(2011) efectuaram dois testes de classificação: a separação de árvores coníferas e de folha caduca e a identificação de espécies de árvores individuais. Todos os espécimes de árvores determinados foram utilizados na distinção entre árvores coníferas e caducifólias. Um subconjunto de 133 árvores e 10 espécies de árvores foi utilizado na classificação das espécies de árvores.

Izabela et al., (2009) apresentaram uma metodologia geral para avaliar uma estrutura de alvenaria, considerando o facto de a geometria da estrutura ser complexa e de as propriedades dos materiais serem desconhecidas e não poderem ser avaliadas diretamente. É apresentada uma abordagem multidisciplinar que integra o varrimento laser, o radar de penetração no solo (GPR) e a análise de elementos finitos (FEM) na documentação de uma ponte de alvenaria medieval. A geometria complexa da estrutura é preparada utilizando os dados recolhidos por um scanner laser. Uma vez que a construção interna da ponte não é bem conhecida, as técnicas GPR são utilizadas no levantamento geométrico para estimar a sua homogeneidade ou heterogeneidade. Izabela et al., (2009) utilizaram a informação resultante para definir corretamente um modelo estrutural baseado em elementos finitos, que é depois utilizado para modelar o comportamento estrutural da ponte. Além disso, é efectuada a análise de sensibilidade da influência da variação do módulo de Young como parâmetro material significativo na resposta dinâmica da ponte.

Petri et al., (2009) discutiram a modelação 3D abrangente do nosso ambiente requer a integração de dados terrestres e aéreos, que são recolhidos, de preferência, utilizando métodos de varrimento laser e fotogramétricos. No entanto, a integração destes dados de múltiplas fontes requer orientações relativas exactas. Petri et al., (2009) apresentaram dois métodos para resolver problemas de orientação relativa. O primeiro método inclui o registo através da minimização das distâncias entre uma nuvem de pontos laser aerotransportada e um modelo 3D. O modelo 3D foi obtido a partir de medições fotogramétricas e de pontos de varrimento laser terrestre. O primeiro método foi utilizado como referência e para validação. Uma vez concluído o registo no espaço do objeto, a orientação relativa entre as imagens e a nuvem de pontos laser é conhecida. O segundo método utiliza um método de orientação interativo entre um bloco de imagens multi-escala e uma nuvem de pontos laser. O bloco de imagens multi-escala inclui imagens aéreas e terrestres. Petri et al. (2009) mostraram que as rotações correctas eram as mais difíceis de detetar com precisão utilizando o método interativo. Uma vez que o método interativo força os dados de digitalização a laser a ajustarem-se às imagens, as rotações incorrectas provocam deslocações correspondentes nas posições das imagens. No entanto, num caso de teste em que as diferenças de orientação incluíam apenas deslocações, o método interativo conseguiu resolver a orientação relativa de uma imagem aérea e de dados de varrimento laser aerotransportados repetidamente com uma precisão de alguns centímetros.

Anttoni et al., (2010) apresentaram um novo sistema de varrimento laser baseado em mini-UAV de baixo custo, que também é capaz de efetuar cartografia móvel com base em automóveis. A qualidade do sistema e a sua viabilidade para medições de árvores foram testadas utilizando o scanner laser do sistema. O sistema proposto por Anttoni et al. (2010) é capaz não só de registar dados de nuvens de pontos que fornecem a geometria dos objectos, mas também de recolher simultaneamente dados de imagens, incluindo imagens sobrepostas e a intensidade da retrodifusão laser, bem como dados hiperespectrais e térmicos. Assim, acreditamos que o sistema é viável para o desenvolvimento de novos algoritmos e conceitos e para livros básicos, especialmente quando os dados são registados multitemporalmente.

Conor et al., (2010) discutiram um scanner laser moderno montado numa plataforma móvel e combinado com um GPS e um sistema de navegação; os sistemas de cartografia móvel podem produzir milhões de pontos geo-referenciados por minuto, que podem depois ser utilizados para criar modelos precisos quase 3D. O desenvolvimento de algoritmos de processamento para estas nuvens de pontos tem sido, até à data, o foco da comunidade científica. No entanto, dado um objeto estático conhecido arbitrário posicionado a uma distância específica de um sistema de cartografia móvel em movimento, a resolução e a precisão da nuvem de pontos resultante que descreverá o objeto são desconhecidas. É esta resolução e precisão que constitui o limite subjacente a estes algoritmos de processamento de nuvens de pontos. Conor et al., (2010) desenvolveram um método para determinar a resolução quantitativa e a precisão das nuvens de pontos recolhidas por um sistema de cartografia móvel em relação a objectos conhecidos. Conor et al., (2010) demonstraram uma investigação inicial sobre o efeito que a velocidade do veículo tem nas linhas de varrimento laser. A velocidade tem um impacto na distância física entre as linhas de varrimento laser sequenciais e também influencia o ângulo das linhas de varrimento individuais.

Kenner et al., (2011) discutiram a monitorização dos fenómenos do permafrost como parte integrante da investigação dos ambientes naturais alpinos. Atualmente, a sensibilidade do permafrost às alterações climáticas e a consequente desestabilização das encostas são de particular interesse. As paredes rochosas reagem rapidamente à alteração das condições climáticas e as consequências podem ser perigosas. Kenner et al., (2011) resolveram que a monitorização temporal e espacial da superfície do terreno utilizando a varredura laser terrestre pode contribuir para uma melhor compreensão dos processos e para a prevenção e gestão dos riscos naturais. As vantagens e desvantagens de dois sistemas de varrimento utilizados para monitorizar uma parede rochosa de permafrost recentemente deglaciada em Gemsstock, nos Alpes suíços centrais, são aqui analisadas e a otimização dos métodos de referenciação e as análises de precisão são discutidas.

Gandolfi et al., (2008) utilizaram um veículo com sistema de mapeamento móvel para efetuar um levantamento preciso de alta resolução num curto espaço de tempo. O sistema

"Road-Scanner" está equipado com sensores 2GPS+IMU para navegação (Applanix POSLV), quatro câmaras para levantamento fotogramétrico a curta distância e um scanner laser FARO LS880. Além disso, a fim de obter resultados bons e homogéneos, foi feita uma rede geodésica (realizada com GPS e levantamento topográfico) em algumas áreas ao longo da via.

2.8 Digitalização a laser

O potencial da digitalização a laser para poupar tempo e dinheiro, juntamente com a sua capacidade de melhorar o processo de conceção e reduzir os erros de recolha de dados, torna-a uma alternativa atractiva às técnicas tradicionais de recolha de dados. Esta tecnologia mais recente oferece muitas vantagens relativamente aos métodos de levantamento topográfico tradicionais. Varady *et al.,* (1997) argumentaram que a utilização de plataformas de visualização 3D, que se estão a tornar mais populares, a engenharia inversa e o método viável para criar um modelo virtual 3D de uma peça física existente para utilização em 3D CAE (Engenharia Assistida por Computador) e outro software. O processo de engenharia inversa envolve a medição de um objeto e a sua posterior reconstrução como um modelo 3D. O objeto físico pode ser medido utilizando tecnologias de digitalização 3D como as CMM (máquinas de medição por coordenadas), os scanners laser, os digitalizadores de luz estruturada ou a tomografia computorizada. Os dados medidos, normalmente representados como uma nuvem de pontos, carecem de informação topológica, pelo que são frequentemente processados e modelados num formato mais utilizável, como uma malha de face triangular, um conjunto de superfícies NURBS (Non-Uniform Rational Basis Spline) ou um modelo CAD.

A tónica foi colocada no desenvolvimento de novos instrumentos LIDAR, que iriam ao encontro das crescentes exigências da comunidade de profissionais de topografia no que respeita a sistemas de recolha de dados eficientes e com um desempenho superior. Valerie (2009) apresentou as vantagens da nova tecnologia LIDAR móvel para os prestadores de serviços de topografia, bem como para os livros académicos, e delineou o fluxo de trabalho recentemente estabelecido, incluindo o planeamento da missão, a recolha de dados e a produção dos produtos derivados do LIDAR. LIDAR móvel é um termo utilizado para um scanner laser integrado em qualquer plataforma móvel ou portátil, em que a plataforma está sujeita a movimentos móveis. A plataforma portátil não se limita a qualquer tipo de superfície terrestre portátil, podendo ser um veículo, um quadriciclo, um barco ou qualquer plataforma terrestre portátil. O princípio geral do funcionamento do LIDAR terrestre é o mesmo para os sistemas LIDAR móveis aéreos e terrestres. Os fluxos de trabalho de processamento de dados são muito semelhantes ou quase idênticos em ambos os casos. No caso do LIDAR aerotransportado, uma tecnologia mais madura, que foi utilizada na recolha de dados espaciais em meados da década de 90, a aceitação inicial foi lenta.

Varady *et al.,* (1997) referiram que as nuvens de pontos produzidas por scanners 3D não são normalmente utilizadas diretamente, uma vez que são conjuntos de dados muito grandes e difíceis de manejar, embora para a visualização e medição simples no mundo da arquitetura e da construção, os pontos possam ser suficientes. Em vez disso, a maioria das aplicações utiliza modelos 3D poligonais, modelos de superfície NURBS ou modelos CAD editáveis baseados em características (também conhecidos como modelação de sólidos). O processo de conversão de uma nuvem de pontos num modelo 3D utilizável em qualquer uma das formas descritas acima é designado por "modelação".

2.9 Tecnologia LIDAR terrestre para aplicações de topografia

Ao longo dos últimos anos, várias autoridades de desenvolvimento em todo o mundo iniciaram o desenvolvimento, fabrico e apoio de equipamento avançado de levantamento baseado em laser. A tónica foi colocada no desenvolvimento de novos instrumentos LIDAR, que iriam ao encontro das crescentes exigências da comunidade de profissionais de topografia por sistemas de recolha de dados eficientes com desempenho superior.

Valerie (2009) apresentou as vantagens da nova tecnologia LIDAR móvel para os prestadores de serviços de topografia, bem como para o livro académico, e delineou o fluxo de trabalho recentemente estabelecido, incluindo o planeamento do projeto, a recolha de dados e a produção dos produtos finais derivados do LIDAR.

Existem várias tecnologias, estratégias e metodologias que podem ser utilizadas para a recolha de dados espaciais para a produção de levantamentos e mapas. Estas tecnologias incluem metodologias comuns de recolha de dados utilizando técnicas convencionais de levantamento terrestre, fotogrametria e vários tipos de técnicas de deteção remota, incluindo a digitalização por laser. Esta tecnologia baseia-se no varrimento por laser de uma linha laser estruturada sobre a superfície de um objeto, a fim de recolher dados tridimensionais. Os dados da superfície são captados por um recetor/sensor telémetro montado no scanner laser que regista pontos 3D densos e precisos no espaço. A filosofia dos dados geo-referenciados da nuvem de pontos recolhidos baseia-se na integração com o posicionamento no solo utilizando observações de tecnologia GPS ou GNSS, e o instrumento integrado, capaz de efetuar ambos os tipos de medições, é frequentemente referido como um sistema LIDAR.

Liu *et al.,* (2005) discutiram a eficiência da varredura tridimensional a laser, que tem as características de alta velocidade, alta eficiência e operação em tempo real, etc. No entanto, a limitação da memória e da computação no computador foi reconhecida pelo seu grande volume de dados e pela representação detalhada dos dados. Liu *et al.,* (2005) salientam a necessidade de recolha de dados topográficos, sendo o método baseado nos dados de varrimento do laser ranger reservado para a amostragem topográfica. Entretanto, a amostragem do intervalo de dados é dada para a varredura tridimensional de guardas florestais a laser pelo valor da entropia para a intensidade reflectida que é calculada para verificar a qualidade da compressão de dados, e as linhas de contorno que são geradas com base nos dados comprimidos.

Os pontos de nuvens espaciais 3D podem ser rapidamente capturados na superfície de um objeto por digitalização a laser. No entanto, produzirá um grande volume de dados, pelo que Liu *et al.*, (2008) mencionaram que é necessário estabelecer um modelo matemático de superfície quando estes dados são utilizados. Liu et al., (2008) destacaram o princípio básico da tecnologia de digitalização a laser e a definição do sistema de coordenadas para a nuvem de dados 3D utilizada no laser.

LIDAR móvel é um termo utilizado para um scanner laser integrado em qualquer plataforma móvel ou portátil, em que a plataforma está sujeita a movimentos móveis. A plataforma portátil não se limita a qualquer tipo de superfície terrestre portátil, podendo ser um veículo, um quadriciclo, um barco, um robot móvel ou qualquer plataforma terrestre portátil. Os princípios gerais do funcionamento do LIDAR terrestre são os mesmos para os sistemas LIDAR móveis aéreos e terrestres e os fluxos de trabalho de processamento de dados são muito semelhantes ou quase idênticos em ambos os casos.

Jiang *et al/.*, (2007) afirmaram que alguns objectos de grandes dimensões, como estradas, pontes, túneis, etc., têm características de faixa na estrutura espacial, pelo que o sistema de varrimento laser transportado por veículos tem grande vantagem na recolha de informações 3D destes objectos de grandes dimensões. Os scanners laser podem registar todos os dados detectáveis dos objectos no solo quando recolhem informações e adquirem muitas linhas de varrimento, cada linha de varrimento equivale, de facto, a uma secção transversal do objeto da faixa, e estas linhas de varrimento podem dividir o objeto em muitas regiões estreitas. As relações topológicas foram construídas automaticamente. A atualização móvel foi limitada na gama limitada e adequada para uma modelação rápida.

Alho *et al/.*, (2009) discutiram um sistema de cartografia móvel baseado em barcos (BoMMS) com um scanner laser que permite a derivação de dados topográficos fluviais pormenorizados para aplicações fluviais. Combinado com a aquisição de dados de LiDAR terrestre estático (deteção de luz e alcance) ou LiDAR terrestre móvel no solo, a digitalização a laser baseada em barco permite uma abordagem de mapeamento de campo totalmente nova para estudos fluviais. A abordagem BoMMS é uma metodologia extremamente rápida para o levantamento da topografia fluvial, demorando apenas 85 minutos a efetuar o levantamento de um troço com cerca de 6 km de comprimento. A abordagem BoMMS também permitiu um ângulo de levantamento eficaz para margens profundas de rios, o que é difícil de conseguir com LiDAR aéreo ou terrestre estático. Alho *et al.*, (2009) demonstraram o mapeamento tridimensional de uma barra de pontos e a sua morfologia detalhada. Em comparação com a superfície BoMMS, aproximadamente 80% e 96% dos pontos LiDAR terrestres apresentaram um desvio de altura inferior a 2 cm e 5 cm, respetivamente, com um desvio padrão global de ± 2-7 cm. Este nível de precisão e rapidez de captura de dados permite o mapeamento da deposição pós-inundação diretamente após um evento de inundação, sem um grande intervalo de tempo. Além disso, a melhor caraterização dos objectos pode permitir um melhor mapeamento 3D da barra de pontos e de outras características. No entanto, o efeito de sombra do levantamento BoMMS no mapeamento da barra de pontos deve ser removido por dados LiDAR adicionais para adquirir toda a topografia. A abordagem demonstrada permitiu o levantamento de uma grande extensão em comparação com o LiDAR terrestre estático e aumentou o limite espacial do levantamento em relação ao LiDAR aéreo, mas mantém a mesma ou até melhor resolução temporal que o LiDAR terrestre estático.

2.9.1 Precisão do LIDAR terrestre

A exatidão no que respeita aos dados geográficos é o grau de conformidade com uma norma, seja ela absoluta ou relativa. A exatidão está relacionada com a qualidade do resultado, pelo que uma maior exatidão implica que uma medição está mais próxima da verdade. Schwarz *et al.*, (2007) discutiram as precisões alcançadas com muitos sistemas de cartografia móvel terrestre, como o sistema VISAT, que são adequados para todas as aplicações cadastrais, exceto as mais exigentes.

A precisão do sistema de cartografia móvel está fortemente relacionada com a aplicação de engenharia e a técnica de posicionamento utilizada para a correção da posição. Schwarz et al., (2007), Jason (2009) e Petrie (2010) mencionaram a precisão dos sistemas de cartografia móvel no que respeita às aplicações de cartografia cadastral e de ruas. A utilização do sistema nestas aplicações foi principalmente orientada para atualizar o novo progresso das características das ruas, tais como edifícios e sinalização de trânsito. Consequentemente, estas aplicações têm um planeamento de missão padrão devido às características visuais claras. No entanto, não há complexidade envolvida, como escavações profundas ou pequenos elementos (condutas/cabos de distribuição), como acontece nas missões de infra-estruturas que necessitam de um planeamento de missão específico. A precisão neste caso depende principalmente da disponibilidade do GPS e do tempo que os sistemas INS podem trabalhar independentemente em modo autónomo. Se o GPS estiver disponível, a precisão do posicionamento é uniforme a um nível de 3-5 cm (rms). Se o GPS não estiver disponível, a exatidão do posicionamento depende da duração da interrupção do serviço. As precisões posicionais alcançadas durante este livro de doutoramento estavam em linha com os valores alcançados por Schwarz (2007); onde o nível médio de precisão é também de 3-5 cm.

Jason (2009) analisou a precisão alcançada por um dos sistemas de cartografia móvel. O sistema de cartografia móvel mencionado foi desenvolvido para cartografia de ruas, sendo a área de validação o levantamento da base de dados de ruas. O sistema alcançou precisões superiores a 1 cm numa área de teste californiana especificamente concebida para avaliar sistemas LIDAR terrestres. Operado pela Terrametix e concebido pela 3D Laser Mapping de Nottingham. O sistema foi testado num troço de autoestrada em San Diego.

Gordon(2010) afirmou que a resolução de medição em alcance dos actuais sistemas de cartografia móvel é de 1 cm, enquanto a precisão é de ± 6 cm.

2.9.2 Precisão da digitalização laser terrestre

Simon *et al.,(2008)* discutiram a digitalização laser terrestre como uma inovação recente na aquisição de dados de informação espacial, que permite que os afloramentos geológicos sejam capturados digitalmente com uma resolução e precisão sem precedentes. Simon *et al.,*(2008) debateram uma maior contribuição para fornecer uma visão mais detalhada da tecnologia, da recolha de dados e das técnicas de utilização do que a atualmente disponível. A cadeia de processamento também é discutida. Thomas *et al.,* (2008) argumentaram que a nova geração de digitalização 3Dlaser terrestre oferece várias novas características geodésicas e melhor desempenho, sendo ainda essencial testar o comportamento da precisão dos novos sistemas para uma utilização optimizada em cada aplicação. Thomas *et al.,* (2008) elaboraram os resultados de alguns testes de campo para avaliação da precisão 3D de sistemas de digitalização laser 3D, os testes de precisão de medições de distância em comparação com distâncias de referência. Dorato et *al.,* (2010) discutiram uma reafectação fiável e precisa que é essencial para aplicações de deteção remota aéreas e terrestres. Dorato *et al.,* (2010) conceberam e demonstraram uma metodologia de geolocalização de elevada precisão para dar resposta aos requisitos de precisão relativa ao nível centimétrico de um sistema de sensor eletromagnético portátil em ambientes abertos e impedidos.

Timothy et *al.,* (2010) debateram a melhoria da precisão vertical e da resolução espacial dos sistemas aéreos, que aumentaram para 5-10 cm e 25 cm, respetivamente. Timothy *et al.,* (2010) investigaram a utilidade potencial dos dados de varrimento laser terrestre para melhorar a avaliação dos riscos de inundação em zonas urbanas. Kersten *et al.,*(2009) argumentaram que uma continuação de investigações anteriores publicadas no departamento de geomática da Hafen City University Hamburg (HCU Hamburg) levou a cabo investigações comparativas sobre o comportamento da precisão da nova geração de sistemas terrestres de varrimento laser.

Jaboyedoff *et al.*, (2009) discutiram novas ferramentas para estudos geomorfológicos e especialmente para estudos de deslizamentos de terras. Em particular, o varrimento laser terrestre (TLS) proporciona uma grande versatilidade de utilização. O TLS pode ser utilizado para fins de monitorização ou numa situação de emergência que necessite de uma aquisição rápida de DEM para avaliar um perigo. Jaboyedoff *et al.* (2009) demonstraram a utilidade do TLS para a quantificação do volume de deslizamentos de terra, a criação de perfis e a análise de séries temporais. Murphy *et al.*, (2010) destacaram novas abordagens baseadas em sensores para avaliar a quantidade, a qualidade e o valor da madeira. A abordagem foi desenvolvida com o objetivo de melhorar a precisão e a economia das medições florestais. Murphy *et al.*, (2010) apresentaram uma nova abordagem que se baseia na varrimento laser terrestre (TLS). Murphy *et al.*, (2010) ilustraram melhorias na recolha de dados e nos procedimentos analíticos para melhorar a exatidão das estimativas de volume e valor baseadas no TLS.

Cambra *et al.*, (2010) argumentaram duas técnicas diferentes de aquisição de dados para produzir DTM de alta resolução e alta precisão. Uma das técnicas de aquisição de dados é a fotogrametria aérea, enquanto a outra é o varrimento laser terrestre. Cambra *et al.*, (2010) produziram uma missão de fotografia aérea digital dedicada, em que as imagens têm um tamanho de pixel de 10 cm. As medições manuais permitiram medir as linhas de rutura e foram complementadas por medições automáticas. Desta forma, foi produzido um DTM em formato TIN. Este foi posteriormente convertido para o formato de grelha utilizando o sistema de software ArcGIS. Os pontos de controlo sinalizados permitiram obter o DTM no mesmo sistema de referência global que o utilizado para a varredura laser terrestre. A varredura laser terrestre foi efectuada utilizando um Riegl LMS Z360I, estacionado em 8 pontos dentro da área para proporcionar uma cobertura completa. A densa nuvem de pontos resultante foi filtrada - pela empresa que efectuou a missão de digitalização - para remover os pontos não terrestres (em particular a vegetação). Foram produzidas várias grelhas de diferentes tamanhos (0,10 x 0,10, 0,20 x 0,20, 0,50 x 0,50, 1 x 1 e 2 x 2 m²). Cambra *et al.*, (2010) analisaram o efeito nas taxas de escoamento superficial e de erosão à escala da vertente e da bacia hidrográfica de DTM com diferentes resoluções, mas produzidos com dados recolhidos com a mesma técnica de aquisição, e de DTM com a mesma resolução, mas produzidos com dados recolhidos com as duas técnicas de aquisição diferentes. Jonathan *et al.*, (2010) discutiram alguns erros que se propagam no cálculo do desenvolvimento sedimentar. Jonathan *et al.*, (2010) compararam duas técnicas de medição dos erros de sedimentação: (1) levantamento tradicional com estação total e (2) varrimento laser terrestre (TLS). O erro médio dos sedimentos ao longo de toda a área foi estimado em -0,15 m/ano com o TLS e -0,18 m/ano com o levantamento por estação total. As diferenças resultantes nas estimativas do erro mediano dos sedimentos ao longo de cinco secções transversais distintas entre cada uma das datas de levantamento variaram entre -0,11 e +0,06 m.

2.9.3 Desempenho de digitalização laser 3D

O desempenho e a disponibilidade dos modernos sistemas de digitalização laser 3D criaram uma procura de um sistema que possa fazer o levantamento de muitos quilómetros de autoestrada muito rapidamente. A digitalização laser aérea pode oferecer este tipo de dados, mas as operações aéreas são dispendiosas. Os túneis e as pontes podem ser analisados de baixo para cima. O sistema LIDAR terrestre foi inicialmente desenvolvido para responder a uma procura de medição e registo de bens rodoviários, mas desde então tem sido desenvolvido para outras aplicações. O sistema utiliza scanners laser 2D Riegl integrados com um sistema GPS/INS IGI TERRA Control. Foi desenvolvido um sistema de montagem prático, bem como um procedimento de calibração. O planeamento de rotas e a previsão de visibilidade por GPS são componentes importantes do sistema. O protótipo do sistema LIDAR terrestre tem estado a funcionar durante 2005 com excelentes resultados. O sistema tem sido utilizado numa série de projectos, incluindo medições de activos em auto-estradas, planeamento de rotas de cargas anormais indivisíveis e modelação de cidades em 3D. Além disso, o LIDAR terrestre fornece dados pormenorizados sobre as fachadas dos edifícios e medições de alta resolução de linhas eléctricas ao longo das ruas. Os ensaios de precisão em condições normais resultaram num erro RMS entre os dados LIDAR terrestres e os pontos de controlo no solo superior a 30 mm.

A cartografia móvel já existe há algum tempo, mas estes sistemas utilizam principalmente câmaras de vídeo em vez de scanners a laser. O problema com este tipo de sistemas é que não são capazes de produzir diretamente um mapa 3D. Os sistemas que oferecem digitalização a laser baseiam-se principalmente no meio académico. Há três razões principais para a existência de tão poucos sistemas de cartografia móvel por varrimento laser no ambiente comercial: (a) a maioria dos sistemas LIDAR aéreos não são seguros para os olhos (Classe I) a curta distância, tornando assim perigosa a sua utilização em áreas povoadas como as cidades, (b) o campo de visão é limitado, normalmente entre 60° e 80° e (c) o GPS/INS não é eficaz quando a visibilidade do satélite é obscurecida por vegetação ou edifícios. No entanto, os recentes avanços tecnológicos permitem atualmente ultrapassar estes problemas.

Hunter *et al.,* (2006), discutiram o desenvolvimento do sistema LIDAR terrestre iniciado para satisfazer os requisitos de um cliente com um grande projeto de levantamento de estradas. Era necessário um sistema de cartografia móvel de médio alcance robusto e fiável, utilizando scanners laser. A 3D Laser Mapping (3DLM), sediada no Reino Unido, e a IGI, sediada na Alemanha, colaboraram no desenvolvimento de um novo produto para satisfazer estas necessidades. O sistema denominado StreetMapper utiliza a tecnologia de posicionamento preciso do IGI e os scanners laser da Riegl.

2.9.4 Varrimento laser terrestre

Rosser *et al.,* (2005) afirmaram que a digitalização laser terrestre está a tornar-se comum no levantamento de formas de relevo naturais. Os scanners laser terrestres estáticos são, no entanto, limitados na velocidade a que a recolha de dados pode ser efectuada. Este problema é agravado no levantamento de zonas costeiras, onde a recolha de dados pode ser necessária entre marés ou ao longo de grandes extensões de costa. Embora os sistemas LIDAR aerotransportados (ALS) permitam uma recolha mais rápida de informações sobre o terreno em áreas muito maiores, pode ser difícil implantar um sistema rapidamente, uma vez que estão fortemente dependentes de condições meteorológicas favoráveis e de condicionalismos logísticos. Quando é necessário quantificar as alterações que podem ocorrer entre curtos períodos de tempo (por exemplo, entre marés sucessivas) ou imediatamente após acontecimentos significativos (como uma grande tempestade), nenhuma das técnicas oferece uma solução totalmente satisfatória. Rixon *et al.*, (2003) discutiram um método para ultrapassar algumas destas deficiências, especialmente em ambientes de corredor em que é necessária a recolha de dados ao longo de uma faixa estreita (como linhas costeiras, redes ferroviárias ou rodoviárias), foram montados scanners laser terrestres em veículos para aumentar a mobilidade do sensor. Quando combinados com o GPS para fornecer informações de posição, foi efectuada a chamada varredura laser "estática rápida", aumentando a velocidade a que um levantamento por varredura pode ser realizado. Outras soluções, possivelmente com maior potencial para um levantamento rápido e reativo, consistiram na combinação de instrumentos de levantamento terrestres e aéreos para criar sistemas de cartografia móvel (MMS) terrestres. Estes sistemas utilizam os mesmos dispositivos de navegação (IMU e GPS) e sensores de mapeamento (câmara inteligente, sistemas de vídeo, telémetros a laser ou radar) que as plataformas aéreas. Ellum *et al.*, (2002) identificaram 13 exemplos de MMS baseados em veículos terrestres que remontam a 1991 e que se baseiam principalmente em técnicas fotogramétricas para a captura de dados. Talaya *et al.*, (2004) mencionaram que exemplos mais recentes começaram a utilizar sensores de varrimento laser, também conhecidos como LIDAR, incluindo o sistema GEOMOBIL.

Ghang *et al.*, (2009) examinaram a viabilidade de um sistema de seguimento de trajectos de elevação baseado em tecnologia laser para um sistema robótico de grua de torre. Houve esforços para desenvolver uma grua robótica, mas esta só podia deslocar-se através de percursos pré-planeados ou tinha problemas de paragem às cegas. Ghang *et al.*, (2009) propuseram um sistema robótico de grua-torre com um dispositivo laser, um codificador e um acelerómetro, e testaram a viabilidade do sistema em condições interiores, exteriores e de oscilação. Ghang *et al.*, (2009) desenvolveram uma aplicação de software para receber e registar dados do dispositivo laser. Os resultados dos testes mostraram a viabilidade de um sistema de seguimento do percurso de elevação proposto para uma grua robótica em várias condições exteriores.

Abellan *et al.*, (2006) apresentaram uma aplicação de um scanner laser terrestre de longo alcance (TLS) a um estudo detalhado de queda de rocha numa zona de teste em Vall de Nuria, localizada nos Pirinéus Orientais. A aquisição de dados foi efectuada utilizando o TLS-Ilris3D, a nova geração de scanners laser sem refletor com um elevado alcance, precisão e velocidade de medição. Foram efectuadas oito varreduras em 3 estações para adquirir coordenadas de quase 4 milhões de pontos. Os resultados dos dados adquiridos são um Modelo Digital de Elevação (DEM) de alta precisão e a reconstrução da geometria da junta. O primeiro é utilizado para o inventário das quedas de rocha e para uma simulação mais precisa das quedas de rocha (trajectórias e velocidades). O segundo permite modelar a geometria e o volume da área de origem em quedas de rocha recentes. Abellan *et al.*, (2006) sugeriram que a tecnologia TLS poderia ser uma ferramenta de referência em estudos de queda de rochas num futuro próximo. Qiu (2008) aplicou a tecnologia de varrimento laser terrestre para monitorizar a deformação da estrutura de um túnel de metro. Qiu (2008) desenvolveu um método de monitorização da deformação integral tridimensional da estrutura de um túnel de metro. Este método permite obter a tendência de deformação integral tridimensional, o que ajuda a fornecer uma análise mecânica da deformação da construção do túnel e fornece apoio técnico para o projeto, a construção e a gestão. Qiu (2008) apresentou. Em primeiro lugar, na zona de deformação do túnel do metro, a rede de controlo de levantamentos anulares fechados é a linha do carril ascendente e descendente. Em segundo lugar, colocar um conjunto de secções transversais a cada 3m a 5m seguindo a linha média do túnel. Colocar as folhas de reflexão no arco, na parede vertical, na sub-classe do carril, etc. Em seguida, recolher as informações das nuvens de pontos com um scanner lidar tridimensional. Após a junção e o registo dos dados, é criado o modelo tridimensional da estrutura do túnel. Em terceiro lugar, adopta-se uma estação total eletrónica automática para monitorizar a deformação da estrutura do túnel através de uma estação fixa. Finalmente, de acordo com o processamento e a análise dos dados, utilizando um método de interpolação de modelos, a deformação do túnel do metro é finalmente ajustada.

Frank *et al.,* (2006) apresentaram um estudo de caso em que o scanner laser Imager 5003 foi utilizado para medir as deslocações da superfície num túnel experimental durante e após a sua escavação. O scanner laser Imager 5003 3D está particularmente bem adaptado a aplicações em escavações subterrâneas devido ao seu princípio de digitalização (scanner panorâmico), à precisão 3D de pontos individuais (poucos milímetros) e ao seu elevado desempenho (até 625 000 pontos por segundo). A fiabilidade do método foi avaliada comparando as medições de deslocamentos fornecidas pelo scanner laser com as calculadas a partir do levantamento por estação total de marcadores instalados nas superfícies dos túneis. A determinação das deslocações absolutas foi possível referindo os dados obtidos pelo laser scanner e pela estação total a um sistema de coordenadas estabelecido. Frank *et al.,* (2006) avaliaram o potencial desta técnica na obtenção de mapas de deslocamentos de superfície de afloramentos rochosos com uma elevada resolução espacial. Duan (2008) analisou um modelo de radiotelescópio de grandes dimensões (LT) de 5 m. O problema do salto de dados de 3 mm a 7 mm para estações totais a laser Leica ocorre durante as fases iniciais da medição de rastreio móvel. A causa do problema é apontada através de uma análise. É apresentada uma solução que elimina eficazmente o salto de dados.

Sylvie *et al.* (2009) debruçaram-se sobre a influência do ângulo de incidência, ou seja, o ângulo entre o feixe laser de entrada e a normal da superfície, na precisão de um ponto de varrimento. Foi demonstrado que, ao considerar a influência do ângulo de incidência na relação sinal/ruído, o aumento do ruído de medição com o aumento do ângulo de incidência pode ser modelado com êxito. Sylvie *et al.*, (2009) demonstraram duas experiências práticas; na primeira experiência, uma placa de referência é digitalizada a uma distância fixa mas sob diferentes ângulos de digitalização. A análise mostra que, também num cenário prático, a influência do ângulo de incidência pode ser isolada com êxito, permitindo concluir que, acima de 60°, o ângulo de incidência domina a precisão do ponto de varrimento. Na segunda experiência, é demonstrado que, para uma nuvem de pontos típica de uma sala, 20% do ruído de medição se deve ao ângulo de incidência.

2.9.4.1 Cobertura de varrimento laser terrestre

Alexander *et al.*, (2010) investigaram a complexidade dos processos de risco natural. Alexander *et al.*, (2010) utilizam os dados de nuvens de pontos de alta resolução obtidos por varrimento laser para a criação de modelos digitais de superfície (DSM). Esses DSM podem ser comparados e contrastados com os DSM da mesma área, analisados por diferentes actividades de monitorização, para mostrar padrões de processos de movimentos de massa. Alexander *et al.* (2010) afirmaram que a exatidão desses DSM depende fortemente do método de varrimento a laser e do instrumento aplicado. Por conseguinte, foi também discutida uma comparação entre diferentes transportadores e os seus respectivos métodos de varrimento a laser. Alexander *et al.*, (2010) ilustraram três técnicas de levantamento: 1) varrimento laser aéreo, 2) varrimento laser terrestre e o método desenvolvido mais recentemente: 3) LIDAR terrestre. O varrimento laser aéreo foi efectuado utilizando o Riegl LMS-Q560 montado em combinação com um sistema IMU/GPS para posicionamento numa pequena aeronave. Foi utilizado um dispositivo Riegl LMS-Z420i para o varrimento laser terrestre. O LIDAR terrestre foi efectuado a partir de um navio com dispositivos de varrimento Riegl LMS Z620 e Riegl VZ-400, também em combinação com um sistema IMU/GPS para posicionamento. A área medida contém uma encosta florestada e parcialmente íngreme. Os movimentos de massa nessa encosta põem em perigo uma via férrea, bem como uma estrada importante. Por isso, foram construídas medidas de proteção no talude. Alexander *et al.,* (2010) efectuaram uma investigação da qualidade dos dados laser, comparando também dados raros de nuvens de pontos e dados pós-processados.

Sylvie et *al.,* (2011) mediram a distância à superfície de um objeto com uma precisão da ordem dos milímetros utilizando a digitalização laser terrestre. Sylvie et al., (2011) discutiram que a qualidade de um ponto de varrimento é influenciada por quatro factores principais: mecanismo do instrumento, condições atmosféricas, propriedades da superfície do objeto e geometria do varrimento. Sylvie *et al.,* (2011) discutiram a influência da geometria de varrimento na precisão de cada ponto ou no ruído de medição local. A melhoria do desvio padrão é significativa, passando de 3,23 para 2,55 mm. É possível otimizar as configurações de medição de forma a minimizar o ruído de medição devido a uma má geometria de varrimento e, assim, contribuir para uma aquisição mais eficiente de nuvens de pontos de melhor qualidade.

Maasa *et al.,* (2008) debateram o rápido crescimento do interesse dos scanners laser terrestres na fotogrametria como ferramentas eficientes para a aquisição rápida e fiável de dados de nuvens de pontos tridimensionais (3D). Os scanners laser terrestres abriram uma vasta gama de campos de aplicação num curto espaço de tempo. Maasa et *al.,* (2008) argumentaram que as técnicas de medição interactiva produzidas em nuvens de pontos

3D para a deteção automática de objectos e a determinação de parâmetros geométricos constituem uma questão prioritária. Maasaet al., (2008) investigaram diferentes técnicas para a deteção automática de árvores em dados de laser scanner terrestre, bem como a determinação automática do diâmetro à altura do peito. Maasa *et al.,* (2008) mencionaram que mais de 97% das árvores podiam ser detectadas corretamente e que o diâmetro à altura do peito podia ser determinado com uma precisão de cerca de 1,8 cm. Oppikofer *et al.,* (2009) referiram que a digitalização laser terrestre fornece nuvens de pontos de alta resolução da topografia e que os novos instrumentos com alcances superiores a 300 m ou mesmo 1000 m são ferramentas poderosas para caraterizar e monitorizar os movimentos de vertente. Oppikofer et *al.,* (2009) centraram-se no deslizamento de rochas no oeste da Noruega, que é um dos deslizamentos de rochas mais investigados e monitorizados no mundo. Oppikoferet *al.,* (2009) utilizaram os dados recolhidos das nuvens de pontos para a análise estrutural da escarpa principal íngreme e inacessível do deslizamento de rochas, incluindo uma avaliação dos conjuntos de descontinuidades e dos eixos de dobra. Norbert et *al.,* (2007) analisaram o estado atual da digitalização laser a partir de plataformas aéreas e terrestres para a reconstrução geométrica da forma e dimensão de objectos. Norbert *et al.,* (2007) afirmaram que a varrimento laser é uma tecnologia de medição ativa; a interação da energia emitida com a superfície do objeto tem influência na medição do alcance.

Liang et *al.,* (2008) validaram a aplicabilidade dos dados de varrimento laser terrestre para o inventário florestal quantitativo que tem recebido uma atenção crescente na última década. Liang et *al.,* (2008) destacaram a média para fornecer uma cobertura completa do tronco e potencialmente conduzir a uma elevada precisão de reconstrução; é de interesse prático crescente estudar até que ponto os dados laser de um modo de varrimento podem fornecer informações florestais ao nível da parcela. Liang *et al.,* (2008) argumentaram que a localização, o número de árvores e o diâmetro à altura do peito de árvores individuais, principalmente em povoamentos de um só piso, com menos despesas, recolha de dados mais rápida e processamento melhorado para recolher, por exemplo, dados de referência e de calibração para o inventário florestal baseado na varrimento laser aéreo. Liang *et al.,* (2008) discutiram a forma de conseguir a modelação de troncos ao nível da parcela, sendo necessário resolver três problemas principais; em primeiro lugar, é necessário identificar pontos laser significativos a partir do conjunto de dados, originalmente constituído por vários milhões de pontos, por razões computacionais; em segundo lugar, os pontos dos troncos têm de ser reconhecidos com a maior precisão possível, para facilitar o processo de modelação localizada; em terceiro lugar, a reconstrução dos troncos tem de ser automática e computacionalmente aceitável, para fornecer determinados níveis de pormenor, mas ainda assim permitir um processamento rápido.

Joanna *et al.,* (2010) apresentaram as características preliminares de uma nuvem de pontos quantificada por varrimento laser terrestre. Estas nuvens de pontos, juntamente com a humidade superficial e os padrões de rugosidade da superfície, elucidam a importância da varredura laser terrestre no desenvolvimento de proto-dunas numa praia seca e indicam a utilidade potencial da varredura laser terrestre na análise de processos em ambientes de praia e de deserto.

2.9.4.2 Processamento de dados de varrimento laser

Feliciano *et al.,* (2008) compararam o varrimento laser terrestre com o LiDAR (light detection and ranging) no sentido de uma nova tecnologia que mapeia digitalmente afloramentos geológicos com uma resolução de (mm-cm). Feliciano *et al.,* (2008) discutiram os resultados de um projeto experimental de digitalização laser terrestre que tem dois objectivos principais: recolher digitalizações para monitorizar a erosão de ravinas e realizar um inquérito para ligar métodos de campo de digitalização laser terrestre à geomorfologia.

Danson *et al.,* (2007) utilizaram um scanner laser terrestre para medir a distribuição da fração de fendas direccionais da copa das árvores em povoamentos florestais no Parque Nacional Suíço, na Suíça Oriental. Foi derivado um modelo de scanner para determinar o número esperado de disparos de laser em todas as direcções, e estes dados foram comparados com o número medido de disparos de laser para determinar a fração de espaço direcional em oito pontos de amostragem. Danson *et al.,* (2007) mostraram que as distribuições da fração de fendas direccionais medidas eram semelhantes tanto para fotografias hemisféricas como para dados de varrimento laser terrestre, com um elevado grau de precisão na área de sobreposição de varrimentos laser ortogonais. Antonarakis et *al.,* (2010) verificaram a rugosidade da vegetação e, mais especificamente, a rugosidade da floresta, que é um componente necessário para definir melhor os movimentos de inundação no sentido de alterações nas características da bacia hidrográfica e os movimentos de alterações e gestão da floresta. Antonarakis *et al.,* (2010) utilizaram o varrimento laser terrestre para estudar a sua capacidade de obter milhões de pontos em povoamentos florestais relativamente pequenos. A forma de lidar pode ser utilizada para determinar as lacunas presentes nos dosséis foliares, a fim de determinar o índice de área foliar.

Hodge *et al.,* (2009) destacaram a capacidade de recolher dados de elevação 3D com uma resolução de mm a partir de superfícies naturais in situ, tais como sedimentos fluviais e costeiros, superfícies rochosas, solos e dunas, para serem utilizados numa série de livros geomorfológicos e geológicos. Hodge et *al.,* (2009) utilizaram o Laser Scanning terrestre para recolher rapidamente dados 3D com precisão de mm e espaçamento de mm. Hodge *et al.,* (2009) apresentaram uma metodologia para a recolha e o processamento de tais dados de varrimento laser terrestre e consideraram a forma como os erros nos dados de varrimento laser terrestre podem ser quantificados. Hodge *et al.,* (2009) verificaram os dados recolhidos em áreas de aproximadamente 1 m^2 , com tamanhos de grão medianos que variam entre 18 e 63 mm. Hodge *et al.*, (2009) ilustraram DTMs 2,5D interpolados a partir dos dados processados que identificaram as propriedades geomórficas das superfícies de cascalho, incluindo a distribuição das elevações da superfície, a orientação preferencial dos grãos e as imbricações dos grãos. Hodge *et al.*, (2009) propuseram uma abordagem que permite estimar a precisão máxima dos dados de varrimento laser terrestre a partir de superfícies complexas, mas não pode quantificar a distribuição dos erros nos dados de varrimento laser terrestre e nos DTMs interpolados.

Os últimos desenvolvimentos em scanners laser permitem a captura e digitalização da forma de onda completa do impulso retrodifundido. A forma de onda pode ser analisada quanto a características de medição como o alcance, os valores de reflectância e o espalhamento do impulso. Michael *et al.*, (2008) utilizaram algumas características para distinguir entre elementos de superfície localmente planos e objectos parcialmente penetráveis causados por oclusões parciais. Michael *et al.*, (2008) mencionaram a possibilidade de refinar cada valor de alcance tendo em conta a geometria da superfície numa vizinhança próxima. Para aperfeiçoar a modelação da superfície, as áreas de superfície parcialmente ocluídas são alargadas através da previsão dos valores de alcance esperados. Michaelet *al.*, (2008) destacaram uma melhoria ao considerar a inclinação da superfície para a forma de onda recebida estimada. De seguida, a nuvem de pontos associada à superfície é melhorada com valores de alcance adicionais que não foram detectados na primeira etapa de processamento devido à fraca resposta do sinal.

Schurch *et al.*, (2010) discutiram o desenvolvimento da varredura laser terrestre para a deteção de alterações geomórficas, que é ainda uma técnica jovem sem procedimentos estabelecidos. A geometria complexa da superfície e as grandes áreas ($104 \, m^2$) requerem levantamentos com várias estações de varrimento e colocam novos desafios para o co-registo consistente de nuvens de pontos, Schurch *et al.*, (2010). A avaliação da qualidade deste tipo de dados é difícil porque normalmente não estão disponíveis dados de controlo de qualidade superior. Schurch *et al.*, (2010) apresentaram o fluxo de trabalho utilizado para a repetição de levantamentos de um canal de fluxo de detritos com 300 m de comprimento utilizando 10 estações de varrimento e investigaram a importância de vários factores na incerteza do DEM resultante.

Christoph et *al.*, (2006) debateram um registo totalmente automático de dados de digitalização terrestre, que continua a ser um tema importante para muitos grupos de livros. Christoph *et al.*, (2006) apresentaram um método fiável para obter os parâmetros de transformação, mas não é muito eficiente. Estas técnicas de registo manuais ou semi-automatizadas devem ser substituídas por novos métodos, de modo a tornar a digitalização laser terrestre também rentável para projectos de maior dimensão. Christoph *et al.*, (2006) implementaram um método de registo baseado na extração de manchas planas a partir de dados de digitalização laser 3D. Christoph *et al.*, (2006) utilizaram uma técnica para encontrar manchas correspondentes em duas posições de digitalização sobrepostas, utilizando a informação da imagem para melhorar o processo de registo.

2.9.4.3 Extração de dados de digitalização a laser

Karim *et al.*, (2009) abordaram o problema da criação de plantas de edifícios utilizando a digitalização laser terrestre a partir de um sistema de cartografia móvel. O sistema de cartografia móvel constitui uma ferramenta rápida e adaptada para extrair dados precisos para a modelação 3D de cidades. Karim et *al.*, (2009) propuseram uma abordagem operacional para a extração automática de pegadas de edifícios precisas. Karim *et al.*, (2009) descreveram os desafios associados aos dados brutos do laser terrestre adquiridos em ambientes urbanos realistas e densos. Após uma fase de filtragem do ponto da nuvem laser 3D, extraímos e reconstruímos os planos dominantes da fachada combinando a transformada de Hough, o algoritmo de agrupamento k-means e o método RANSAC.

Peter *et al.*, (2008) argumentaram a necessidade de utilizar os modelos tridimensionais de cidades no apoio a numerosas aplicações de gestão. Para a determinação de modelos de cidades para efeitos de visualização, existem vários fluxos de trabalho normalizados. Peter *et al.*, (2008) referiram que as aplicações se baseiam na fotogrametria, no LiDAR ou numa combinação de ambas as técnicas de aquisição de dados. No entanto, a determinação automática de modelos de cidade fiáveis e altamente precisos continua a ser uma tarefa difícil, exigindo um fluxo de trabalho que inclui várias etapas de processamento. As mais relevantes são a deteção de edifícios, a geração de contornos de edifícios, a modelação de edifícios e, finalmente, a análise da qualidade dos edifícios.

Boulaassal *et al.*, (2009) salientaram os requisitos realistas dos modelos 3D de cidades, não só do ponto de vista das aves, mas também do ponto de vista dos peões, pelo que o interesse na geração de modelos 3D de fachadas está a aumentar. Boulaassal *et al.*, (2009) apresentaram dois algoritmos sucessivos para segmentar automaticamente fachadas de edifícios digitalizadas por um scanner laser terrestre em grupos planares e extrair os seus contornos. Foi melhorado um algoritmo para extrair os grupos planares mais significativos que descrevem as principais características que compõem as fachadas dos edifícios. Os resultados provam que os algoritmos propostos fornecem resultados qualitativos e quantitativos satisfatórios e confirmam que ambos os algoritmos são fiáveis para a futura modelação 3D de fachadas de edifícios (Boulaassal *et al.*, (2009)). Shahar *et al.*, (2007) abordaram o problema da extração de objectos a partir de nuvens de pontos laser terrestres em 3D. Esta extração torna-se relevante com a crescente utilização de scanners laser terrestres para fins de cartografia e para a reconstrução de objectos no espaço 3D. Shahar *et al.*, (2007) destacaram a técnica de extração de objectos a partir de scanners laser terrestres, que tem sido, de facto, um tema de livro nos últimos anos, desde problemas de engenharia inversa, à reconstrução de edifícios e a aplicações florestais.

Guarnieria *et al.*, (2009) estudaram a geomorfologia espacialmente distribuída de zonas intertidais utilizando modelos digitais de terreno obtidos por teledeteção, o que continua a ser problemático, devido ao seu pequeno relevo, muitas vezes da ordem de algumas dezenas de centímetros, e à presença de vegetação curta e densa, que reduz fortemente o número de retornos terrestres resolúveis. Guarnieria *et al.,* (2009) utilizaram a varredura laser terrestre de alta resolução (200 retornos/m^2) para obter um modelo digital de terreno de alta resolução e alta precisão num pântano de maré na lagoa de Veneza. Guarnieria *et al.,* (2009) aplicaram um novo esquema de filtragem aos dados do scanner laser terrestre que selecciona os valores mais baixos dentro de janelas móveis, cuja dimensão óptima é determinada com a ajuda de um número limitado de dados GPS diferenciais auxiliares, a fim de maximizar a resolução, assegurando simultaneamente a identificação dos verdadeiros retornos do solo. A precisão dos dados filtrados é ainda mais refinada utilizando classificações da intensidade dos retornos para extrair informações adicionais sobre a superfície (solo ou copa das árvores) que originou o feixe laser de retorno. Guarnieria *et al.,* (2009) ilustraram várias validações contra cerca de 200 observações de referência de elevação do solo com GPS diferencial, indicando que a melhor separação entre os sinais da copa das árvores e do solo é obtida utilizando um filtro passa-baixo com um tamanho de janela da ordem de 1 m e o classificador de máxima verosimilhança para refinar ainda mais a deteção dos retornos do solo.

Shi *et al.,* (2009) apresentaram um método automático para a reconstrução de modelos de fachadas de edifícios a partir de dados de varrimento laser terrestre. Os elementos importantes da fachada, como as paredes e os telhados, são distinguidos como elementos. O conhecimento sobre as dimensões, posições, orientações e topologia das características é então introduzido para reconhecer estas características numa nuvem de pontos laser segmentada. Shi *et al.,* (2009) utilizaram novamente o conhecimento para fazer hipóteses sobre as partes oclusas a partir dos polígonos de características diretamente extraídos. Finalmente, um modelo de construção de poliedros é combinado a partir de polígonos de características extraídas e partes hipotéticas.

Diego *et al.,* (2009) apresentaram uma abordagem flexível para o co-registo automático de laser scanners terrestres e câmaras digitais amadoras (DC) para serem utilizados eficazmente na prática. Em particular, a abordagem desenvolvida por Diego *et al.* (2009) lida com duas imagens diferentes: uma imagem de câmara adquirida com uma CD e uma imagem de alcance obtida com um laser scanner terrestre. Matti *et al.,* (2010) discutiram a necessidade de desenvolver aplicações para obter informações exactas sobre o ambiente rodoviário, como a manutenção de estradas e a modelação virtual de cidades em 3D. A varredura laser baseada em veículos pode produzir nuvens de pontos densas de grandes áreas de forma eficiente, a partir das quais a estrada e o seu ambiente podem ser modelados em pormenor. Os objectos semelhantes a postes, como sinais de trânsito, postes de iluminação e troncos de árvores, são uma parte importante do ambiente rodoviário. Matti *et al.,* (2010) desenvolveram um método automático para a extração de objectos semelhantes a postes a partir de dados de varrimento laser com base em veículos. O método foi capaz de encontrar 77,7% dos postes que foram encontrados através de uma investigação manual dos dados.

Yursf *et al.,* (2007) discutiram uma tecnologia de digitalização laser 3D, que pode adquirir dados de pontos de alta densidade de uma forma precisa e rápida. Além disso, o scanner pode digitalizar toda a informação 3D relativa a um objeto do mundo real, como edifícios, árvores e terreno, até ao pormenor milimétrico. Yursf *et al.,* (2007) utilizaram uma série de digitalizações externas e internas que permitem produzir um modelo 3D preciso das características do edifício. O modelo de Yursf et *al.,* (2007) pode ser cortado em diferentes planos para produzir localizações horizontais e verticais exactas. Yursf et *al.,* (2007) melhorou a eficiência e a qualidade dos projectos de construção, tais como a manutenção de edifícios ou grupos de edifícios que vão ser renovados para novos serviços nas áreas de desenvolvimento. Yursf et *al.,* (2007) provaram que a tecnologia laser scanner pode ser utilizada em integração com GPS diferencial para modelação do terreno para a análise e inspeção da estrutura do terreno com precisão. Yursf *et al.,* (2007) introduziram dois estudos de caso para demonstrar a utilização da tecnologia laser scanner na área de desenvolvimento; a integração da tecnologia laser scanner com várias tecnologias e sistemas é explorada para os profissionais na monitorização e atualização dos objectos geoespaciais existentes e actualizados.

2.10 Precisão da fotogrametria aérea

Adrian et *al.,* (2008) descreveram um método de controlo de fotografias históricas sem trabalho de campo no terreno, ligando-as a um modelo fotogramétrico recém-adquirido e altamente preciso, ajustado através do posicionamento cinemático direto da câmara por GPS. Adrian et *al.,* (2008) avaliaram a precisão possível através de um exemplo de trabalho utilizando um glaciar na Península Antárctica com fotografias aéreas típicas em cinco datas de 1947 a 2005. Adrian *et al.,* (2008) mencionaram que a precisão global das medições foi superior a 2 m RMS em X, Y e Z para todos os tipos de fotografia, o que é suficientemente exato para permitir medições significativas das alterações da espessura do gelo no glaciar durante períodos da ordem das décadas.

Zhenli *et al.,* (2009) ilustraram o efeito dos elementos de orientação exterior na paralaxe vertical, especialmente utilizando os parâmetros de orientação de imagens aéreas obtidos por um POS (Positioning and Orientation System) após calibração. Em primeiro lugar, com base na teoria da orientação relativa analítica da ligação de fotografias consecutivas, os elementos de orientação exterior podem ser facilmente traduzidos em elementos de orientação relativa. Em seguida, a fórmula do paralaxe vertical pode ser deduzida. Os resultados do paralaxe vertical no sistema de coordenadas do espaço de imagem esquerdo são comparados com os resultados calculados no sistema de coordenadas da imagem que são paralelos aos do sistema de coordenadas do objeto. Zhenli et *al.,* (2009) validaram a viabilidade do modelo matemático, que foi testado utilizando dois conjuntos de dados reais a diferentes escalas de imagem. Zhenli *et al.,* (2009) discutiram as diferenças entre os efeitos dos parâmetros de orientação exterior na paralaxe vertical, comparando os parâmetros de orientação exterior obtidos pelo ajustamento tradicional do bloco de feixes e por um POS depois de calibrado.

Mike *et al.,* (2008) salientaram a necessidade de dados de elevação de muito alta resolução (<0^25 m) para análises morfométricas quantitativas e qualitativas. As técnicas tradicionais de captação de dados de alta resolução (por exemplo, aerotransportados, heliborne) são proibitivamente dispendiosas para pequenos estudos, pelo que foi desenvolvida uma plataforma baseada em papagaios, em conjunto com uma câmara digital não métrica de consumo, para a captação de dados. Mike *et al.,* (2008) argumentaram que a combinação de papagaio e câmara digital é mais genericamente designada por fotografia aérea com papagaio. A precisão dos dados obtidos por fotogrametria digital e das imagens adquiridas com uma câmara não métrica baseada num papagaio é avaliada através de três experiências: uma em terreno liso, outra em terreno acidentado e outra num papagaio.

Richard *et al.,* (2007) delinearam uma abordagem para a geração de mapas de espécies de árvores ao nível da copa/agrupamento de árvores, utilizando imagens espectrográficas aéreas compactas de resolução espacial de 1 m (CASI; comprimento de onda de 445,8 nm-837,7 nm) e a sua utilização para gerar avaliações da composição da comunidade ao nível do povoamento. Richard *et al.,* (2007) destacaram uma delineação automatizada de coroas de árvores/agrupamentos de coroas, a reflectância espetral de pixels que representam máximos ou médias de reflectância de canal ou rácios de banda foram extraídos para uma série de espécies. Richard *et al.,* (2007) forneceram uma nova abordagem à cartografia de espécies de árvores, embora seja necessário algum conhecimento a priori da ocorrência de grandes grupos de espécies.

Marzolff *et al.,* (2008) desenvolveram um método para a documentação e monitorização de ravinas que resultou na escassez de dados quantitativos. Por conseguinte, foi desenvolvido um sistema de deteção remota de alta resolução para levantamentos aéreos por dirigível ou papagaio que satisfaz as resoluções de imagem espaciais e temporais necessárias para a monitorização de ravinas a curto prazo. Marzolff et *al.*, (2008) examinaram o potencial de um método que utiliza fotogrametria digital não métrica e SIG para a modelação e monitorização da superfície de ravinas. Marzolff *et al.*, (2008) utilizaram um método híbrido que combina a correspondência estéreo para a extração de pontos de massa com a edição e digitalização manual em 3D, tendo sido criados DEM de alta resolução (5 e 7,5 cm de tamanho de pixel) para os locais de estudo.

Gimenez *et al.*, (2009) ilustraram que as medições volumétricas de ravinas por meio de técnicas fotogramétricas são fortemente afectadas pela morfologia da ravina; em particular pela sua relação largura/profundidade (W/D), devido aos efeitos crescentes de ensombramento e de sombra associados a ravinas mais estreitas. Gimenez et *al.*, (2009) salientaram que a exatidão das medições fotogramétricas dependerá muito da hora do dia e do período do ano em que as fotografias são tiradas, e os barrancos estreitos/profundos (W/D < 0-5) serão provavelmente altamente imprecisos em qualquer altura. Gimenez *et al.*, (2009) ilustraram uma grande escala de medição para pequenos barrancos (maioritariamente efémeros), os rácios W/D considerados desafiantes para a análise fotogramétrica neste estudo são também comuns para barrancos de maiores dimensões do tipo barranco de margem (permanente).

2.10.1 Cobertura de fotogrametria aérea

Jessical *et al.*, (2010) apresentaram uma monitorização e gestão ecológicas que requerem informação detalhada em escalas espaciais alargadas. Historicamente, essas informações eram frequentemente obtidas através da interpretação manual de fotografias aéreas. Uma vez que os métodos tradicionais de análise de fotografias aéreas podem ser morosos, subjectivos e podem exigir intérpretes bem treinados (que atualmente são escassos), devem ser exploradas novas abordagens para a recolha desta informação ecológica. Jessical et *al.*, (2010) discutiram os benefícios e desafios da utilização de fotografias aéreas para a gestão ecológica. Jessical *et al.*, (2010) examinaram as oito características fundamentais utilizadas na interpretação de fotografias e discutiram a sua relevância ecológica. Jessical *et al.*, (2010) investigaram a viabilidade de métodos de análise digital (frequentemente utilizados para a análise de imagens de satélite) para fornecer resultados mais objectivos, consistentes e económicos.

Market al., (2007) ilustraram um estudo experimental para estimar o número de morsas do Pacífico que se encontram no gelo marinho em torno da ilha de São Lourenço, no Alasca. O estudo utilizou imagens de infravermelhos de alta altitude para detetar grupos de morsas em transectos de faixa. Foi utilizada fotografia digital de baixa altitude para determinar o número de morsas numa amostra de grupos detectados e calibrar as imagens de infravermelhos para estimar o número total de morsas. *Market al.,* (2007) propôs um projeto de estudo que incorpora esta abordagem com telemetria de rádio por satélite para estimar a proporção da população na água e voos adicionais de baixo nível para estimar a proporção da população em grupos demasiado pequenos para serem detectados nas imagens de infravermelhos. Zhu-Jun *et al.,* (2010) desenvolveram um modelo baseado em medições para calcular a floresta total e as ervas arbustivas separadamente numa zona de floresta subtropical em Nanjing, China. Holmgren *et al.,* (2008) investigaram o potencial da utilização de varrimento laser aerotransportado (ALS) para a estimativa da cobertura das copas das árvores e dos arbustos. Trinta parcelas de campo foram distribuídas aleatoriamente numa área de 1x1 km2 no sul da Suécia. Todas as plantas com qualquer parte dentro do raio de 10 m e com uma altura superior a 0,3 m foram medidas. Holmgren *et al.,* (2008) utilizaram os dados de campo para calcular a cobertura da copa para cada parcela. As proporções de retornos laser dentro de intervalos de altura foram derivadas de dados de varrimento laser aéreo e utilizadas como variáveis explicativas em modelos de regressão linear simples para estimar a cobertura de copas de árvores e arbustos.

Davis *et al.,* (2009) determinaram um método para estimar a pegada de área dos parques de estacionamento na bacia dos grandes lagos como um primeiro passo para a criação de uma base para uma melhor regulamentação dos parques de estacionamento para os decisores ao nível dos condados individuais, mas também aplicável a cidades ou estados. Davis *et al.* (2009), em combinação com o crescimento demográfico, têm sido os principais agentes responsáveis por esta era de paisagens pavimentadas. Os parques de estacionamento são o parceiro insidioso das estruturas construídas pelo homem e, muitas vezes, são maiores do que as próprias pegadas dos edifícios, mas os parques de estacionamento estão praticamente em todo o lado e, em grande parte, não estão regulamentados. Daviset *al.*, (2009) produziram a pegada de área dos parques de estacionamento na bacia dos grandes lagos e delinearam políticas para proporcionar um crescimento inteligente dos parques de estacionamento.

2.10.2 Extração de dados de fotogrametria aérea

Helmut (2007) discutiu o estado e as direcções promissoras da extração automática de objectos na visão computacional fotogramétrica, considerando vários aspectos práticos que surgem nas estações de trabalho fotogramétricas digitais. Helmut (2007) ilustrou uma revisão do estado da arte que mostra que existem apenas alguns sistemas de sucesso prático no mercado. Por conseguinte, são identificadas questões importantes para o sucesso prático da extração automática de objectos.

Casey et *al.*, (2008) mencionaram que algumas abordagens de processamento de imagem podem ser mais adequadas do que outras para distinguir categorias de uso e ocupação do solo, particularmente quando se classificam imagens de alta resolução espacial para ambientes urbanizados. Caseyet *al.*, (2008) exploraram a precisão dos métodos de classificação baseados em píxeis e em objectos utilizados para cartografia na interface urbano-selvagem com imagens urbanas de alta resolução espacial, gratuitas e facilmente disponíveis, que estão disponíveis em muitos locais para as agências municipais e locais de gestão de incêndios. Casey *et al.*, (2008) indicaram que uma abordagem de classificação baseada em objectos proporciona uma maior precisão do que uma abordagem de classificação baseada em pixels ao distinguir entre as categorias seleccionadas de uso e ocupação do solo. Jenniferet *al.*, (2009) discutiram a capacidade da fotografia aérea para proporcionar um maior acesso a imagens de alta resolução e o potencial para produzir classificações da ocupação do solo de elevada precisão. No entanto, estas classificações exigem frequentemente conhecimentos especializados e são demoradas. Jennifer *et al.*, (2009) desenvolveram uma técnica eficiente e exacta para classificar a superfície impermeável no condado de wake, na Carolina do Norte, em processo de urbanização. Utilizando uma técnica de formação iterativa, Jennifer *et al.*, (2009) classificaram 111 imagens de alta resolução sem mosaico, utilizando o software de análise de características desenvolvido pela Visual Learning Systems. Jennifer *et al.*, (2009) discutiram o analista de características que fornece classificações de extração de objectos através da análise do contexto espacial em relação aos dados espectrais para classificar imagens de alta resolução.

Mehdi *et al.* (2011) apresentaram uma panorâmica das técnicas fotogramétricas e de teledeteção em aplicações relacionadas com os procedimentos de gestão de catástrofes. Os dados obtidos por teledeteção fornecem potencialmente dados valiosos relacionados com a sismicidade, tanto em termos de avaliação do potencial de risco como de definição do estado de vulnerabilidade. Mehdi et *al.*, (2011) ilustraram a utilização de tecnologias e métodos avançados de teledeteção para o inventário urbano e a avaliação de danos. Mehdi *et al.*, (2011) explicaram o método proposto para a avaliação automática de danos utilizando imagens aéreas de múltiplas vistas. Kevin *et al.*, (2008) apresentaram uma técnica de recolha e classificação de dados que se centra na extração de sebes e de faixas de proteção das margens dos campos não arados como objectos de imagem. Os dados de elevação foram obtidos a partir dos dados de imagem para acompanhar a informação espetral de cor verdadeira e de cor-infravermelha. Kevin et al., (2008) desenvolveram um buffer para detetar objectos de sebes num SIG, Kevin *et al.*, (2008) facilitaram uma investigação da presença de medidas que satisfazem os requisitos mínimos de proteção de sebes estipulados. Kevinet *al.*, (2008) estimaram que 68% das áreas que precisam de ser classificadas como "faixa delimitadora de sebes herbáceas" para satisfazer os requisitos mínimos da legislação foram estabelecidas com uma cobertura herbácea baixa antes da introdução da legislação.

Hongxing et *al.*, (2007) apresentaram um método de processamento de imagem baseado na segmentação para automatizar a extração de linhas costeiras referenciadas por dados de maré a partir de dados aéreos de deteção de luz e alcance (LIDAR). Hongxing *et al.*, (2007) discutiram aplicações à costa superior do golfo do Texas, mostrando que o método é eficiente, preciso, objetivo e replicável. As linhas costeiras espacialmente pormenorizadas podem ser obtidas a partir dos dados LIDAR com um mínimo de intervenção humana. Hongxing *et al.*, (2007) examinaram e quantificaram os efeitos do erro de medição vertical do sistema LIDAR e a incerteza na determinação do datum de maré no processo de extração da linha de costa utilizando a técnica de simulação de Monte Carlo. Hongxing *et al.*, (2007) discutiram os intervalos de confiança e as estatísticas de erro resumidas a calcular para cada secção da linha de costa extraída. Lang *et al.*, (2008) destacaram alguns dos desenvolvimentos recentes, tanto a nível tecnológico como político, e apresentam uma visão sintética de um paradigma futuro na análise de imagens e na extração de informação geo-espacial. Lang *et al.*, (2008) mencionaram uma breve reflexão sobre a adaptação necessária dos métodos padrão de avaliação da precisão e de deteção de alterações, bem como sobre a avaliação dos objectos delineados e classificados em relação à referência final, a perceção humana.

Soe et *al.*, (2011) utilizaram dados de imagens QuickBird sobre uma região central da cidade de Phoenix, Arizona, para examinar se um classificador baseado em objectos pode identificar com precisão as classes urbanas. Soe et al., *(*2011) demonstraram se a informação espetral por si só é prática na classificação urbana. Soe *et al.,* (2011) utilizaram espectros das classes seleccionadas a partir de pontos seleccionados aleatoriamente para examinar se a discriminação é eficaz. A precisão global baseada apenas na informação espetral atingiu apenas cerca de 63,33%. Soe *et al.,* (2011) utilizaram cinco procedimentos de classificação diferentes com o paradigma baseado em objectos que separa pixels espacialmente e espectralmente semelhantes a diferentes escalas. Os classificadores para atribuir coberturas de terra a objectos segmentados utilizados no estudo incluem funções de associação e o classificador do vizinho mais próximo. Soe *et al.,* (2011) obtiveram uma precisão global elevada (90,40%), enquanto a regra de decisão mais utilizada, nomeadamente o classificador de máxima verosimilhança, produziu uma precisão global inferior (67,60%). Soe *et al.,* (2011) demonstraram que o classificador baseado em objectos é uma abordagem significativamente melhor do que os classificadores clássicos por pixel.

Yuhong et *al.,* (2011) investigaram as imagens (alta resolução ou muito alta resolução) mais adequadas para a extração de linhas de corte sísmicas utilizando um conjunto de regras e métodos de classificação orientados para objectos multi-resolução. Yuhong *et al.,* (2011) utilizaram imagens multiespectrais SPOT 5 e QuickBird e bases de dados do Sistema de Informação Geográfica (SIG) existentes numa área de gestão de ursos nas encostas orientais das Montanhas Rochosas em Alberta. Yuhong *et al.* (2011) indicaram que, entre os algoritmos disponíveis, o algoritmo sigma de Lee é eficiente para realçar linhas de corte utilizando o infravermelho próximo.

Lee *et al.,* (2009) ilustraram um estudo para verificar se o scanner laser terrestre podia cumprir a norma de precisão, comparando os dados de levantamento do scanner laser terrestre com os das novas tecnologias de levantamento modernas, como a fotogrametria aérea digital e o GPS RTK. Lee *et al.,* (2009) mostraram que a digitalização laser terrestre e o gráfico estéreo 3D da tecnologia de fotogrametria aérea digital podiam cumprir um padrão de precisão posicional com alvo artificial.

2.11 Precisão do sistema de posicionamento global

Wing *et al.,* (2005) ilustraram um estudo destinado a testar a precisão e a fiabilidade de receptores GPS de consumo numa variedade de cenários paisagísticos. Winget *al.,* (2005) estabeleceram três percursos de teste de medições em céu aberto, floresta jovem e cenários de copa fechada numa floresta dominada por coníferas no Oregon ocidental e testaram rigorosamente a precisão posicional de seis GPS diferentes. Todas as unidades foram produzidas por fabricantes de GPS estabelecidos. *Winget al.* (2005) verificaram que o desempenho variava, nalguns casos consideravelmente, entre as unidades e parecia ser influenciado pelo coberto vegetal e pela disponibilidade de satélites. Entre os GPS com melhor desempenho, Wing *et al.* (2005) determinaram que os utilizadores podiam esperar uma precisão posicional de aproximadamente 5 m em relação à posição real em condições de céu aberto, 7 m em condições de floresta jovem e 10 m sob copas fechadas.

Nickitopoulou et *al.* (2006) realizaram um grande número de experiências, nas quais os movimentos harmónicos foram simulados por uma antena rotativa de um recetor GPS e as coordenadas registadas foram comparadas com as reais. Nickitopoulou *et al.,* (2006) elaboraram o resultado da monitorização de um sistema constituído por dois receptores GPS e um software comercial de processamento de dados que permite uma precisão padrão de até 15 mm e 35 mm em coordenadas horizontais e verticais, respetivamente, a um nível de 1,5% de anomalias.

Meguro *et al.,* (2008) descreveram uma técnica de posicionamento de precisão que pode ser aplicada a veículos em zonas urbanas. A técnica atenua o multicaminho do GPS através de uma câmara de infravermelhos (IR) omnidirecional que pode eliminar a necessidade de satélites invisíveis (um satélite detectado pelo recetor mas sem LOS (Line Of Sight)) utilizando imagens IR. Meguro *et al.,* (2008) forneceram algumas técnicas simples de atenuação do percurso múltiplo do GPS, tais como a instalação de antenas longe de edifícios e a utilização de antenas de anel de estrangulamento, que são bem conhecidas. Além disso, podem também ser utilizadas várias técnicas de correlação. No entanto, quando um sinal direto não pode ser recebido pela antena, estas técnicas não fornecem resultados satisfatórios porque pressupõem que a antena recebe principalmente sinais directos. Meguro *et al.*, (2008) propuseram uma técnica que pode atenuar o multipercurso do GPS, mesmo que não seja possível receber um sinal direto, uma vez que consegue reconhecer o ambiente circundante através de uma câmara IR omnidirecional. Celestino *et al.*, (2010) concluíram que existe uma relação entre a exatidão das medições e certas variáveis que caracterizam o dossel florestal, como a densidade das árvores, a área basal e o volume de biomassa. No entanto, a utilidade prática de muitos destes estudos é limitada, pois muitas vezes limitam-se a descrever associações entre as variáveis e os erros médios no intervalo de medição, quando as medições deveriam ser efectuadas em tempo real e em intervalos de segundos. Celestino *et al.*, (2010) aplicaram técnicas para construir modelos matemáticos que associassem o erro de observação e o sinal GPS a variáveis do dossel florestal.

George et *al.*, (2006) desenvolveram um método que utiliza o posicionamento absoluto do GPS, emparelhado com o mapa, para localizar o veículo numa linha central da estrada, quando se sabe que o GPS é suficientemente exato. George et *al.*, (2006) adaptaram o software para incorporar o posicionamento baseado em distâncias derivadas do odómetro, quando as posições GPS não estão disponíveis. George *et al.*, (2006) utilizaram posições GPS relativas para calibrar o odómetro. A experiência descrita utilizou observações de GPS e de odómetro efectuadas num autocarro londrino num percurso predefinido no centro de Londres. Por conseguinte, as técnicas de correspondência de mapas são utilizadas para testar a precisão do posicionamento GPS e para identificar posições GPS grosseiramente imprecisas.

2.11.1 Aplicações GPS

O Sistema de Posicionamento Global (GPS) é um sistema global de navegação por satélite (GNSS) baseado no espaço que fornece informações fiáveis sobre a localização e o tempo em todas as condições meteorológicas e a qualquer momento, em qualquer ponto da Terra ou perto dela, quando e onde houver uma linha de visão desobstruída para quatro ou mais satélites GPS. É mantido pelo governo dos Estados Unidos e pode ser acedido gratuitamente por qualquer pessoa com um recetor GPS. O National Book Council (U.S) (1995) referiu que o GPS foi criado em 1973 para ultrapassar as limitações dos sistemas de navegação anteriores, integrando ideias de vários antecessores, incluindo uma série de estudos de conceção de engenharia confidenciais da década de 1960. O GPS foi criado e realizado pelo Departamento de Defesa dos EUA (USDOD) e funcionava inicialmente com 24 satélites. Para além do GPS, existem outros sistemas em utilização ou em desenvolvimento. O sistema russo GLOBAL NAvigation Satellite System (GLONASS) foi utilizado apenas pelos militares russos até 2007. Existem ainda o planeado sistema de navegação chinês Compass e o sistema de posicionamento Galileo da União Europeia (UE).

Hyo et *al.*, (2008) introduziram um novo sistema de monitorização utilizando GPS para medir as respostas induzidas pelo vento em edifícios altos. Hyo *et al.*, (2008) as respostas induzidas de uma estrutura de longo período incluem deslocamentos laterais relativos, registos de aceleração e deslocamentos no topo de um edifício. Depois de comparar as respostas de um modelo de ensaio medidas por GPS com as respostas obtidas pelos medidores de deslocamento a laser e acelerómetros mais utilizados, as respostas induzidas pelo vento de um edifício de 66 andares sujeito à tempestade de poeira amarela foram medidas pelo sistema de monitorização baseado em GPS. Com base nas medições efectuadas no terreno, conclui-se que a história completa do movimento de um edifício de grande altura pode ser monitorizada por GPS.

Sawabe *et al.,* (2008) discutiram a auto-localização de robôs móveis usando GPS e INS com filtro de Kalman estendido, que tem atraído uma atenção significativa dos livros nos últimos anos.

Embora o filtro de Kalman alargado (EKF) tenha sido amplamente utilizado para resolver estes problemas em robôs móveis, o desempenho do EKF pode degradar-se significativamente, se não estiver disponível o conhecimento a priori correto das matrizes de covariância do ruído do sensor/medição, uma vez que depende das posições dos satélites GPS disponíveis. Sawabe *et al.,* (2008) propuseram um novo método de auto-localização baseado no filtro de partículas para a navegação autónoma em ambientes exteriores desconhecidos e compararam o GPS convencional com o filtro de Kalman alargado e o GPS com o filtro de partículas. Markus et *al.,* (2009) apresentaram uma solução para permitir a um helicóptero de quatro rotores navegar autonomamente em ambientes interiores não estruturados e desconhecidos. Markus *et al.,* (2009) compararam dois conjuntos de sensores, especificamente um telémetro laser e uma câmara estéreo. Os sensores laser e de câmara são ambos adequados para recuperar o movimento relativo e a velocidade do helicóptero. Devido às diferentes pistas do ambiente, cada sensor tem o seu próprio conjunto de vantagens e limitações que são complementares ao outro sensor. Markus *et al.,* (2009) integraram ambos os sensores a bordo de uma única plataforma de helicóptero, o que levou ao desenvolvimento de um sistema de helicóptero autónomo que é robusto a condições ambientais genéricas em interiores.

Wang *et al.,* (2008) ilustraram um estudo das características de implantação do sistema GPS Indoor (iGPS) numa instalação de produção em grande escala e a definição do seu desempenho operacional em condições realistas. O iGPS pertence a uma nova geração de sistemas de posicionamento e localização que podem ser utilizados na produção automatizada com o objetivo de reduzir o tempo e os custos de produção e melhorar a qualidade dos produtos. A escalabilidade nominalmente ilimitada e a flexibilidade de uma rede de transmissores de grande volume são as vantagens mais significativas do iGPS em comparação com outros sistemas de metrologia, tais como os seguidores laser ou a fotogrametria. A natureza flexível e o nível de precisão inferior a um milímetro do iGPS em todo o volume de medição proporcionam novas oportunidades de aplicação nos processos de fabrico. Wang *et al.,* (2008) referiram o primeiro estudo experimental ilustrado num ambiente de produção de grande volume, com o objetivo de demonstrar o desempenho operacional do iGPS em ambiente real. Os dados de medição de vários pontos obtidos por um laser tracker, um sistema de medição de maior precisão teórica, são utilizados para comparação. Embora o iGPS se tenha revelado altamente repetível, a dimensão da instalação de produção e os factores ambientais revelaram-se um desafio em termos de incerteza de medição.

2.11.2 Aplicações das unidades de medição por inércia (IMU)

Uma unidade de medição inercial, ou IMU, é um dispositivo eletrónico que mede e informa sobre a velocidade, orientação e forças gravitacionais de uma nave, utilizando uma combinação de acelerómetros e giroscópios. As IMUs são normalmente utilizadas para manobrar aeronaves, entre muitas outras, e naves espaciais, incluindo vaivéns, satélites e Landers. A IMU é o principal componente dos sistemas de navegação por inércia utilizados em aeronaves, naves espaciais, embarcações, embarcações terrestres e mísseis guiados, entre outros. Nesta capacidade, os dados recolhidos pelos sensores da IMU permitem a um computador seguir a posição de uma nave, utilizando um método conhecido como cálculo morto. As IMU podem, para além de fins de navegação, servir como sensores de orientação no campo do movimento humano. São frequentemente utilizadas em tecnologia desportiva (treino de técnicas) e em aplicações de animação. O termo IMU é amplamente utilizado para designar uma caixa que contém três acelerómetros e três giroscópios. Os acelerómetros são colocados de forma a que os seus eixos de medição sejam ortogonais entre si. Medem a aceleração inercial, também conhecida como forças G. Três giroscópios são colocados num padrão ortogonal semelhante, medindo a posição rotacional em referência a um sistema de coordenadas escolhido arbitrariamente.

Merz et *al.*, (2010) destacaram os sensores de inércia MEMS (Micro Electro Mechanical Systems) que já entraram numa vasta área de mercado e dominaram o passo para a produção em massa de grande volume. Merz *et al.*, (2010) introduziram uma nova abordagem tecnológica que permite a atribuição de diferentes pressões de cavidade ao nível da bolacha, que contém, numa primeira fase, um acelerómetro e um sensor de taxa angular no mesmo chip de silício. A unidade de medição inercial (IMU) investigada em Becker et al., (2010) apresentou dois conjuntos diferentes de acelerómetros e giroscópios MEMS, respetivamente. Becker *et al.*, (2010) discutiram ambos os conjuntos que são montados num único invólucro e, portanto, estão sujeitos ao mesmo procedimento de calibração. Podem ser utilizadas diferentes combinações destes conjuntos de sensores duplos para explorar as propriedades complementares dos sensores, por exemplo, a gama de medição, a resolução e as características de ruído, bem como para beneficiar da redundância em aplicações aéreas.

Won *et al.*, (2008) utilizaram um sistema inteligente que incorpora filtros de Kalman (KFs) e um sistema pericial difuso para seguir a ponta de uma ferramenta de fixação e identificar o parafuso fixado. Won *et al.*, (2008) utilizaram uma unidade de medição inercial e um sensor de posição para determinar a orientação e a localização do centro de massa da ferramenta. Os KFs são utilizados para estimar a orientação da ferramenta e a localização do centro de massa da ferramenta. Embora seja utilizado um KF para estimar a orientação, o erro de orientação aumenta com o tempo devido à integração do erro de velocidade angular.

Sun *et al.*, (2010) discutiram a utilização do sistema IMU no sistema de navegação de veículos terrestres. Sun *et al.*, (2010) utilizaram uma unidade de medida inercial (IMU) reduzida, constituída por apenas um giroscópio vertical e dois acelerómetros horizontais ou três acelerómetros ortogonais, que pode ser utilizada em sistemas de navegação de veículos terrestres para reduzir o volume e o custo. A IMU reduzida é integrada com um recetor de Sistema de Posicionamento Global (GPS) cujos loops de bloqueio de fase (PLLs) são auxiliados pelo desvio Doppler do sistema integrado. A utilização do sistema IMU no sistema de navegação de veículos terrestres é designada por integração apertada com auxílio de laço (TLA). Com a ajuda do Doppler, a largura de banda de ruído dos filtros de laço PLL pode ser mais reduzida do que no caso de apenas GPS, o que resulta numa melhor supressão de ruído no recetor.

Mirzaei *et al.,* (2008) forneceram estimativas precisas do estado para o movimento tridimensional de um veículo quando não estão disponíveis referências externas (por exemplo, GPS). A precisão pode ser obtida através da combinação de medições inerciais de uma unidade de medição inercial (IMU) com observações visuais de uma câmara, partindo do princípio de que a transformação rígida entre os dois sensores é conhecida. Os erros no processo de calibração extrínseca IMU-câmara causam enviesamentos que reduzem a precisão da estimativa e podem mesmo levar à divergência de qualquer estimador que processe as medições de ambos os sensores. Mirzaei *et al.,* (2008) apresentaram um filtro de Kalman alargado para determinar com precisão a transformação desconhecida entre uma câmara e uma IMU.

Esser *et al.,* (2009) utilizaram uma matriz de rotação de quaterniões em combinação com uma abordagem de integração para transformar as acelerações de translação do centro de massa de uma unidade de medição inercial (IMU) durante a marcha, do sistema de objectos para a estrutura global.

Esser *et al.,* (2009) utilizaram uma integração dupla para determinar a mudança relativa na posição do centro de massa a partir dos dados de aceleração vertical. A aplicação do acelerómetro à navegação reflecte-se principalmente no Sistema de Navegação Inercial

(INS). O INS é um auxiliar de navegação que utiliza um computador e sensores de movimento (acelerómetros) para calcular continuamente, através de cálculo morto, a posição, orientação e velocidade (direção e velocidade de movimento) de um objeto em movimento sem necessidade de referências externas. Hayward *et al.*, (2003) argumentaram que outros termos utilizados para referir sistemas de navegação por inércia ou dispositivos estreitamente relacionados incluem sistema de orientação por inércia, plataforma de referência por inércia e muitas outras variações.

Duminda *et al.*, (2010) apresentaram os resultados de um esforço em que os dados de posição e orientação de sensores de visão e inerciais são integrados e validados utilizando dados de uma estrada real. A informação de uma sequência de imagens, que foram capturadas por uma câmara monocular ligada a um veículo de inspeção, é fundida com estimativas de posição e orientação do sistema inercial para corrigir a acumulação de erros inerente a esses sistemas de base integral. As rotações e translações são estimadas a partir de correspondências de pontos seguidos através de uma sequência de imagens. Duminda *et al.*, (2010) utilizaram um filtro de Kalman descentralizado para integrar as estimativas de posição baseadas no sensor de visão com as do sistema inercial. A fusão dos dois sensores foi efectuada ao nível do sistema no modelo. A comparação das estimativas de posição integradas da unidade de medição de visão-inércia (IMU) com as da saída do sistema inercial-GPS e do levantamento real demonstra que a deteção de visão pode ser utilizada para reduzir os erros nas medições inerciais durante potenciais falhas de GPS.

2.12 Cidades inteligentes

Li (2001) definiu a cidade como um local com uma população densa e uma indústria e comércio altamente desenvolvidos, sendo normalmente o centro político, económico e cultural das áreas circundantes. É também um centro de produção, recolha e transporte de fortunas sociais e espirituais humanas. Por outras palavras, é um centro agregador e transportador de fluxos de recursos, tais como fluxos de energia humana, fluxos de substâncias, fluxos de capital e fluxos de informação. Uma cidade é um sistema ecológico complexo com vários subsistemas predominantemente constituídos por pessoas. Os recursos fluem entre estes subsistemas e formam uma rede de cadeias de valor urbanas.

O conceito de mundo inteligente foi proposto pelo vice-presidente dos Estados Unidos e o primeiro simpósio internacional sobre cidade inteligente realizou-se em Pequim. Zhai *et al.,* (2008) discutiram o conceito de cidade inteligente que tem sido apresentado; a cidade inteligente despertou a atenção do governo, tornando-se cada vez mais o foco do desenvolvimento de alta tecnologia e da construção da cidade. A cidade inteligente tem sido o foco dos livros académicos do governo e das empresas.

O sistema de informação urbana inteligente é uma das partes importantes da construção de uma cidade inteligente. Os recursos de informação inteligente são normalmente criados e mantidos por diferentes departamentos, pelo que possuem características de distribuição e heterogeneidade. A integração dos recursos de informação existentes na informação urbana, uma plataforma de informação unificada, pode proporcionar um serviço de informação mais conveniente e rápido. A informação urbana inteligente deve ter as seguintes características

Plataforma de informação unificada ao unificar os dados internos e externos relativamente dispersos e independentes, o sistema de informação urbana inteligente pode permitir que os utilizadores acedam à informação necessária através de uma plataforma unificada, que optimiza o funcionamento do sistema e melhora os benefícios económicos e sociais. Poderosa capacidade de gestão de conteúdos A plataforma de informação urbana inteligente pode suportar dados estruturados e não estruturados, distinguir dados de bancos de dados geográficos (RDBs) e lidar com todos os tipos de documentos. Serviço de aplicação individual A plataforma de informação urbana inteligente pode conceber e fornecer dados e aplicações e adaptar a plataforma de informação individualizada de acordo com as necessidades dos utilizadores, o que aumenta a eficiência do trabalho dos utilizadores e reforça a apetência e a atração pelo sistema de informação inteligente. Integrada com o sistema de informação existente, não é necessário remodelar a plataforma de informação urbana inteligente para integrar os dados e aplicações existentes e proteger a grande quantidade de investimento existente.

Castells (2004) definiu a cidade do ponto de vista populacional, legal e histórico; o estudo concentra-se na formação de uma área urbana com uma população elevada e um estatuto administrativo, legal ou histórico particular. As grandes cidades industrializadas têm geralmente sistemas avançados de saneamento, serviços públicos, utilização do solo, habitação e transportes, entre outros. Esta proximidade facilita muito a interação entre pessoas e empresas, beneficiando ambas as partes no processo. No entanto, discute-se atualmente se a era da tecnologia e da comunicação instantânea com a utilização da Internet está a tornar as cidades obsoletas.

2.13 Panorâmica da atual arquitetura das cidades inteligentes

As cinco principais cidades inteligentes do mundo são Malta, Dubai Internet City, Dubai Media City, Dubai Festival City e Kochi. O conceito inteligente destas cidades consiste em construir um parque tecnológico que converta o património imobiliário industrial em tecnologia da informação de ponta, utilizando a evolução das redes de telecomunicações e IP. A base financeira é o desenvolvimento de uma plataforma operacional que gere o consumo de energia e os recursos operacionais. São vários os termos inteligentes utilizados para refletir o conceito de inteligente que continua a exprimir a rede de comunicações e de telecomunicações IP/internet e outras aplicações relacionadas. Ishida *et al.,* (2000) mencionaram alguns termos semelhantes, como smart community, comunidade inteligente, cidade inteligente, cidade da informação e e-cidade. Tanabe *et al.,* (2002) consideraram que todos estes termos alternativos são utilizados para designar uma comunidade ligada que combina infra-estruturas de comunicações de banda larga.

Cook *et al.*, (2005), discutiram a flexibilidade da infraestrutura de computação orientada para os serviços baseada em normas industriais abertas; e serviços inovadores para satisfazer as necessidades dos governos e dos seus utilizadores, cidadãos e empresas. Besselaar *et al.*, (2005) ilustraram a dimensão geográfica (espaço) das comunidades inteligentes, que é muito variada; pode estender-se de um bairro urbano a uma metrópole multimilionária.

2.13.1 O conceito de cidade inteligente

A infraestrutura inteligente é o passo introdutório para estabelecer o quadro e a arquitetura globais da cidade inteligente. Recentemente, foram criadas em todo o mundo cidades inteligentes de grande visibilidade, três das quais no Dubai, uma em Malta e uma em Kochi, na Índia. Estas são as cidades mais populares, havendo ainda outras na Coreia e em Singapura.

Besselaar. Koizumi (2005) discutiu o conceito de cidade inteligente e de comunidade inteligente do ponto de vista das plataformas de informação e das tecnologias de comunicação. O termo "comunidade inteligente" ou "cidade inteligente" (também são utilizados os termos "comunidade inteligente", "cidade da informação" e "e-cidade") refere-se a uma comunidade conectada que combina infra-estruturas de comunicações de banda larga, infra-estruturas informáticas flexíveis e orientadas para os serviços, baseadas em normas industriais abertas, e serviços inovadores para satisfazer as necessidades dos governos e dos seus funcionários, cidadãos e empresas. A dimensão geográfica (espaço) das comunidades inteligentes varia, podendo ir de um bairro de uma cidade até uma metrópole multimilionária. Caragliuet *al.*, (2009) introduziram o conceito de "cidade inteligente" como um dispositivo estratégico para englobar os factores de produção urbana modernos num quadro comum e para realçar a importância crescente das tecnologias da informação e da comunicação (TIC) e do capital social e ambiental na definição do perfil de competitividade das cidades.

Embora a infraestrutura sem fios seja um elemento-chave da infraestrutura inteligente, é apenas um primeiro passo. A cidade inteligente pode exigir uma infraestrutura de banda larga com fios, e é muito mais do que apenas a rede. Uma Cidade Inteligente fornece serviços governamentais interoperáveis e baseados na Internet que permitem a conetividade omnipresente para transformar os principais processos governamentais, tanto internamente, entre departamentos e funcionários, como externamente, para cidadãos e empresas. Os serviços Smart City são acessíveis através de dispositivos móveis sem fios e são possibilitados por uma arquitetura empresarial orientada para os serviços, incluindo serviços Web, a Extensible Markup Language (XML) e aplicações de software mobilizadas.

O que é uma cidade inteligente na natureza? E como é que uma cidade inteligente pode ser concebida? O livro deve destacar estas questões através da concetualização de modelos de arquitetura e de enquadramento. Li (2001) discutiu a arquitetura da estrutura da cidade inteligente e analisou a maioria das aplicações e tecnologias que devem ser desenvolvidas antes do estabelecimento da cidade inteligente. As cidades inteligentes estabelecidas são um subconjunto e derivam da Terra inteligente. A terra inteligente tornou-se uma estratégia de desenvolvimento para um país ou uma área mais do que uma noção tecnológica depois de ter sido apresentada. A noção, as tecnologias e as estratégias da terra inteligente estão a ser aplicadas a uma cidade, conduzindo assim a uma cidade inteligente. A cidade inteligente tornou-se um tema competitivo nos domínios das TI e um impulso para a indústria da informação urbana. Está também a tornar-se um dos objectivos da informalização urbana e representa o estilo de desenvolvimento urbano na sociedade da informação. Atualmente, nos Estados Unidos, na Europa, no Japão e noutros países e regiões desenvolvidos, foram criados na Internet alguns sítios Web designados por smart city. A maior parte deles são apresentados como portais de informação urbana, portais de mapas electrónicos ou páginas amarelas urbanas navegadas por catálogos de informação, directórios, mapas electrónicos da cidade ou vistas virtuais em 3D, fornecendo principalmente serviços de conteúdos sobre tráfego, turismo, vida quotidiana, emprego e outros temas. Na China, o projeto de cidade inteligente foi incluído no décimo plano quinquenal nacional, cujos projectos de iniciativa incluem Smart Beijing e Smart Chongqing,

Devido à complexidade do mundo real, Li (2001) argumentou que a complexidade de uma cidade inteligente incorpora a complexidade espácio-temporal e as alterações móveis das entidades e fenómenos urbanos, a informação maciça, a incerteza dos fenómenos e eventos urbanos, etc. A adaptabilidade de uma cidade inteligente inclui principalmente a escalabilidade da arquitetura e dos serviços funcionais, a interação e composição de serviços de aplicações móveis a pedido, a personalização de serviços a pedido, etc. Uma cidade inteligente pode suportar múltiplos modelos de negócio e múltiplos modelos de serviços de aplicação. Komninos (2009) dedicou esforços à elaboração de uma estratégia para alcançar o crescimento urbano num sentido inteligente para as suas cidades-regiões metropolitanas. Paskaleva (2009) argumentou que o espaço inteligente virtual (também designado por espaço de bits ou ciberespaço) de uma cidade é um espaço de informação estruturado e dimensional baseado em quadros espácio-temporais de 4 dimensões. Com a plataforma de rede, uma cidade inteligente fornece apoio tecnológico e novos meios para que os recursos de informação, os produtos e os serviços sejam trocados entre produtores e consumidores e, assim, se possa obter uma troca de valor. Assim, uma cidade inteligente cria efetivamente uma nova geração de serviços de informação. Além disso, com o intercâmbio de informação e o intercâmbio de valor, uma cidade inteligente pode integrar e otimizar a informação.

2.13.2 O objetivo da cidade inteligente

O objetivo geral de uma cidade inteligente está relacionado com a normalização de uma plataforma operacional comum que funcione com um sistema de informação abrangente para operar o desenvolvimento urbano de uma forma inteligente. É necessário ter em consideração a otimização dos dados que servirão as aplicações do governo, dos cidadãos, das empresas e dos consumidores. Os objectivos aplicáveis são a prestação de serviços de planeamento urbano, construção, administração e aplicações em todos os domínios para melhorar e otimizar o ambiente urbano de habitação humana e para realizar o desenvolvimento urbano sustentável dos recursos naturais. O ambiente, a ecologia, a população, a economia e a sociedade são os objectivos tecnológicos para realizar a conetividade e acessibilidade da rede, a partilha e interoperabilidade de dados, informações e serviços e a sua disponibilidade a pedido.

2.14 Arquitetura de componentes de cidades inteligentes

A cidade inteligente tem quatro unidades principais que abrangem a maioria das redes, processos, aplicações e várias actividades associadas em diferentes tendências. O primeiro componente principal são as aplicações, quer estas aplicações estejam relacionadas com a monitorização de activos físicos utilizando tecnologias de levantamento topográfico como imagens de satélite, cartografia aérea, estação de referência GPS/GNSS e tecnologias laser/LIDAR, ou aplicações muito mais complexas como as seguintes:

- Processos de segurança da cidade

- Sistema de gestão de edifícios para a automatização de edifícios

- Circuito fechado de televisão (CCTV) para vários tipos de monitorização e controlo

- Televisão de acesso comunitário (CATV)

- Sistema de Informação Geográfica (SIG) para visualização geral, análise e banco de dados.

A figura 2.2 apresenta a arquitetura comercial, as aplicações e é gestão da cidade inteligente. A maior parte destas aplicações, que podem ser implementadas no âmbito do quadro operacional da cidade, serão consideradas aplicações díspares, a menos que a interação adequada com vários tipos de processos de gestão de activos tenha sido feita no lugar certo. Por conseguinte, as unidades empresariais da cidade são essenciais para realizar a função de utilização das aplicações mencionadas. A maioria das unidades empresariais que costumavam comunicar as aplicações da cidade são as seguintes

- Informações do utilizador para controlar o comportamento do público

- Documentar informações para melhores estudos estatísticos e de viabilidade.

- Informação do sector para monitorizar a procura do mercado, a inflação e outros

- Informações comerciais para mais análises comerciais e financeiras

- Informações sobre as receitas para uma melhor compreensão do fluxo de caixa do mercado e das actividades comerciais diárias.

- Circulação Informações para o tratamento dos novos casos de negócios emergentes

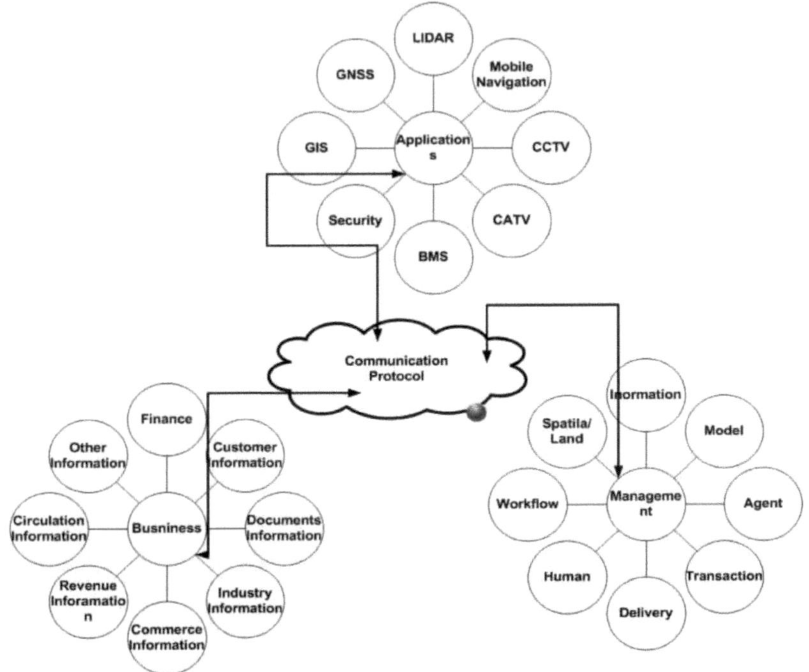

Figura 2.2. Arquitetura de negócios, aplicações e gestão de cidades inteligentes

O terceiro componente principal é a gestão de processos, a fim de definir a relação, as regras, as estratégias e as políticas entre as aplicações da cidade e as unidades empresariais relacionadas.

A direção tem de participar nas seguintes partes que fundamentarão as componentes globais da cidade.

• Gestão da informação: a recolha e gestão de informação de uma ou mais fontes e a distribuição dessa informação a um ou mais públicos. Por vezes, isto envolve aqueles que têm interesse ou direito a essa informação. Por gestão entende-se a organização e o controlo da estrutura, do tratamento e do fornecimento da informação.

• Gestão das transacções: é uma abordagem da gestão das TI numa perspetiva de transação comercial. A BTM visa garantir a qualidade do serviço para os utilizadores que efectuam transacções comerciais e, simultaneamente, otimizar as aplicações e a infraestrutura de TI através das quais essas transacções são executadas.

• Gestão Humana e do Fluxo de Trabalho: para representar uma sequência de operações, declarada como trabalho de uma pessoa, trabalho de um mecanismo simples ou complexo, trabalho de um grupo de pessoas. A ISO 1252 (2006) considera-o como um trabalho de uma organização de pessoal ou de máquinas. O fluxo de trabalho pode ser visto como qualquer abstração do trabalho real, segregado em trabalho partilhado, trabalho dividido ou qualquer outro tipo de ordenação. Para efeitos de controlo, o fluxo de trabalho pode ser uma visão do trabalho real sob um aspeto escolhido. A norma ISO/TR 16044 (2004) considera-o uma representação virtual do trabalho real. O fluxo descrito refere-se frequentemente a um documento que está a ser transferido de uma etapa para outra.

• Gestão do solo/espaço: Definir o processo de gestão da utilização e do desenvolvimento (em contextos urbanos e suburbanos) dos recursos terrestres de uma forma sustentável. Os recursos terrestres são utilizados para uma variedade de fins que interagem e podem competir entre si; por conseguinte, é desejável planear e gerir todas as utilizações de uma forma integrada.

O ponto mais próximo deste ciclo de atividade da cidade é a ligação entre estas três componentes principais. As ligações têm diferentes arquitecturas. As ligações (protocolos de comunicação) podem utilizar a rede convencional com fios ou utilizar cabos de fibra ótica para os sistemas que dependem do conceito de conetividade física da rede. As tecnologias sem fios, Bluetooth, Wi-Fi e diferentes tecnologias GSM vão amadurecer num futuro próximo, o que as torna soluções mais práticas e viáveis para a partilha de dados e processos de troca de informações.

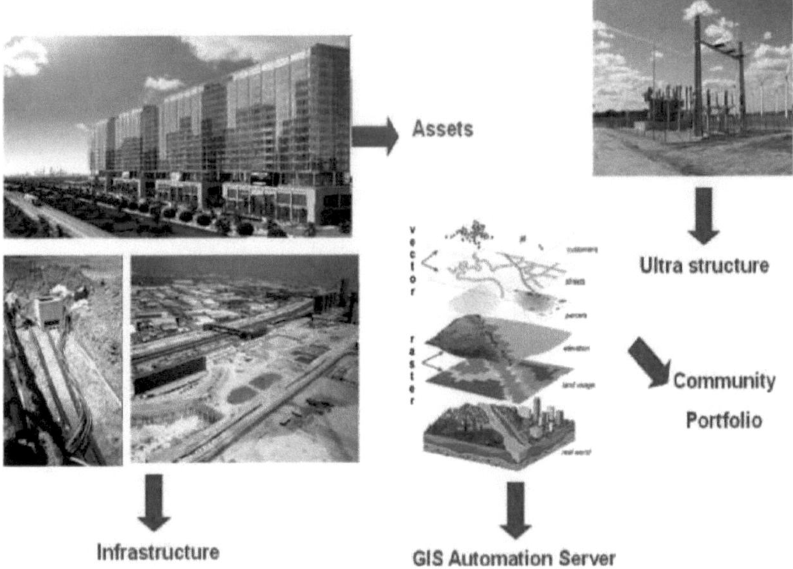

Figura 2.3. Carteira de operações de cidades inteligentes

O portefólio da cidade inteligente inclui vários itens que gerem o ciclo de vida diário. A gestão de energia, seja para energia, comunicação e qualquer rede de líquidos pressurizados, como água potável e refrigeração urbana, é extremamente importante. O sistema de automação para gerir estes diferentes componentes é necessário para reduzir o custo de capital, o que se reflectirá significativamente na qualidade do serviço prestado aos cidadãos. A figura 2.3 apresenta este conceito, em que os edifícios/activos têm de ser concebidos de forma compatível com a inteligência da infraestrutura e o quadro de conetividade da rede. A inteligência da ultra-estrutura limita-se a representar com precisão todas as características/activos internos em termos de precisão posicional e em termos de funções operacionais que constituem a base do quadro de monitorização e controlo. A boa definição das funções operacionais reflectirá a sustentabilidade do sistema inteligente e de automatização. O GIS combina estes componentes em armazéns espaciais para refletir a representação gráfica dos componentes da cidade, juntamente com os dados, imagens e qualquer informação relacionada ligada na mesma plataforma. Este motor espacial estará fortemente ligado aos dispositivos de monitorização que costumavam ser geridos por vários tipos de SCADA com vários níveis de controlo. A vantagem da adoção de tais sistemas é o elevado nível de integração e interoperabilidade dos sistemas, o que alarga a visão do controlo diário. A outra vantagem da implementação deste quadro operacional é a visão global de vários sectores industriais e áreas de desenvolvimento imobiliário numa única plataforma de sistema.

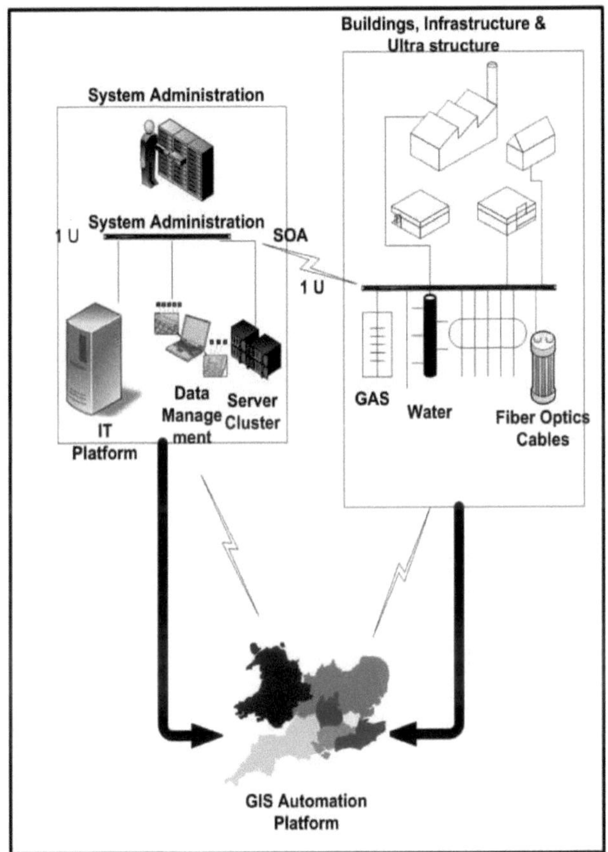

Fig.2.4. Arquitetura dos componentes da cidade inteligente

A arquitetura dos componentes da cidade inteligente baseia-se em infra-estruturas, redes ultra-estruturais ligadas a um quadro de trabalho de administração do sistema. A administração do sistema inclui um conjunto de aplicações de servidor, servidores de base de dados e servidores de comunicação.

A figura 2.4 também aborda esta sofisticada plataforma de TI que não se destina apenas a processos de armazenamento e manipulação de dados, mas será operada, apoiada e gerida por um barramento de arquitetura orientada para os serviços. A administração do sistema é o rastreador de qualquer atividade viável implementada em qualquer ativo viável. Os activos viáveis não são necessariamente os activos principais, mas podem ser as juntas de rede, os contadores domésticos (ligações) e outros activos úteis. A área básica de validação é melhorar o nível de controlo e monitorização destes activos, de modo a aumentar o desempenho e reduzir os custos operacionais. A plataforma de automação GIS é uma ferramenta muito útil para administrar e manter os activos em vários termos. Os termos primários são limitados à manutenção da arquitetura de sustentabilidade da rede, à análise da rede, como a gestão de fugas, à organização das actividades de manutenção das instalações, a relatórios abrangentes e análises estatísticas e a uma base sólida para a tomada de decisões. Este livro destaca as redes de District Cooling e de eletricidade, que são consideradas os principais consumidores de energia ao longo da cidade.

Na contabilidade financeira, os activos são recursos económicos. Qualquer coisa tangível ou intangível que possa ser possuída ou controlada para produzir valor e que seja considerada como tendo um valor económico positivo é considerada um ativo. Sullivan *et al.*, (2003) afirmaram que os activos representam a propriedade de valor que pode ser convertido em dinheiro (embora o próprio dinheiro também seja considerado um ativo). Siegel *et al.*, (2005) mencionaram que o balanço de uma empresa regista o valor monetário dos activos detidos pela empresa. Trata-se de dinheiro e outros objectos de valor pertencentes a um indivíduo ou empresa. Sullivan *et al.*, (2003) discutiram duas grandes classes de activos que são os activos tangíveis e os activos intangíveis. Os activos tangíveis contêm várias subclasses, incluindo activos correntes e activos fixos. Downes *et al.*, (2003) apresentaram os activos correntes, incluindo as existências, enquanto os activos fixos incluem itens como edifícios e equipamento.

2.14.1 A pirâmide de desenvolvimento das cidades inteligentes

O princípio do desenvolvimento de uma cidade inteligente é a sustentabilidade da criação de espaços urbanos modernos num ambiente equilibrado onde as pessoas possam viver, trabalhar e divertir-se, dialogou Saeed em janeiro (2008). O objetivo é proporcionar um futuro sustentável com uma capacidade funcional satisfatória. Devido ao desenvolvimento mundial, em que as necessidades de espaços habitacionais aumentam, os desafios e as oportunidades consistem em criar esse ambiente com base numa compreensão prospetiva e no pragmatismo. A ciência como base de todos os factos construídos; Jules, (1908), como uma casa é feita de pedras, mas uma coleção de factos não é mais uma ciência do que um monte de pedras é uma casa. Este objetivo pode ser servido por um foco intenso na auscultação dos utilizadores finais e das principais partes interessadas para definir as principais características e princípios que obviamente elevam o conceito de cidade inteligente.

Os elementos de desenvolvimento dos princípios da cidade inteligente estão a formar o quadro geral da cidade inteligente. O conceito de cidade inteligente tem de ser processado a partir da fase de preparação das infra-estruturas. A preparação deve ser discutida aquando da conceção de todas as redes de infra-estruturas. O conceito inteligente é representado na transmissão e receção de dados utilizando protocolos de comunicação de e para o elemento de rede (ativo). O envio e a receção de dados do ativo constituem a base da monitorização e do controlo do quadro operacional funcional necessário para uma gestão inteligente dos activos da rede. A forma mais prática é incorporar o hardware (sensores operacionais) e o software necessários durante o projeto e a escavação física e a instalação de cabos/tubos. A implementação da rede física utilizada para ter uma determinada profundidade de escavação depende do tipo de rede/serviço. A maioria das redes de transmissão (rede de transmissão eléctrica) é barrada a uma profundidade de 2,0m a 4,0m, enquanto a rede de distribuição (rede de distribuição eléctrica) é barrada a uma profundidade de 0,5 a 1,0m. Devido ao impacto dos custos e à complexidade envolvida na localização dos activos utilizando tecnologias de levantamento topográfico de alta tecnologia, como o levantamento geofísico (localizador de cabos, radar de penetração no solo - GPR); ou para expor os itens da rede do sistema inteligente (activos), a fim de fixar os sensores ao longo do protocolo de comunicação necessário; em seguida, implementar a configuração relacionada para o envio e receção de dados para realizar a gestão de activos necessária, tanto na monitorização como no controlo. A conceção adequada e prática do sistema facilitará a configuração do sistema e reduzirá o impacto dos custos e da complexidade.

Conforme mencionado, a precisão da localização física dos activos (precisão posicional) é uma tarefa contínua necessária ao longo do ciclo de vida da cidade. A definição adequada da localização dos activos da cidade e dos componentes em causa é extremamente importante para o estabelecimento do conceito de cidade inteligente, o que tornará mais significativo o significado da poupança de energia em todas as tendências. Para representar os bens com precisão, uma rede de referência do Sistema de Posicionamento Global (GPS) adequada seria o melhor sistema de monitorização para observar os bens com o nível de precisão exigido. O reconhecimento fácil e preciso dos activos é uma prática essencial para manter e operar os activos e todas as características físicas/espaciais. O nível de precisão está altamente relacionado com a utilização da aplicação; para a localização dos principais activos, tais como subestações eléctricas e estações de bombagem motorizadas, a precisão não deve exceder ± 1 m, enquanto a precisão de observação para a localização do quadro de distribuição eléctrica e das válvulas de gaveta não deve exceder ± 10 cm. O impacto técnico da precisão é localizar o ativo necessário sem danificar os activos vizinhos, especialmente nas redes de distribuição, para além da facilidade de localização dos activos.

Os grandes promotores imobiliários têm de se concentrar na construção do conceito de cidade inteligente desde a fase inicial do planeamento geral. O conceito de design acomoda os principais requisitos do sistema durante a implementação da primeira fase do desenvolvimento. Em termos de sistema de monitorização física, é necessário estabelecer, de preferência, estações de referência do Sistema Global de Navegação por Satélite

(GNSS). As estações de referência GNSS devem ser construídas ao longo da área de desenvolvimento. A estação de referência transmite continuamente as correcções para todos os receptores GPS dentro de uma zona tampão de 5 km em ondas de rádio muito fortes e dentro de 15 km, o que será aceitável na maioria dos locais, a menos que haja construção ou barreiras electromagnéticas. O protocolo de comunicação de dados é feito por radiofrequência e a precisão obtida é de 3-5 cm (a precisão necessária para o desenvolvimento e manutenção dos bens da cidade). A estação de referência também é utilizada para controlar quaisquer actividades de fotogrametria aérea, LIDAR e Laser Scanning para qualquer tipo de mapeamento que possa ser necessário.

A segunda fase de preparação para a criação da cidade inteligente é a construção de uma base de dados adequada que reflicta as redes de infra-estruturas existentes/propostas. A base de dados tem de reflectir a integralidade dos activos da rede, bem como a consistência e a integridade dos dados. A precisão posicional dos activos é um aspeto extremamente importante que tem de ser tomado em consideração para todos os activos da rede, o que reflectirá a realidade física do sistema que será a base para todas as acções de análise espacial da rede. Por outro lado, a base de dados tem de gerir os protocolos de comunicação de dados entre os controladores lógicos programáveis dos activos e os servidores de dados que serão alimentados à plataforma de aplicações geoespaciais para posterior análise das redes e acções operacionais. Uma base de dados adequada gera um controlo adequado, uma boa gestão, menos custos, mitigação de riscos e melhores decisões. A Figura 2.5 mostra as fases primárias e os elementos de desenvolvimento da construção da cidade inteligente.

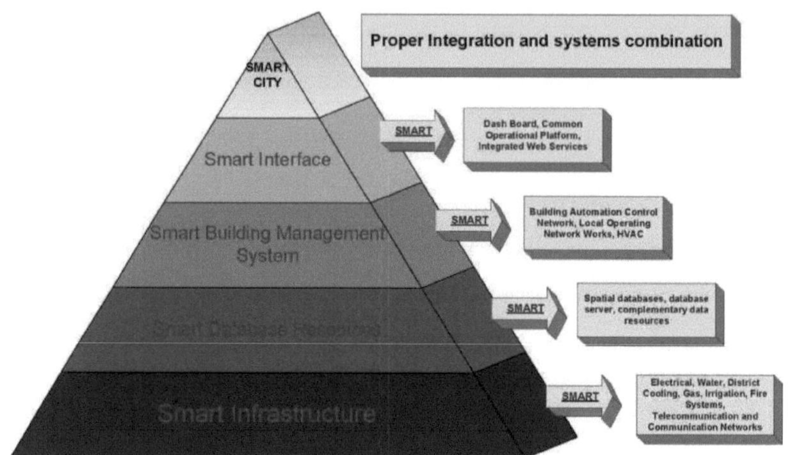

Figura 2.5. Pirâmide de desenvolvimento das cidades inteligentes

É necessária uma base de dados adequada para refletir a realidade física dos activos/componentes da rede. A terceira fase consiste em criar o sistema de gestão de edifícios (BMS) mais prático e eficiente. O BMS tem de ter uma estrutura de trabalho de automatização que tem de ser operada de forma inteligente para poupar energia e, consequentemente, reduzir o custo de funcionamento. A magnitude da poupança de energia produzida devido à automação económica e ao funcionamento confortável/fácil reflecte o nível de inteligência do edifício.

2.15 Componentes de desenvolvimento da interface do sistema geoespacial

O sistema desenvolvido é composto por cinco componentes principais. O primeiro componente é o lado do servidor geoespacial, que é a pedra angular do sistema GIS da cidade. Este componente aloja todos os componentes do servidor do sistema numa rede segura que filtraria quaisquer violações que possam ocorrer. O segundo componente é a interoperabilidade adequada dos sistemas das bases de dados geoespaciais existentes nas instalações da autoridade, que são consideradas o elemento central das suas operações.

O terceiro componente representa as autoridades da cidade que precisam de comunicar com a plataforma de gestão da cidade. A comunicação será efectuada através de uma interface baseada na Web, controlada pela autorização e autenticação da operação da cidade. As principais autoridades da cidade são as unidades operacionais de negócios, serviços públicos, planeamento urbano, autoridades ambientais e de gestão de activos. O quarto componente são as aplicações geoespaciais que servem a área de interesse das autoridades, onde os projectos de desenvolvimento estão localizados, e comunicam com o servidor da autoridade por acesso direto ou indireto através de uma interface espacial web; a Figura 2.6 reflecte a representação gráfica da interface da estrutura geoespacial da cidade.

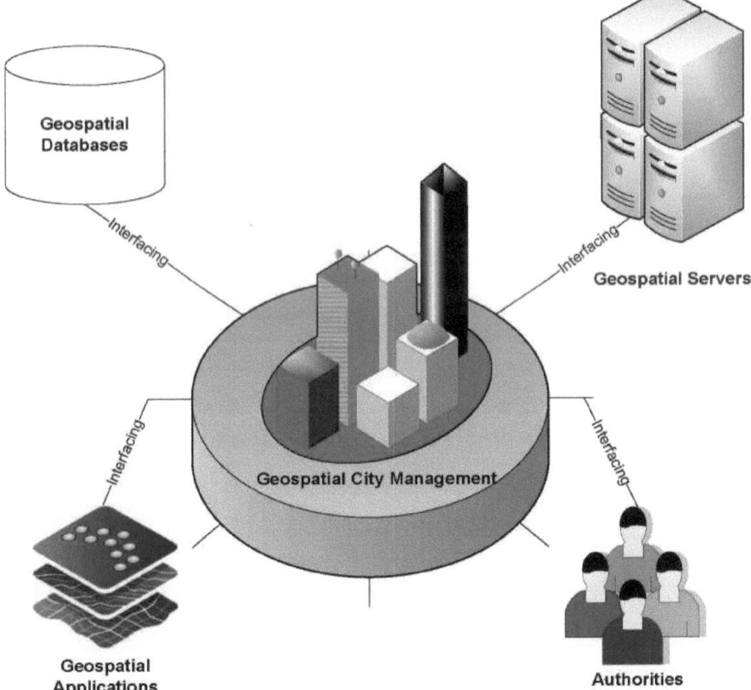

Figura 2.6. Quadro de gestão geoespacial da cidade

2.15.1 SOA de gestão geoespacial de cidades inteligentes

A arquitetura orientada para os serviços (SOA) do barramento de gestão geoespacial da cidade inteligente está integrada em quatro níveis principais, ver Figura 2.7. O primeiro nível é a plataforma dos utilizadores, tanto para os utilizadores offline, como os utilizadores de computadores de secretária ou os utilizadores de mapas, como para os utilizadores online, como os utilizadores do portal de cartografia Web ou os utilizadores do portal operacional comum. Os utilizadores comunicam as interfaces através do barramento de gestão geoespacial SOA para enviar e receber os serviços/pedidos através de serviços Web. O segundo nível é constituído pelas plataformas dos servidores de aplicações que utilizam uma ou mais aplicações, como os servidores SIG, de gestão de activos, de planeamento de recursos e de sistemas de informação. Os utilizadores do primeiro nível utilizarão as aplicações geoespaciais do segundo nível utilizando a arquitetura de interoperabilidade SOA. O terceiro nível debate as técnicas geoespaciais para atualizar e captar as características espaciais, tendo em conta a potencial interferência das aplicações do segundo nível com o terceiro nível, que está relacionado com as aplicações de atualização de dados que alimentarão as aplicações geoespaciais com as actualizações de dados necessárias. O quarto nível é constituído pelas aplicações de monitorização e de apoio que melhorarão a forma de atualização dos dados e facilitarão a atualização dos dados geoespaciais em termos de controlo da precisão e de melhoria das técnicas de atualização dos dados; ver Figura 6 para uma representação gráfica mais pormenorizada.

Os protocolos de comunicação são muito complexos devido à praticabilidade e à complexidade das técnicas de implementação da conetividade. A nova tendência de comunicação está orientada para as tecnologias sem fios, que, até certo ponto, parecem muito práticas. A complexidade da utilização da arquitetura sem fios deve-se sobretudo às limitações de cobertura e à incapacidade de atingir a largura de banda de troca de dados utilizada nas arquitecturas com fios. Por outro lado, o investimento governamental em termos de construção das redes de infra-estruturas necessárias/apoiadas está a desempenhar o papel principal na implementação destas tecnologias. O investimento em infra-estruturas está a ser desenvolvido nos Emirados Árabes Unidos, onde o livro tem lugar, mas ainda não está suficientemente maduro. O protocolo de comunicação mais prático continua a ser o ambiente GSM, utilizando a tecnologia 3G GPRS, que melhora

significativamente o intercâmbio de dados em comparação com o protocolo convencional

baseado no SMS ou no GPRS. O livro é modelado com base no ambiente de comunicação

disponível mais eficiente, que é o protocolo 3G GPRS, que é o canal de ligação dos quatro

níveis principais na gestão geoespacial da cidade inteligente SOA com o barramento de

intercâmbio de dados de gestão geoespacial SOA

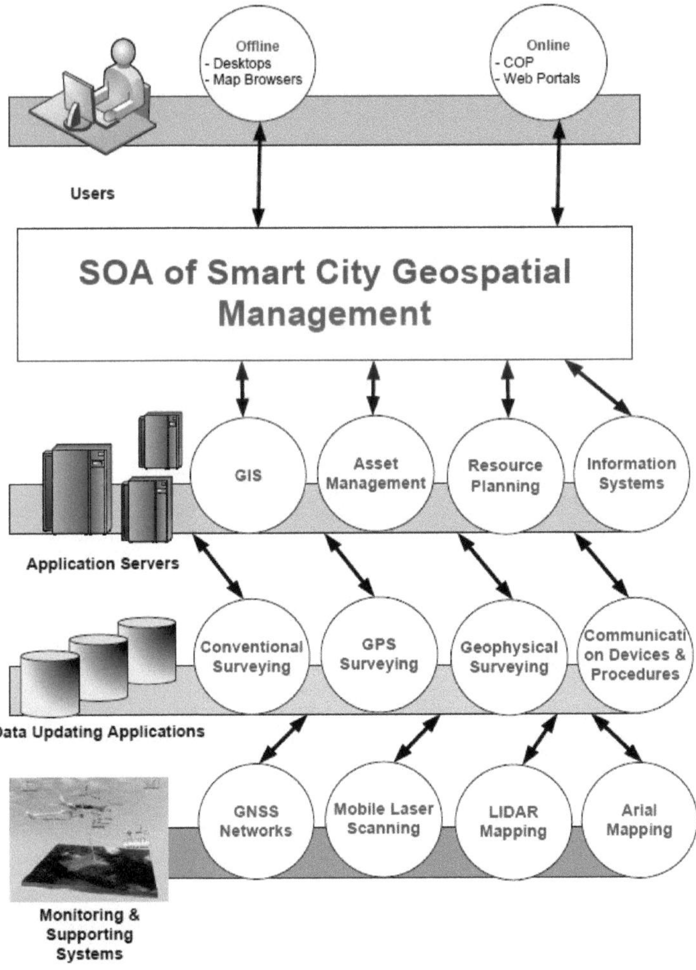

Figura 2.7. SOA de gestão geoespacial de cidades inteligentes

2.16 Recurso de informação

A normalização de uma plataforma operacional comum está fortemente relacionada com os recursos de informação e com a gestão de dados. Horton e Marchahand, peritos americanos no domínio da gestão da informação, deram uma definição de recurso de informação no seu livro: Profiting from Your Information Resources, em 1986. A definição corresponde à composição do sistema de informação, incluindo quatro aspectos: pessoas com capacidades relacionadas com a informação, hardware e software das tecnologias da informação. A maior parte das instituições de informação e dos prestadores de serviços de tratamento da informação, como os académicos chineses nos domínios da gestão da informação, entendem geralmente o conceito de recurso de informação tanto em sentido restrito como em sentido lato. Em sentido restrito, recurso de informação significa um conjunto de informações úteis, incluindo recursos de dados e recursos de arquivos. Em sentido lato, o recurso de informação inclui dados, arquivos, hardware, software, técnicos de informação e instituições de informação. De acordo com o significado básico da palavra recurso nos domínios informáticos no Modern English and Chinese Dictionary e com o conceito de sistema de informação, o recurso de informação pode ser definido como qualquer facilidade ou elemento do sistema de informação exigido por um trabalho ou tarefa. É utilizado para satisfazer as necessidades de aplicação do utilizador e inclui recursos de hardware, recursos de software, recursos de dados e recursos de conhecimento.

• Os recursos de hardware incluem computação, armazenamento, comunicação, instalações auxiliares, etc.

• Os recursos de software incluem interface de dados, operação, algoritmo, componente funcional, servlet, applet, etc.

- Os recursos de dados incluem a estrutura dos dados, o formato dos dados, os dados em bruto, os metadados, etc;

Os recursos de conhecimento incluem o conhecimento especializado, a lógica empresarial, a experiência, o modelo de aplicação, etc., relacionados com as organizações e os técnicos de informação.

2.16.1 Armazém de dados geoespaciais

A Wikipédia (2009) conta a história dos dados geoespaciais que foram extraídos da Geoinformação, que é uma abreviatura de informação geográfica. A informação geográfica é criada através da manipulação de dados geográficos (ou espaciais) (geralmente conhecidos pela abreviatura Geodata) num sistema computorizado. Os sistemas podem incluir computadores e redes, normas e protocolos para a utilização e intercâmbio de dados entre utilizadores numa série de aplicações diferentes. As aplicações típicas são o registo de terras, a hidrologia, o cadastro, a avaliação de terras, o planeamento ou a observação ambiental. Os geodados apresentam-se sob muitas formas diferentes, como mapas ou imagens tiradas do ar ou do espaço, ou seja, dados de teledeteção. O armazém de dados geoespaciais pode ser armazenado numa base de dados, que pode eventualmente ter extensões especiais para armazenar, tratar e manipular dados espaciais. O ambiente em que um SIG funciona (máquinas, pessoas, redes) é designado por "sistema de informação espacial" e é concebido e criado para responder às necessidades estratégicas de informação espacial das pessoas ou organizações.

O armazém de dados geoespaciais fornece o repositório para a base de dados centralizada e espacialmente activada. Fornece às várias entidades e unidades operacionais associadas às propriedades um ponto de entrada único para a informação geográfica que pode oferecer. Este repositório único fornece às várias autoridades e unidades operacionais vistas espaciais e tabulares de interesse, com base nas suas necessidades e requisitos. Estas vistas podem ser fornecidas por projeto.

O armazém de dados geoespaciais é construído em cima de um modelo de dados que acomoda vários tipos de dados, que incluem: todas as características relacionadas com o espaço (vectores, tais como ficheiros de origem CAD, DGN e GIS), dados raster (imagem, imagética), metadados, fluxos de trabalho de dados, privilégios, regras de dados demográficos, políticas de conetividade, segurança e vários procedimentos personalizados integrados com aplicações funcionais dedicadas.

2.16.2 Fluxo de trabalho de atualização dos dados As-Built das infra-estruturas inteligentes

A Geodatabase de infra-estruturas pode ser criada através da normalização da apresentação de dados da base de dados de infra-estruturas, ver Figura 2.8. O fluxo de trabalho gere as redes de infra-estruturas existentes e mantém todos os dados, tanto os existentes como as novas modificações, no mesmo nível de exaustividade, precisão posicional e formato de dados. O fluxo de trabalho começa quando se inicia um novo pedido de um serviço (por exemplo, manutenção, atualização, escavação, retransmissão, substituição, modificação, etc.). O âmbito do trabalho (SOW) para o serviço/construção proposto, incluindo as especificações dos dados SIG, será definido. Os mapas de base em formato inteligente que incluem camadas de dados GIS de todas as bases de dados disponíveis e redes de infra-estruturas existentes serão fornecidos aos operadores físicos no terreno. Os desenhos de projeto e a preparação das actividades de campo para a atividade proposta serão realizados juntamente com todas as estimativas dos materiais, máquinas e recursos humanos necessários para efeitos de orçamentação global.

Em seguida, a atividade libertada inclui o SOW, o mapa de base e os desenhos de conceção. A atividade será adjudicada à autoridade competente. A base de dados geográfica das infra-estruturas de serviços públicos tem de ser actualizada no mesmo formato (e com as mesmas especificações de precisão), a fim de manter a fiabilidade e a coerência dos dados da rede. Sem uma normalização dos dados carregados no procedimento de atualização compatível com o SIG da empresa, as alterações contínuas que ocorrem na rede resultarão em acumulações de dados "incompatíveis" e inconsistentes (sob a forma de desenhos As- built). Isto, por sua vez, exige repetidos levantamentos geofísicos, que serão dispendiosos, demorados e difíceis de gerir. A forma mais rentável de fazer as actualizações será pedir a cada operador de campo que recolha as coordenadas posicionais e os dados de atributos das utilidades expostas (após a conclusão do serviço) enquanto a vala ainda está aberta. Desta forma, apenas será necessário o "levantamento terrestre/superficial", ao contrário dos serviços "enterrados" que requerem um levantamento geofísico mais dispendioso e demorado (através de técnicas de deteção e rastreio subterrâneas).

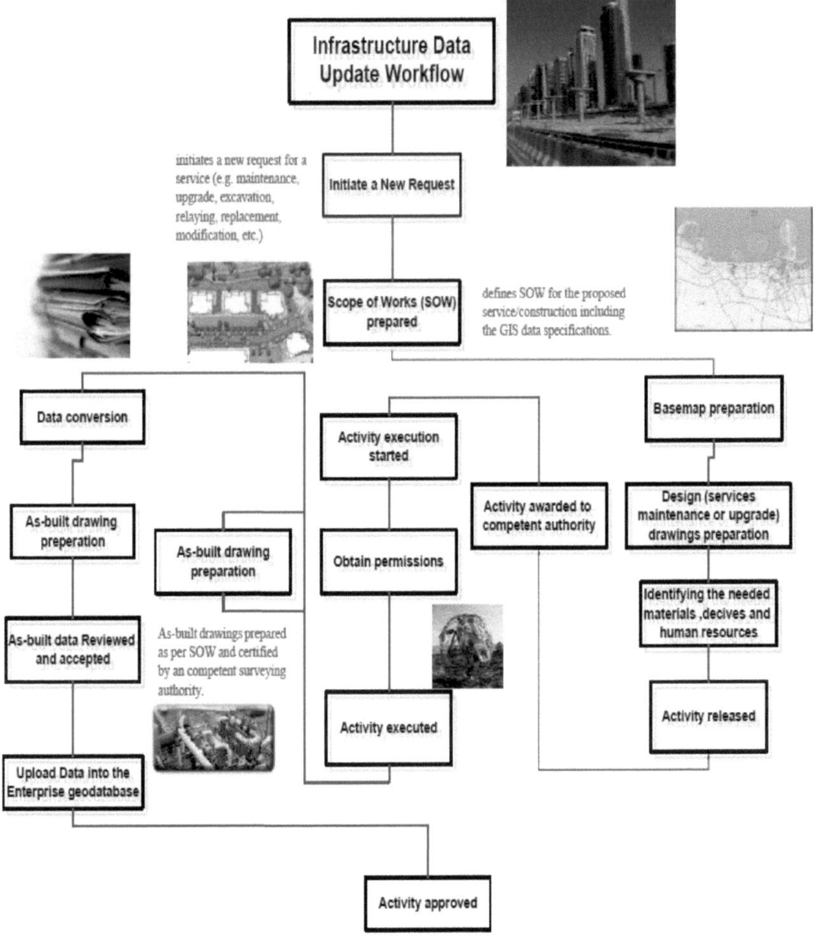

**Figura2.8.Fluxo de trabalho de atualização de dados das infra-estruturas
desenvolvidas**

**2.17 Modelação inteligente do fluxo de processos de um armazém de dados
geoespaciais**

O livro partiu do passo convencional, recolhendo os tipos de dados existentes, os formatos
utilizados por todos os utilizadores em todas as autoridades envolvidas, considerando que
a troca de dados SIG não é popular; no entanto, é muito reconhecível que está a ser
utilizada na maioria das autoridades. A figura 2.9 mostra as aplicações e os sistemas que
também são discutidos, especificamente as aplicações relacionadas com o SIG, a gestão
de activos, o planeamento de recursos e os sistemas de informação. O livro define as
transacções de dados e o intercâmbio de informações entre utilizadores e autoridades. De
acordo com a estrutura da transação de dados, será ilustrada uma análise preliminar para
definir os elementos do modelo de dados em termos de relações entre entidades,
domínios, classes e subclasses.

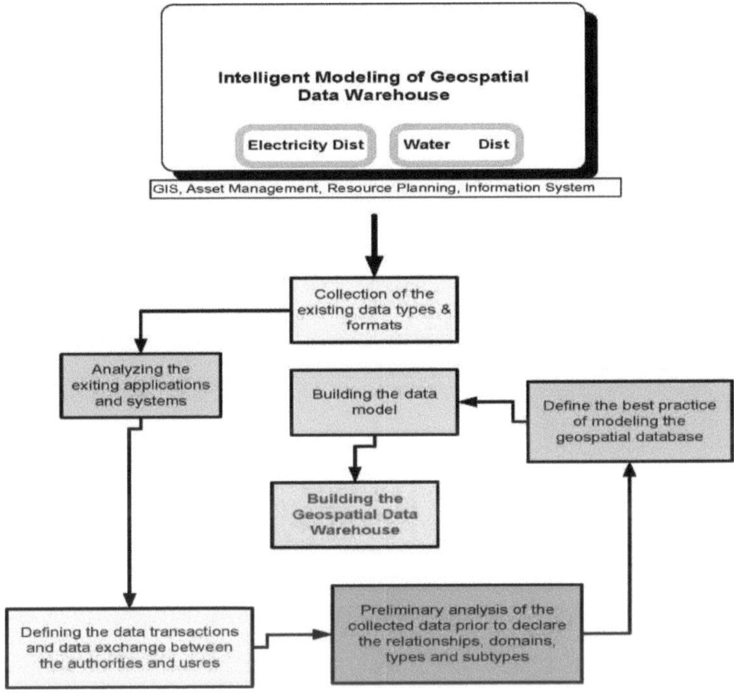

Figura 2.9. Modelação inteligente do fluxo do processo de armazenamento de dados geoespaciais

A participação do livro é uma forma de modelar os elementos do modelo de dados, a fim de melhorar a análise, a edição e todas as outras transacções de dados. O primeiro aspeto baseia-se na medição do consumo de tempo em ambos os modelos de dados durante a realização de actividades específicas de análise da conetividade da rede. O segundo aspeto está relacionado com o consumo de tempo das operações de atualização de dados. De acordo com os resultados dos testes, o modelo de dados será criado e refletido em conformidade no armazém de dados geoespaciais para edição de dados e análise da rede.

2.18 Criar uma base de dados geográfica exacta

A Wikipédia (2009) narra a história dos Geodados que foram extraídos da Geoinformação que é uma abreviatura de informação geográfica. A informação geográfica é criada através da manipulação de dados geográficos (ou espaciais) (geralmente conhecidos pela abreviatura Geodata) num sistema computorizado. Os sistemas podem incluir computadores e redes, normas e protocolos para a utilização e intercâmbio de dados entre utilizadores numa série de aplicações diferentes. A Figura 2.9 representa a modelação de dados e o processo de construção da base de dados geográficos da infraestrutura. As aplicações típicas são o registo de terras, a hidrologia, o cadastro, a avaliação de terras, o planeamento ou a observação ambiental. Os geodados apresentam-se sob muitas formas diferentes, como mapas ou imagens tiradas do ar ou do espaço, ou seja, dados de deteção remota. Os geodados podem ser armazenados numa base de dados, que pode eventualmente ter extensões especiais para armazenar, tratar e manipular dados espaciais. O ambiente em que um SIG funciona (máquinas, pessoas, redes) é designado por "sistema de informação espacial" e é concebido e criado para responder às necessidades estratégicas de informação espacial das pessoas ou organizações.

Quanto aos dados geográficos ou à base de dados geográficos da infraestrutura, há duas formas de os construir eficazmente para satisfazer as normas e os níveis de precisão exigidos pelo SIG. A não padronização é óbvia na precisão posicional dos componentes das características "as-built" em vez da informação detalhada que deve ser incluída para refletir o estado físico da rede. O levantamento geofísico é uma forma dispendiosa e demorada que requer equipamentos sofisticados e recursos humanos especializados para executar as actividades de levantamento e interpretação. A segunda forma consiste em normalizar a atualização dos dados de todas as modificações possíveis que possam ser implementadas nas redes de infra-estruturas, tais como a manutenção, o melhoramento, a escavação, a retransmissão e a substituição. Este procedimento está sujeito ao nível de precisão das redes de infra-estruturas existentes, ver Tabela 2.1.

A precisão posicional de todos os bens de utilidade pública/infraestrutura da cidade é a componente essencial de base que reflecte as características da infraestrutura no ambiente SIG. Todos os atributos disponíveis com todas as informações/documentos e fotografias associados devem também ser anexados. A gestão da base de dados é extremamente importante neste tipo de aplicações devido à enorme dimensão das bases de dados que podem ser tratadas num único processo. É necessário um elevado nível de profissionalismo na conceção dos domínios, subdomínios e intervalos de características durante o desenvolvimento dos modelos de dados da infraestrutura e, consequentemente, na construção da base de dados geográfica principal, a fim de reduzir o tamanho da base de dados geográfica. A Figura 2.10 apresenta a arquitetura da modelação inteligente de dados e da construção da base de dados geográfica.

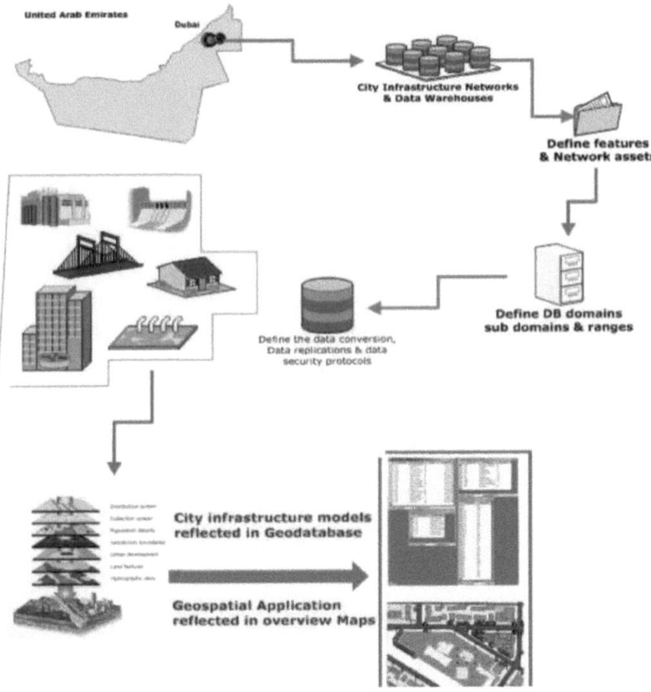

Figura 2.10. Arquitetura de uma base de dados geográfica

Tabela 2.1. Especificações de exatidão do levantamento topográfico Norma

Componente de rede	Tolerância de levantamento topográfico (Absoluto/Relativo)
Principais estruturas da rede, ou seja, subestações primárias, subestações de distribuição, estações de bombagem, etc...	±50 cm
Postes aéreos, câmaras, câmaras de visita e dispositivos	±20 cm

de rede, tais como bocas de incêndio, válvulas	
Posicionamento horizontal da rede (transporte e distribuição) - Ver nota abaixo	±10 cm
Posicionamento vertical da rede (Transporte e distribuição) - Ver nota abaixo	±10 cm ou ±10% da profundidade, consoante o que for maior

Em resultado das crescentes exigências em matéria de infra-estruturas, as redes urbanas estão em constante mutação. Isto representa um desafio adicional para as autoridades competentes, que têm de acompanhar todas as alterações (de forma atempada e exacta) e atualizar o armazém de dados geoespaciais correspondente. Por conseguinte, para sincronizar as alterações das redes e atualizar com precisão a base de dados geoespacial, é necessário normalizar os desenhos as- built enviados pelos operadores no terreno. A normalização da exatidão posicional dos desenhos as-built para as actualizações diárias das redes preserva o fluxo de trabalho das actualizações das redes de infra-estruturas e evita a realização de levantamentos geofísicos ou de quaisquer actividades normais de levantamento topográfico, em que as actualizações são suficientemente exactas e consistentes.

CAPÍTULO 3

METODOLOGIA

3.1 Introdução

A importância de dispor de redes de infra-estruturas completas e precisas é essencialmente observada no atual fluxo de trabalho de operação e manutenção, que tem um efeito direto nos utilizadores de serviços públicos. Devido ao enorme progresso diário dos dados da rede de serviços públicos, é difícil localizar a localização exacta das linhas de serviço; a única solução possível atualmente é desligar os serviços, como os serviços de eletricidade ou água, antes de realizar qualquer atividade de manutenção. No entanto, a desconexão do serviço está a gerar muitos problemas e a desperdiçar esforços e recursos. A metodologia do livro discute uma solução para atualizar apenas as linhas de serviço de polietileno recentemente desenvolvidas (novas instalações, substituições e reforços) à escala da cidade.

A metodologia do livro destaca as tecnologias de levantamento e recolha de dados atualmente utilizadas ao nível da extensão da cidade (GPS, Estação Total, Varrimento Laser Estático, Fotogrametria Aérea e LIDAR terrestre). Estas tecnologias são sujeitas a validação em função de vários critérios de verificação, a fim de medir e avaliar o desempenho de atualização de cada tecnologia. A técnica que obteve o melhor desempenho eficiente será objeto de uma análise e investigação aprofundadas. A técnica com melhor desempenho será considerada como a principal plataforma de atualização dos dados das redes de infra-estruturas de polietileno. Qiu (2008) aplicou a tecnologia de varrimento laser terrestre para monitorizar a deformação de estruturas de condutas. Frank, *et al.,* (2006) adoptaram a varredura laser para medir os deslocamentos da superfície de estruturas de condutas. A análise e a investigação foram concebidas para abranger vários aspectos, desde a preparação da missão, o levantamento dos dados, o processamento dos dados, a análise dos dados e as conclusões finais. Foi também concebido um quadro metodológico para desenvolver um modelo matemático de extração para utilizar a atualização diária do progresso das redes de infra-estruturas de polietileno, ver secção 3.6.

A tecnologia LIDAR terrestre é uma técnica de atualização de dados geoespaciais muito promissora à escala da cidade. O livro centra-se na utilização da tecnologia LIDAR terrestre para atualizar as redes de infra-estruturas de polietileno, tendo sido originalmente concebida para cálculos volumétricos de escavações. O equipamento móvel de levantamento topográfico por varrimento a laser utilizado e a área estudada são propriedade da Limitless LLC, do governo do Dubai. A Figura 3.1 (A) mostra a representação do sistema exterior montado no topo do automóvel, explicando os dois componentes principais (GPS e LIDAR).

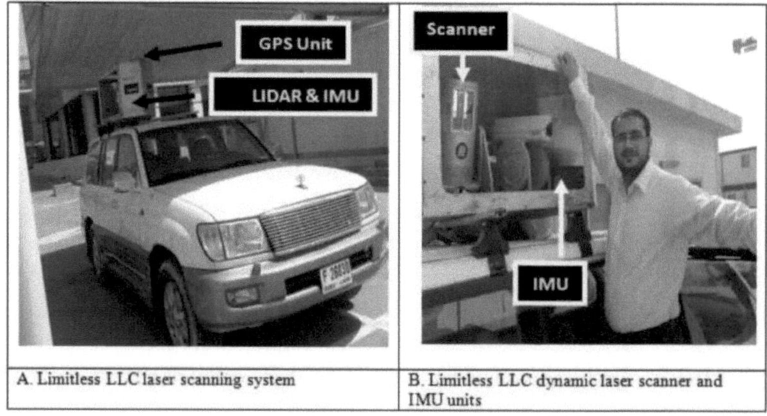

A. Limitless LLC laser scanning system	B. Limitless LLC dynamic laser scanner and IMU units

Figura 3.1. Unidades e componentes do sistema LIDAR terrestre da Limitless LLC
A Figura 3.1 (B) representa as unidades do sistema LIDAR terrestre utilizado; o sistema tem duas unidades principais, o scanner e a unidade IMU. O sistema é suportado por uma câmara inteligente georreferenciada, que não é investigada neste livro. A correlação entre os três componentes principais foi bem calibrada no sentido da orientação utilizando a IMU, da posição utilizando o GPS e dos impulsos do feixe laser de dados emitidos pelo scanner móvel.

O livro tem como objetivo criar uma técnica de levantamento viável, precisa e mais inteligente para recolher o progresso diário das redes de infra-estruturas de polietileno. É sabido que as tecnologias GIS/Geoespaciais têm sido utilizadas com base em especificações de bases de dados geográficas. A base de dados espaciais do SIG é mantida por técnicas de atualização de dados físicos/espaciais. O LIDAR terrestre é uma das técnicas geoespaciais que fornecem características geoespaciais em resultado da sua operação de medição física. Recentemente, a tecnologia LIDAR terrestre é utilizada nas aplicações geoespaciais, especialmente na medição do nível/superfície do solo. O modelo de superfície resultante3D obtido a partir da tecnologia LIDAR terrestre é designado por Modelo de Superfície do Terreno (STM), sendo utilizado principalmente em cálculos volumétricos após a realização de actividades de escavação da superfície.

A necessidade de ultrapassar a complexidade que reflecte as actualizações diárias das redes de infra-estruturas de polietileno é apresentada na identificação da localização exacta dos activos e do tempo necessário para recolher o grande número de actualizações das redes de infra-estruturas.

O livro aborda uma melhoria da atual modelação do armazém de dados geoespaciais para as redes de infra-estruturas. O modelo de dados melhorado está fortemente relacionado com o carregamento de dados, a extração de dados e o processamento de dados. A forma de estruturar os dados reflecte o desempenho do carregamento e da extração de dados. A modelação de dados baseia-se na criação de características ligadas a domínios e subdomínios ao longo de um certo número de atributos. A forma de reduzir o número de características e de organizar a conetividade de rede relacionada e outros atributos reflecte o desempenho da base de dados geoespaciais. O livro apresenta a importância de criar domínios e subdomínios em vez de criar um grande número de características que aumentariam o tráfego nas transacções da base de dados.

3.2 Enquadramento da metodologia do livro

A metodologia do livro foi dividida em três aspectos principais: o primeiro aspecto é a revisão do desempenho das tecnologias de levantamento (monitorização geoespacial) atualmente utilizadas. O objetivo do primeiro aspeto do livro é comparar a eficiência das tecnologias de levantamento topográfico mais comuns, onde a eficiência da recolha de dados geoespaciais à escala da cidade é também investigada. A classificação geral de cada técnica de topografia é também investigada de forma a avaliar o desempenho e a praticabilidade para a atualização das redes de infra-estruturas de polietileno.

O outro aspeto do livro consiste em analisar as observações de campo LIDAR terrestres para atualizar as redes de infra-estruturas de polietileno. A análise das observações de campo LIDAR terrestres foi dividida nos seguintes pontos principais. A Figura 3.2 apresenta o quadro metodológico do livro.

1. Analisar o comportamento do feixe laser móvel da tubagem de polietileno. O comportamento será analisado através do varrimento da conduta de polietileno várias vezes, em que cada vez tem uma velocidade diferente do sistema no solo.

2. A análise do comportamento do feixe LIDAR terrestre será utilizada para concluir a constante de resposta do laser móvel para detetar e atualizar as redes de infra-estruturas de polietileno. Jie, *et al.,* (2008) apresentaram um método para reconstruir a geometria de condutas de edifícios arquitectónicos a partir de nuvens de pontos obtidas por varrimento laser estático.

3. A identificação da constante de resposta do LIDAR terrestre para as redes de infra-estruturas de polietileno será utilizada para desenvolver um modelo matemático que permita identificar a velocidade de missão do laser móvel mais eficaz para detetar as redes de infra-estruturas de polietileno.

O resultado esperado da análise do comportamento do feixe de laser móvel é identificar o desempenho mais eficiente da utilização da velocidade de missão no solo, a fim de obter a melhor resposta (intensidade mais elevada) do feixe de laser móvel para as redes de infra-estruturas de polietileno. Antes de realizar os itens de análise acima mencionados, foram ilustrados o levantamento físico do local, a logística, o processamento de dados, o ajuste dos dados e a produção de dados. A recolha de dados começou com a identificação da área de estudo, a realização de missões LIDAR terrestres, a combinação e compilação de todos os dados de navegação extraídos do LIDAR terrestre, da IMU, do GPS de navegação e da estação de referência GNSS, a fim de gerar o modelo de superfície 3D corrigido geometricamente.

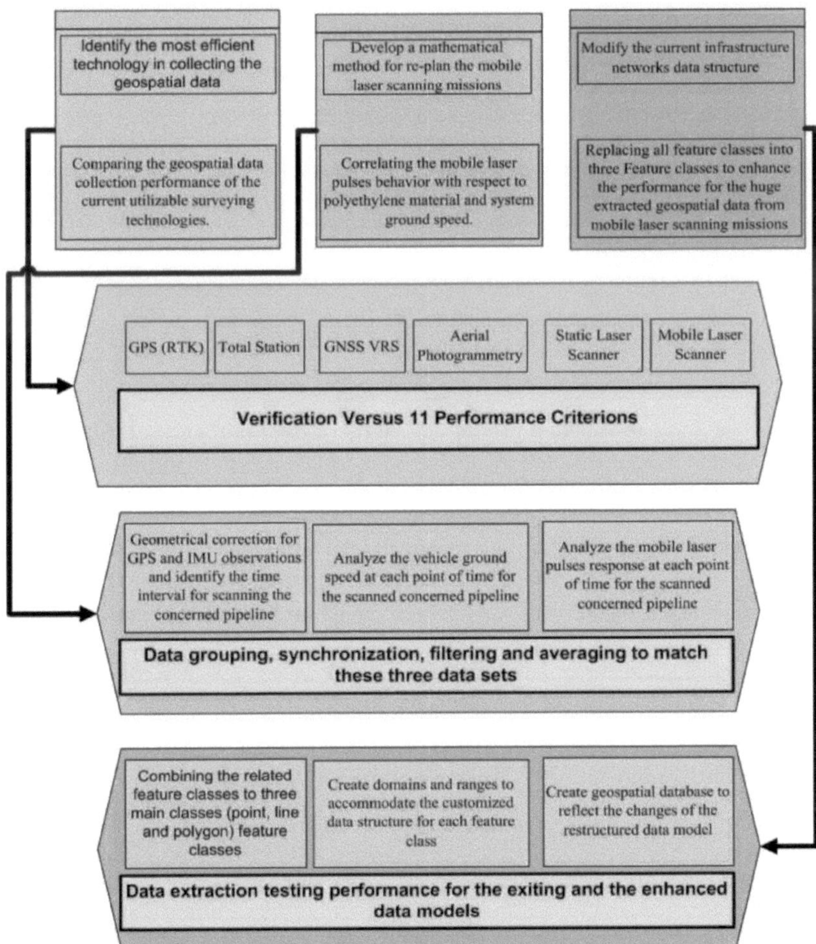

Figura 3.2. Enquadramento da metodologia do livro

O terceiro aspeto do livro discute as estruturas existentes das bases de dados de eletricidade e água integradas na arquitetura da infraestrutura existente. A investigação servirá de base para melhorar a modelação da base de dados existente e as relações estruturais para acomodar os enormes dados recolhidos previstos para as redes de infra-estruturas de polietileno. Como resultado da utilização potencial prevista das missões LIDAR terrestres para atualizar os dados das infra-estruturas de polietileno, será ilustrada uma análise pormenorizada do estudo do comportamento dos impulsos LIDAR terrestres em relação à velocidade do sistema durante o rastreio dos materiais de polietileno. A relação concluída entre o comportamento dos impulsos laser móveis e a velocidade do sistema no solo servirá de base à criação de um modelo matemático para identificar a melhor velocidade do sistema para o rastreio de qualquer material de polietileno. O método matemático desenvolvido para o replaneamento das missões LIDAR terrestres proporcionará uma melhor técnica de recolha de dados para a atualização diária das redes de infra-estruturas. O mesmo conceito será facilmente implementado em vários materiais componentes da cidade, onde o elevado desempenho de recolha de dados do LIDAR terrestre irá apoiar e melhorar o atual conceito de cidade inteligente, acrescentando metodologias mais inteligentes de atualização de dados.

3.3 O quadro de desenvolvimento e monitorização de infra-estruturas inteligentes

O quadro de desenvolvimento e monitorização de infra-estruturas inteligentes consiste essencialmente em modular a estrutura dos serviços públicos e criar um sistema de acompanhamento eletrónico das actividades que apoiará as actividades de operação e manutenção. A utilização da tecnologia LIDAR terrestre como técnica de monitorização geoespacial para os serviços de utilidade pública de polietileno exposto facilitará um futuro livro para investigar outros componentes da cidade. A perspetiva geoespacial consiste em recolher os dados e geri-los normalmente utilizando modelos de dados. A Figura 3.3 apresenta a contribuição do livro no que diz respeito à utilização da tecnologia

LIDAR terrestre para a recolha de dados e melhoria da modelação de dados como parte do quadro geral de desenvolvimento e monitorização de infra-estruturas. A comunicação remota utilizando sensores configurados sofisticados e controladores lógicos programáveis (PLC) está incluída para refletir o estado da rede, o que seria uma boa iniciativa para um futuro livro que apoiaria a plataforma operacional das redes. Apenas dois componentes principais foram investigados. A utilização da tecnologia LIDAR terrestre para refletir o progresso diário da infraestrutura e a modelação inteligente de dados das redes de eletricidade e água são desenvolvidas e melhoradas neste livro.

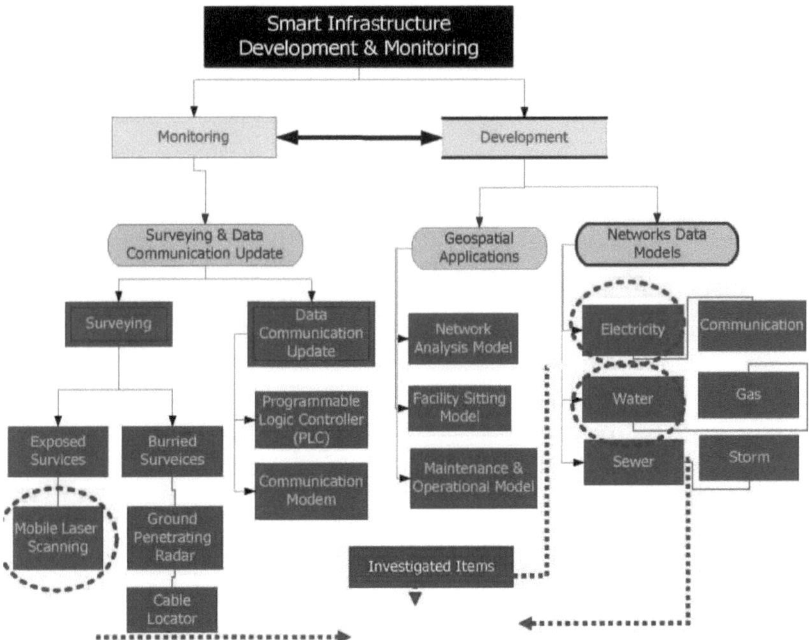

Figura 3.3. Quadro de Desenvolvimento e Monitorização de Infra-estruturas Inteligentes

3.4 Comparação técnica entre as tecnologias de atualização geoespacial

A comparação técnica foi ilustrada para medir vários aspectos do desempenho da recolha de dados, como a precisão e a cobertura da recolha de dados, a fim de avaliar o fator de eficiência de cada tecnologia de atualização geoespacial. A metodologia de comparação técnica foi concebida com base na análise das capacidades de recolha de dados adoptadas em cada tecnologia. A capacidade média de cobertura, os objectos extraídos, o formato dos dados, o tipo de missão, a precisão média obtida, a inicialização média do sistema, o tempo médio de pós-processamento, a complexidade operacional do sistema e a complexidade da extração de dados são também investigados para avaliar melhor o desempenho global da recolha de dados para cada técnica. Cada tecnologia de levantamento topográfico será validada no que diz respeito à recolha de dados da missão e à extração de dados; algumas das tecnologias de levantamento topográfico não são aplicáveis a todos os factores de eficiência. Tendo em conta que alguns dos critérios não podem ser medidos com precisão, como a medição da complexidade do sistema. A figura 3.4 apresenta a comparação técnica geoespacial ilustrada das técnicas de atualização de dados geoespaciais.

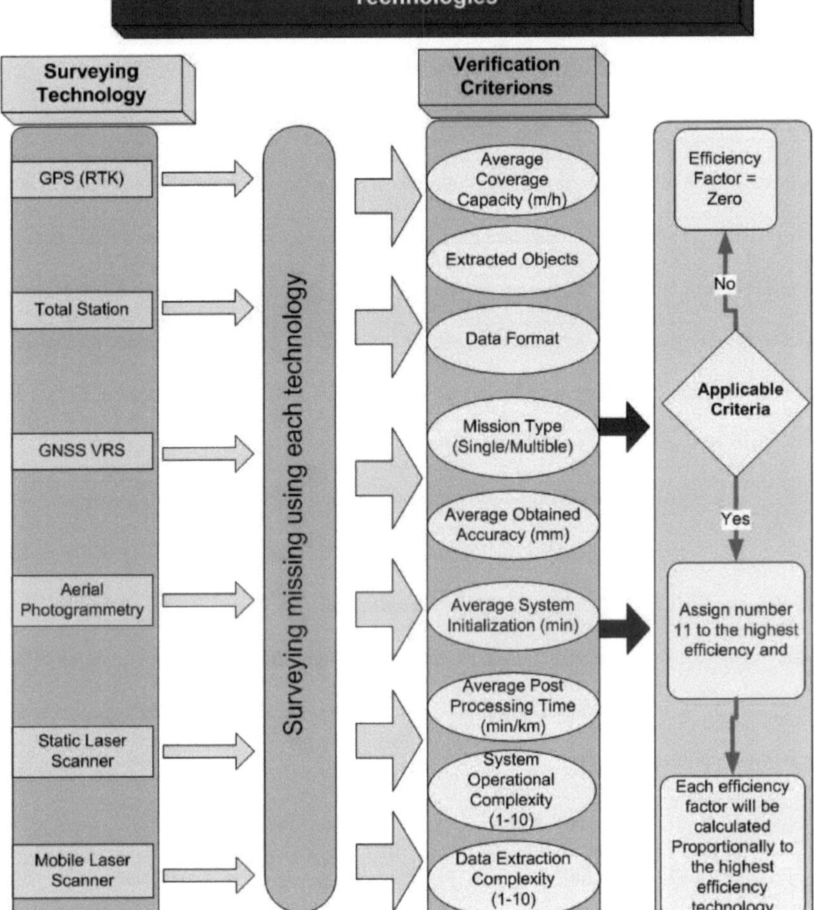

Figura 3.4. Comparação técnica das tecnologias de atualização de dados geoespaciais

3.5 Metodologia desenvolvida para a realização de missões LIDAR terrestres

Hug *et al.,* (2004) ilustraram a utilização do fluxo de trabalho de varrimento laser para avaliar a precisão, a exaustividade e a coerência de informações de terreno de alta qualidade na zona costeira e o Modelo Digital de Terreno (DTM) derivado em relação a um conjunto de dados de controlo independente e a um conjunto de dados LIDAR aerotransportado da mesma área. Jin-Suk Kang *et al.,* (2007) discutiram um sistema eficaz de cartografia móvel utilizando o veículo equipado com GPS, IMU e câmara CCD. O sistema é eficaz para a gestão de instalações rodoviárias e a atualização inteligente de mapas.

A orientação e a localização do sistema LIDAR terrestre são necessárias para definir a posição e a direção do sistema durante o movimento do sistema nas três direcções. A precisão direcional melhorará a suavidade da receção dos impulsos laser, o que reflecte a resolução dos dados e o reconhecimento dos objectos. O sistema deve ser totalmente verificado antes de efetuar qualquer missão física de varrimento laser devido à elevada sensibilidade do sistema. A unidade de navegação IMU, a configuração do registo de dados, a prontidão do veículo e do software de navegação e todas as configurações relacionadas devem ser bem verificadas antes da realização da missão LIDAR terrestre. Após a verificação preliminar do plano de missão de varrimento laser, a validação dos dados reais é um passo extremamente importante antes de se iniciar o levantamento topográfico. A validação dos dados reflecte-se na precisão posicional e no grau de precisão da atitude.

O sistema de levantamento pode ser imediatamente iniciado assim que a posição é identificada e calculada utilizando o GPS, ao passo que a unidade IMU demorou mais tempo a calcular os ângulos de orientação dos componentes do sistema que foram fixados no interior da caixa de exploração/navegação/orientação. O efeito real da orientação da IMU flutuante/não fixa está fortemente relacionado com a precisão dos impulsos de varrimento que, na sua maioria, terão uma quantidade de erros de orientação para mais ou para menos nas três direcções.

Depois de verificar se a missão LIDAR terrestre está de acordo com o planeado, a combinação dos dados levantados é efectuada antes de iniciar o pós-processamento dos dados. Os dados da nuvem de pontos LIDAR terrestre observados têm normalmente vários erros geométricos na posição e direção dos pontos. Os dados da estação de referência GNSS são utilizados para corrigir todos os erros geométricos e combinar os dados laser levantados com os dados GNSS de modo a gerar o ficheiro LAS (dados da nuvem de pontos corrigidos). O ficheiro LAS é utilizado para construir o modelo de superfície 3D e, consequentemente, para analisar a missão estudada. O principal objetivo da análise dos dados é extrair as condutas/cabos da infraestrutura de polietileno.

As missões LIDAR terrestres ilustradas são orientadas para a monitorização das redes de infra-estruturas de polietileno. A atualização dos dados da infraestrutura de polietileno é ilustrada principalmente pela verificação da parte exposta das condutas e cabos de polietileno, do trajeto e da localização 3D. Estes aspectos de monitorização são mensuráveis através da utilização dos perfis de secções transversais em cima da caraterística de interesse. Com base no conhecimento de que a tubagem é consistente e homogénea entre quaisquer duas ligações, tais como tês, redutores, válvulas, etc., as secções transversais das características podem ser utilizadas em vários locais para observar o diâmetro, a forma e a extensão onde a profundidade pode ser alterada devido às condições físicas da terra. A Figura 3.5 apresenta a metodologia desenvolvida para a utilização das missões LIDAR terrestres, desde a recolha das autorizações de trabalho até à extração das especificações das características.

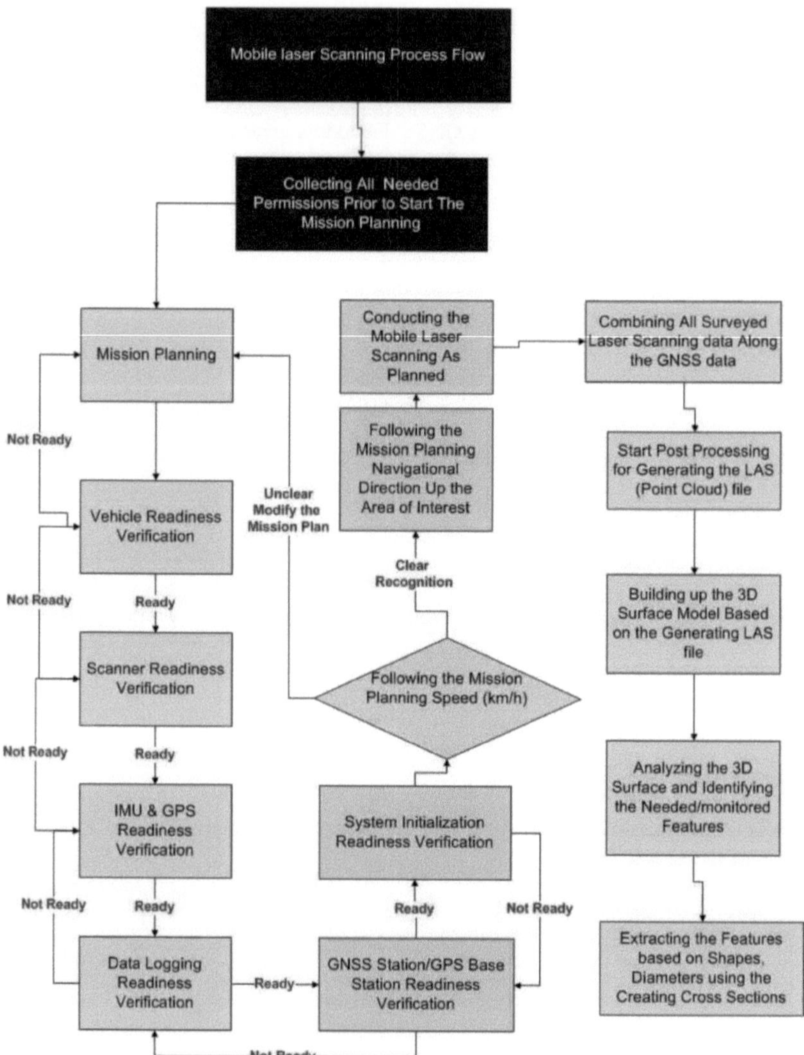

Figura 3.5: A metodologia desenvolvida para a utilização de missões LIDAR terrestres

3.6 Quadro de análise analítica

A reflexão do feixe laser varia de um material para outro devido à diferenciação das especificações físicas dos materiais. A análise analítica foi desenvolvida para interpretar o comportamento do LIDAR terrestre em relação às redes de infra-estruturas de polietileno e, consequentemente, para identificar a resposta do laser móvel. O conhecimento da constante do laser móvel para os materiais de polietileno é a base para o desenvolvimento de um método matemático para o pré-planeamento das missões LIDAR terrestres com base no perímetro da tubagem exposta. O método matemático será a base para o planeamento da missão LIDAR terrestre. Antes de realizar a missão laser móvel, é necessário efetuar uma investigação no local para medir a parte exposta da tubagem/cabo utilizando uma fita métrica. A parte exposta da tubagem/cabo (perímetro exposto) será o único fator desconhecido no método matemático, onde a elevada resposta do laser e a constante do material serão conhecidas. O valor calculado será a velocidade de deslocação no solo da missão LIDAR terrestre mais eficiente.

A metodologia de análise analítica adoptada foi dividida em quatro aspectos principais. O primeiro aspeto é a análise da observação da IMU. A análise das observações da IMU está principalmente relacionada com a interpretação da intensidade (varia de material para material) e da densidade (varia de limite de velocidade para limite de velocidade) dos impulsos do feixe laser móvel em cada momento. A série temporal é considerada a principal ligação para correlacionar os impulsos do laser móvel, a localização (latitudes e longitudes) e a velocidade do sistema no solo. Estes três factores são registados em relação ao tempo; por outro lado, a correlação desejada entre a resposta dos impulsos laser e a velocidade do sistema no solo. A localização (latitudes e longitudes) definirá a localização exacta da conduta de polietileno investigada; o intervalo de tempo será identificado em conformidade. O intervalo de tempo identificado será utilizado para identificar o solo do sistema e, consequentemente, a resposta do laser em cada ponto do tempo e unidade de velocidade do solo. A correlação esperada entre a velocidade do sistema no solo e a resposta do laser móvel permite concluir a constante de resposta do laser móvel mais elevada para o varrimento das redes de infra-estruturas de polietileno. O método matemático irá correlacionar a velocidade do sistema no solo e a resposta do laser móvel para os materiais de polietileno e o perímetro da superfície digitalizada. O perímetro da tubagem exposta através de medições físicas e a resposta do laser por centímetro para os materiais de polietileno são sempre conhecidos; por conseguinte, a velocidade de avanço do sistema mais eficiente será o único fator desconhecido que pode ser calculado utilizando o método matemático.

O comportamento do sistema laser móvel para os materiais de polietileno recebe 200 impulsos por segundo em direcções positivas e negativas; o sistema regista sempre a velocidade de avanço do quadro a cada 0,02 segundos. Por conseguinte, existe um intervalo entre os impulsos do laser móvel registados (registo de 0,005 em 0,005 segundos) e a velocidade de avanço do quadro (registo de 0,02 em 0,02 segundos). Os impulsos do laser móvel foram agrupados, filtrados e calculados como média entre 0,005 e 0,02 segundos, a fim de comparar a velocidade do solo do quadro com a resposta dos impulsos do laser móvel no mesmo momento. A positividade (+) e a negatividade (-) dos impulsos do feixe de laser móvel recebidos representam a direção do feixe de laser; consequentemente, todos os valores negativos foram transferidos para valores absolutos antes da realização da análise.

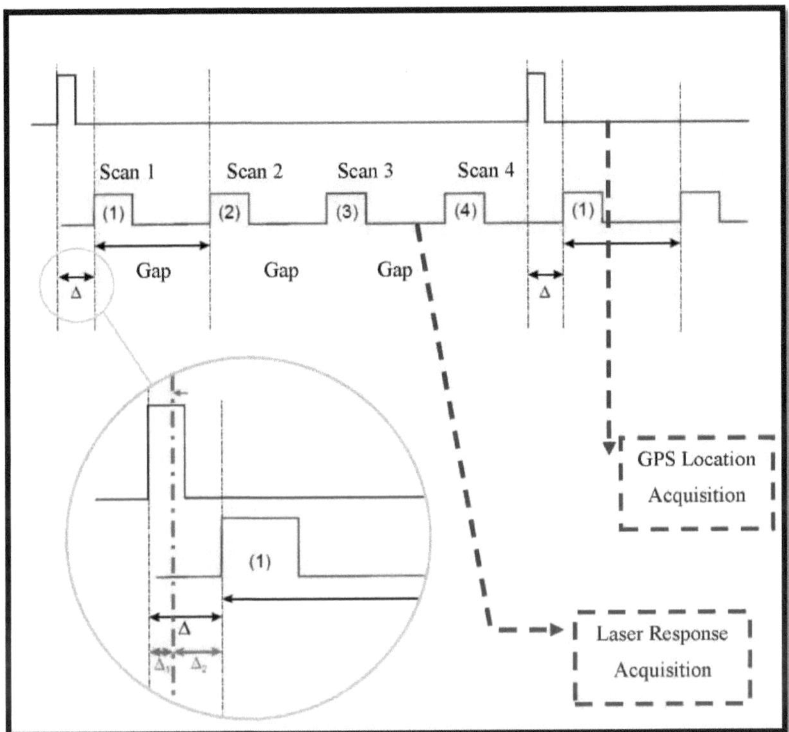

Figura 3.6. Sincronização da aquisição da localização GPS com a aquisição da resposta do laser móvel

Antes de sincronizar a resposta do pulso laser móvel com a velocidade do sistema no solo, as séries temporais precisam de ser identificadas com precisão. A Figura 3.6 mostra a sincronização da aquisição da localização GPS em relação à aquisição da resposta do laser móvel. A identificação precisa das séries temporais está significativamente relacionada com a precisão da identificação da localização do polietileno (latitudes e longitudes). A precisão posicional está principalmente relacionada com a correção geométrica das localizações da missão no terreno (XYZ) e com os ângulos de orientação da IMU (Roll, Pitch e Heading). A correção geométrica dos ângulos de orientação da IMU está também relacionada com a correção geométrica do quadro de referência do sistema. A estrutura de referência do sistema será corrigida geometricamente utilizando a correção de entrada combinada a partir da estação de referência GNSS. Depois de

113

corrigir a estrutura de referência e as observações GPS utilizando as correcções da estação de referência GNSS, os ângulos de orientação da IMU também serão corrigidos. A correção geométrica da estrutura de referência, as observações GPS e os ângulos de orientação da IMU são ilustrados utilizando o ajuste de mínimos quadrados incorporado no POSPac Mobile Mapping Suite V.5.2.

Com base na relação matemática obtida entre a análise do comportamento dos impulsos móveis do laser para os materiais da infraestrutura de polietileno e a velocidade do sistema no solo, foi adotado o polinómio de segunda ordem para calcular o modelo de regressão ajustado aos dados recolhidos. Hughes *et al;* (2007) expressaram uma função polinomial quadrática de segunda ordem no seguinte formato

$$f(x) = -ax^2 + bx - c$$

Hughes et *al.;* (2007) para a parábola abre-se para baixo ...

3.1

Os termos polinomiais quadráticos de segunda ordem reformatados para representar a relação polinomial entre a velocidade do sistema no solo e a resposta do LIDAR terrestre.

$$MLPI(S) = -aS^2 + bS - C \quad \dots\dots\dots 3.2$$

Em que MLPI significa (intensidade de impulso LIDAR terrestre);

Sisstands para (Ground Speed),

a, b e c são *coeficientes para* calcular o valor da velocidade do modelo e compará-lo com o valor recolhido.

Primeira derivada polinomial;

$$MLPI\ (S)' = -2aS + b \quad \dots\dots\dots 3.2.1$$

O *MLPI* (5)'pode ser medido calculando a taxa média de variação da resposta dos impulsos laser móveis em relação ao solo do sistema.

Segunda derivada polinomial;

$$MLPI\ (S)'' = -2a \qquad \qquad \text{..3.2.2}$$

O *MLPI (S)"* é um valor constante para calcular a diferença média entre a taxa de variação das linhas tangentes para cada duas unidades de velocidade sucessivas.

A análise do quadro de referência da missão, das observações GPS e das observações IMU foi ilustrada inicialmente para a missão completa. A razão da análise da missão completa de varrimento com lasers móveis é filtrar e eliminar as anomalias e todos os registos indesejados das observações recolhidas. Serão captados objectos muito pequenos, como poeiras ou objectos em torno das características desejadas. A análise geral dos dados da missão é importante para afinar os impulsos do feixe de laser móvel recolhidos em relação às unidades de velocidade da missão. A Figura 3.7 apresenta o fluxo de trabalho esquemático para a análise analítica do livro ilustrado.

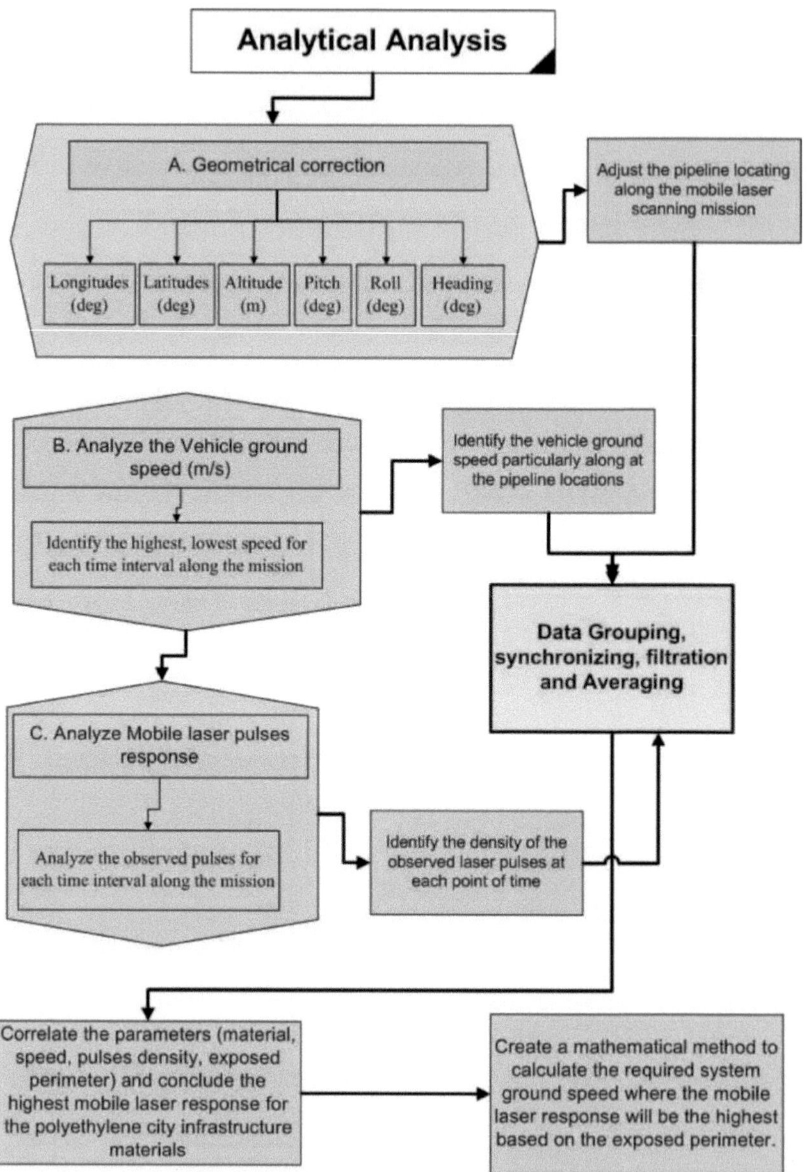

Figura 3.7. Quadro de análise analítica

3.7 Metodologia de aperfeiçoamento da modelação de dados

A metodologia de melhoramento da modelação de dados começa com a substituição de todas as classes de características em três classes de características principais, a fim de melhorar o desempenho dos enormes dados geoespaciais previstos extraídos da missão

116

LIDAR terrestre. A melhoria da modelação consiste em combinar todas as classes de características relacionadas em três classes de características principais. A primeira classe de características inclui instalações (classes de características de pontos), a segunda inclui condutas (classes de características de linhas) e a terceira inclui estruturas (classes de características de polígonos). Existem algumas diferenças em termos de estrutura de dados para cada classe de elementos geográficos, que devem ser substituídas por domínios, gamas, tipos e subtipos nas três classes de elementos geográficos principais (instalações, condutas e estruturas). Uma geodatabase a ser criada com base na reestruturação das feature classes. Uma amostra de dados a ser preenchida na estrutura de dados melhorada antes da realização do teste de desempenho da extração de dados. O desempenho da extração de dados será avaliado utilizando duas ferramentas primárias de conetividade: identificar as características ligadas e fazer zoom sobre as características ligadas. O teste será ilustrado por várias tentativas, em que a média será a base para calcular a percentagem de melhoria da eficiência. A Figura 3.8 mostra a metodologia de melhoria da modelação de dados.

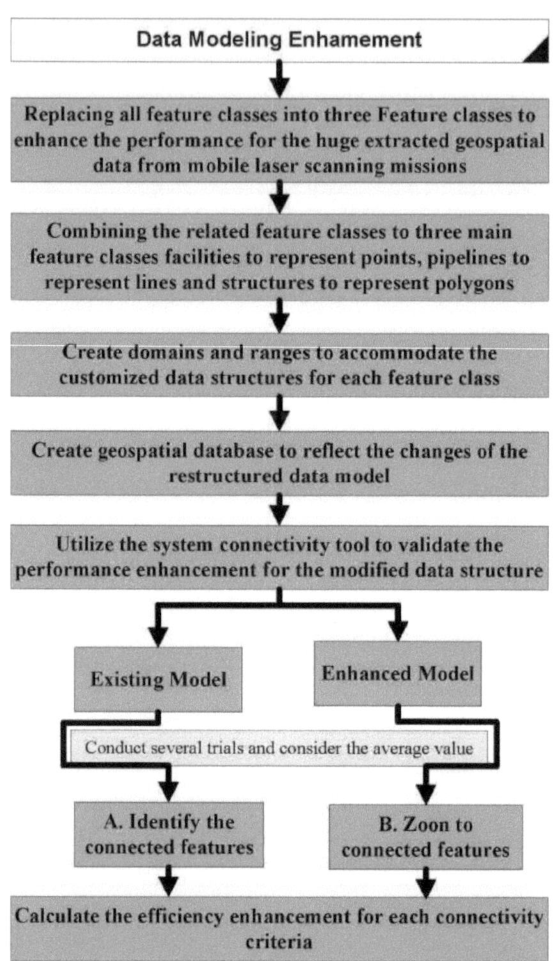

Figura 3.8. Metodologia de melhoria da modelação de dados

CAPÍTULO 4

RESULTADOS E DISCUSSÃO

4.1 Introdução

O livro ilustrado está orientado para a implementação de uma das tecnologias de recolha de dados para a atualização das redes de infra-estruturas de polietileno. A aplicação do livro centra-se na atualização das redes de infra-estruturas de polietileno utilizando tecnologias de varrimento laser do ponto de vista do levantamento e da recolha de dados.

O livro investigou os scanners laser móveis, que são scanners móveis (montados no topo de um veículo) integrados em plataformas completas de navegação e orientação. Este capítulo aborda uma avaliação da comparação técnica geoespacial entre RTK GPS, Estação Total, estação de referência GNSS, varrimento laser estático, LIDAR terrestre e fotografias aéreas em termos de recolha de dados espaciais. A tecnologia geoespacial que obtiver o melhor desempenho de avaliação será analisada e investigada em profundidade para desenvolver um método matemático para replanear as missões LIDAR terrestres para detetar o progresso diário das redes de infra-estruturas de polietileno.

O livro ilustra dois locais estudados nos Emirados Árabes Unidos, no Dubai, a fim de refletir/monitorizar dois tipos de redes de infra-estruturas de serviços públicos. Os dois locais estão situados no Dubai, com cerca de 300 m de largura e 2 km de comprimento, onde as zonas se encontram em fase de desenvolvimento. Atualmente, as redes profundas de serviços públicos, como a transmissão de água, a transmissão eléctrica, a refrigeração urbana, os esgotos e as águas pluviais, ainda estão em curso. O objetivo do livro é utilizar o LIDAR terrestre em várias missões para o levantamento dos tubos de arrefecimento urbano, vários diâmetros de tubos para as redes de distribuição e transmissão, a fim de verificar a viabilidade da implementação da nova técnica de monitorização geoespacial inteligente.

4.2 Quadro geoespacial de monitorização e levantamento da cidade

O livro discute as tecnologias actuais disponíveis e válidas para a monitorização geoespacial da cidade. A comparação técnica dos sistemas ilustrados é orientada para a utilização de GPS, GNSS, Estação Total, fotografias aéreas, varrimento laser estático e LIDAR terrestre na mesma área de estudo. Os critérios de verificação estão reflectidos nos 9 itens seguintes:

- Capacidade de cobertura média (m/h)

- Objectos extraídos

- Formato de dados (Vetor Raster)

- Tipo de missão (única/múltipla)

- Precisão média obtida (mm)

- Média de inicialização do sistema (min)

- Tempo médio de pós-processamento (min/km)

- Complexidade operacional do sistema (1-10)

- Complexidade da extração de dados (1-10)

- Classificação (em 11)

Para normalizar o processo de verificação, o fator de eficiência mais elevado é o número 11, calculado com base no número de critérios e dividido por 100, que é atribuído à tecnologia com melhor desempenho em cada critério. Os demais são relativos à proximidade com a tecnologia de melhor desempenho. Seguem-se os princípios básicos adoptados durante a realização e a conclusão dos valores da comparação técnica geoespacial.

1- A Estação de Referência Virtual (VRS) tem sido utilizada na mesma área de interesse

2- A recolha de pontos de controlo no solo (GCP) é o âmbito das missões de tipo único

3- Os valores calculados por comparação são calculados por média e generalizados

4.2.1 Avaliação do GPS RTK e do GPS de navegação LIDAR terrestre

Uma parte da comparação técnica geoespacial consiste em comparar o desempenho da recolha de dados entre as observações GPS RTK e as observações GPS de navegação LIDAR terrestre. A antena do rover RTK foi montada no topo do carro, para além da unidade GPS LIDAR terrestre. As observações GPS RTK foram conciliadas com a estação de base GPS RTK durante o pós-processamento dos dados. As observações do GPS de navegação do LIDAR terrestre foram comparadas com as observações recolhidas na estação de referência GNSS. A combinação das observações do GPS de navegação e da estação de referência GNSS produziu uma precisão mais elevada. Para comparar a exatidão obtida por cada técnica, é necessário efetuar a correspondência entre as coordenadas leste e norte, onde existe uma tolerância aceitável (10 cm) na localização horizontal. A correspondência na localização horizontal é a base para a comparação da precisão vertical, em que cada técnica mede o mesmo valor Z relativamente ao nível de precisão da técnica. A Figura 4.1 mostra as localizações horizontais coincidentes e não coincidentes para as observações GPS RTK e GPS LIDAR terrestre. As observações emparelhadas (pontos com as mesmas coordenadas XY) são utilizadas para comparar os valores Z obtidos. Cada ponto não coincidente tem um deslocamento em determinada direção, o ponto de referência das direcções de deslocamento são os pontos GPS RTK.

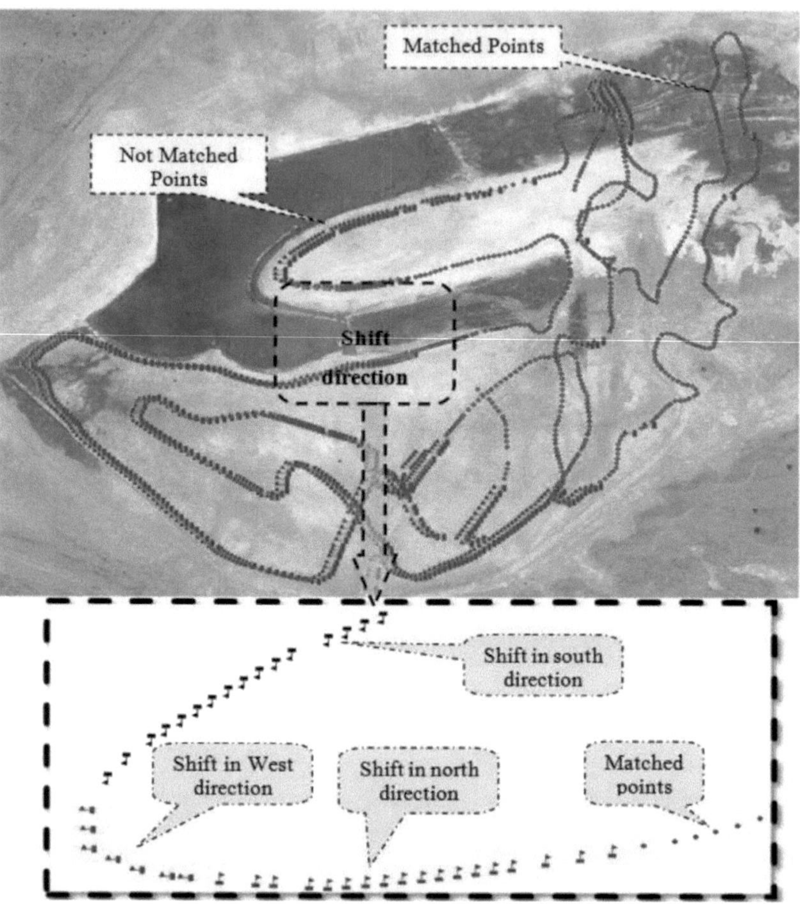

Figura 4.1. Correspondência e direcções de pontos GPS RTK não correspondidos com GPS LIDAR terrestre

Os pontos XYZ recolhidos do sistema GPS RTK e do sistema GPS laser móvel têm um nível de precisão ligeiramente diferente, sendo o RMS de cerca de 0,083 m. Os pontos GPS RTK foram ajustados com base na estação de base, enquanto os pontos GPS LIDAR terrestres foram ajustados com base na combinação de correcções GNSS durante a realização do pós-processamento. O ajustamento dos pontos GPS RTK foi efectuado em tempo real utilizando a ligação de rádio. A estação de referência GNSS tem mais observações em menos épocas para mais satélites (GPS & GLONASS) do que as recolhidas na estação de base GPS. A diferença no número de observações entre a estação de referência GNSS e a estação de base GPS gera uma diferença na exatidão das observações.

O posicionamento vertical (valores Z) é a base para a construção de modelos 3D precisos para a apresentação das condutas e cabos de polietileno das infra-estruturas recolhidas. O livro investiga as diferenças na direção Z e considera-as como uma base para avaliar a precisão posicional entre as observações GPS RTK e as observações GPS LIDAR terrestres. Antes de efetuar a comparação no posicionamento Z, o posicionamento XY para os dois pontos (ponto GPS RTK e ponto GPS laser móvel) deve ser igualado. A correspondência dos pontos não pode ser obtida sem a resolução das discrepâncias de precisão; as discrepâncias de precisão podem ser geradas na direção X ou na direção Y. A eliminação das discrepâncias é difícil de modelizar para cada direção separadamente, mas pode ser combinada num único número complexo e realizar uma correspondência linear em conformidade.

A geração do número complexo deve ser arredondada em relação à precisão das observações GPS RTK e às observações GPS LIDAR terrestres, a fim de evitar uma correspondência incorrecta. O arredondamento das observações na direção X e na direção Y para o GPS RTK e o GPS LIDAR terrestre é de 10 cm. O arredondamento é calculado com base no RMS médio de posicionamento horizontal gerado no GPS RTK, em que o GNSS tem uma precisão RMS média de 3 cm. Devido à tolerância na localização horizontal e à necessidade de realizar uma avaliação de elevada precisão, as observações recolhidas necessitam de sincronização antes de realizar as actividades de correspondência e arredondamento.

A relação entre cada um dos dois pontos, uma vez que cada ponto tem uma correspondência aproximada em XY e Z, permite que a filtragem linear produza uma melhor avaliação da exatidão. A filtragem linear pode ser obtida através da produção de números complexos combinando os números X e Y num único número complexo para os pontos GPS RTK e para o laser móvel (pontos GPS). O número complexo é gerado com base nas coordenadas XY arredondadas (10 cm) para o GPS RTK e o GPS LIDAR terrestre. As coordenadas horizontais correspondentes são submetidas à comparação dos valores Z; o posicionamento horizontal é conhecido e, consequentemente, a variação no posicionamento vertical para o GPS RTK e o GPS LIDAR terrestre pode ser investigada e modelada. Depois de utilizar a correspondência de números complexos, as observações de ficheiros correspondentes, tanto para o GPS RTK como para o GPS laser móvel, são cerca de 528 pontos correspondentes e 604 não correspondentes. A Figura 4.2 mostra a avaliação da exatidão dos primeiros 45 pontos, em que a raiz quadrada média foi calculada para todos os valores Z dos pontos emparelhados.

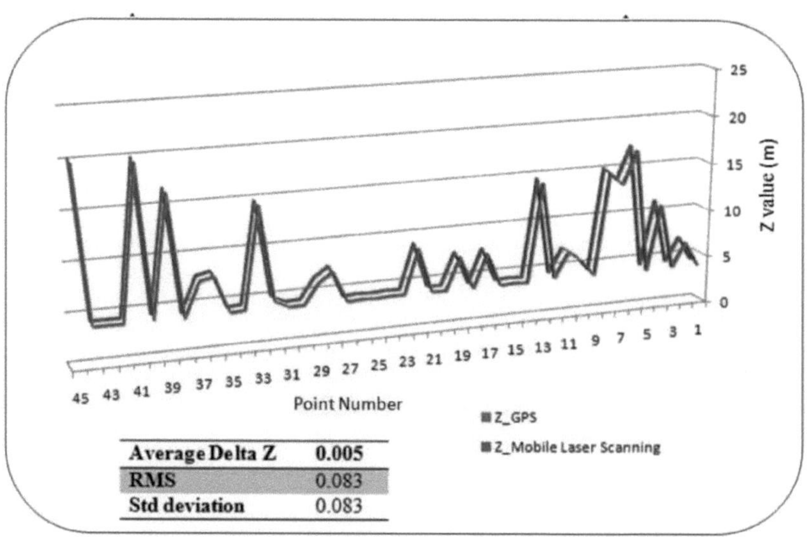

Average Delta Z	0.005
RMS	0.083
Std deviation	0.083

Figura 4.2: Avaliação da exatidão do GPS RTK e do LIDAR terrestre

4.2.2 Avaliação do varrimento laser estático

A avaliação da digitalização laser estática, especialmente em termos de precisão obtida, capacidade de cobertura, inicialização do sistema, extração de objectos, formato dos dados e tipo de missão, foi concluída com base na realização de duas missões de digitalização laser estática. As duas missões de varrimento laser estático ilustraram diferentes tipos de scanners; uma missão utilizando a estação de varrimento Lieca 2 e a outra utilizando o scanner standard Trimble GX. A razão da utilização de diferentes tipos de scanners é avaliar a capacidade da varredura laser estática de forma independente; onde as capacidades de cobertura variam de uma técnica para outra. A área de interesse é de cerca de 0,126586 km2, onde o melhor valor RMS é de 4,8 cm e o menor tempo de operação é de 4 horas; a Tabela 4.1 apresenta o resumo dos resultados para cada tipo de scanner, onde a análise de regressão para cada tipo de scanner se reflecte no desvio da data da nuvem de pontos observada em relação ao GCP. A análise de regressão reflecte-se em valores RMS para cada tipo.

Tabela 4.1: Resumo dos resultados para cada tipo de scanner

Trimble Scanner (GX Standard)	
Área	0,126586 km^2
RMS	20 cm
Estações	6
Pontos recolhidos	576,069
Tempo (hr)	6
Leica SCAN STATION2	
Área	0,126586 km^2
RMS	4,8 cm
Estações	4
Pontos recolhidos	4,265,519
Tempo (hr)	4

A digitalização laser estática necessita de um ponto de controlo conhecido antes de realizar a missão, a fim de georreferenciar os dados da nuvem de pontos recolhidos; a Tabela 4.2 mostra os pontos de controlo conhecidos e os pontos de referência utilizados durante a missão. O processo de validação da precisão foi implementado utilizando localizações conhecidas dentro das áreas digitalizadas, enquanto estas localizações conhecidas (ângulos agudos de algumas características como pedras) são observadas utilizando uma técnica de levantamento GPS precisa (2 a 5 cm). Depois de efetuar a digitalização e o pós-processamento dos dados da nuvem de pontos observados antes de gerar o modelo de superfície 3D, as coordenadas dos pontos conhecidos (XYZ) são comparadas com as coordenadas extraídas da superfície 3D gerada. A diferença nas coordenadas horizontais e verticais é considerada para avaliar a exatidão posicional da digitalização laser estática. Os dados da nuvem de pontos recolhidos com a digitalização laser estática são utilizados para construir o modelo de superfície 3D. A fim de ter a mesma área para fins comparativos, o limite da área foi identificado por um conjunto de pontos de controlo conhecidos, ver Figura 4.3.

Tabela 4.2: Coordenadas dos pontos de base e de referência

Ponto não.	E	N	h
Base1	492042.8	2764098	**33.081**
Ref1	492104.5	2764044	**27.922**
Ref2	492126	2764012	**24.728**
Ref3	491999.3	2764084	**28.915**
Base2	492451.2	2763640	**36.489**
Ref4	492495.2	2763712	**34.256**
Ref5	492399.4	2763740	**25.006**
Ref6	492367.7	2763687	**27.914**
Base3	491980.9	2763896	**33.312**
Ref7	492047.4	2763912	**23.901**
Ref8	492032.6	2763922	**24.23**
Ref9	**491987.3**	**2763960**	**23.615**

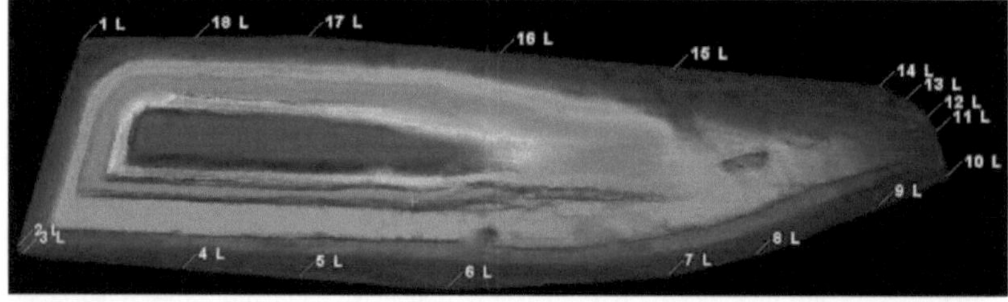

Figura 4.3.3D Modelo de superfície com código de cores gerado a partir de dados de varrimento laser estático rodeado por pontos de controlo conhecidos

4.2.3 Fotografias aéreas

A fotogrametria aérea foi avaliada em relação a vários critérios, tais como a exatidão obtida e a capacidade de cobertura. A missão é ilustrada na mesma área de interesse onde as missões de varrimento laser estático foram ilustradas, a fim de comparar com precisão a inicialização do sistema, a capacidade de cobertura e a precisão obtida, entre outras tecnologias. Três missões de fotogrametria aérea ilustradas na mesma área, mas em áreas diferentes, com o objetivo de concluir uma melhor avaliação, especialmente em termos de capacidade de cobertura, consumo de tempo médio e precisão obtida. O livro ilustrou missões de curto, médio e longo prazo, dependendo da extensão da área de interesse. A missão de curto prazo foi concebida para cobrir pequenas áreas, a de médio prazo para áreas médias e a de longo prazo para grandes áreas. A missão de curto prazo foi utilizada para se aproximar da cobertura da missão LIDAR terrestre. A figura 4.4 mostra a fotografia aérea resultante da missão de curto prazo. A área da missão de curto prazo é de cerca de 12,44 quilómetros quadrados, sendo o valor RMS de 30 cm; a área da missão de médio prazo é de cerca de 43,9 quilómetros quadrados, sendo o valor RMS de 18 cm. A área da missão de longo prazo é de cerca de 27,32 km2 , em que o valor RMS é de cerca de 28 cm. O RMS médio obtido é de cerca de 25 cm, sendo a cobertura média da área por quilómetro de cerca de 10 km/h, ver Quadro 4.3.

Quadro 4.3: Resumo das missões de fotogrametria aérea

Missão	Cobertura da área (km)	tempo (horas)	Área por hora (km/h)	RMS (cm)
1	12.44	1.3	10	30
2	43.9	5	9	18
3	27.32	2.5	11	28
		Média	10	25

Figura 4.4: Imagem de fotogrametria aérea recolhida na mesma área de interesse

A capacidade de cobertura, a precisão obtida, a inicialização do sistema, a extração de objectos, o formato dos dados, o tempo de pós-processamento e o tipo de missão são comparações técnicas baseadas na verificação física e em observações. Devido ao efeito importante da complexidade operacional do sistema e da complexidade da extração de dados, a avaliação foi concluída com base na experiência de inspectores e engenheiros qualificados.

4.2.4 Resultados da comparação da exatidão e da eficiência da recolha de dados geoespaciais

A classificação final mostra o desempenho da utilização da tecnologia LIDAR terrestre em actividades gerais de levantamento de campo, especialmente na recolha de dados à escala da cidade e na monitorização do progresso. A classificação positiva da tecnologia LIDAR terrestre apoia a utilização desta tecnologia na monitorização de infra-estruturas, onde é necessária uma nova metodologia e planeamento de missões para utilizar as melhores capacidades no sentido da monitorização geoespacial. O livro considera a tecnologia de varrimento laser como uma plataforma principal para atualizar as actividades geoespaciais físicas da cidade ilustradas nas redes de infra-estruturas. O objetivo da utilização da infraestrutura como base da monitorização e levantamento geoespacial global da cidade é a elevada interação entre as redes de infra-estruturas e as operações globais da cidade, incluindo os serviços de utilidade pública.

O fator de eficiência da capacidade de cobertura operacional média representa o desempenho da tecnologia de captação de dados. A capacidade de cobertura indica a praticidade e a facilidade de utilização da tecnologia pelos utilizadores. A Tabela 4.4 mostra o fator de eficiência em relação à capacidade média de cobertura operacional para as seis tecnologias de levantamento topográfico. O melhor fator de eficiência da capacidade de cobertura operacional média foi alcançado com a utilização da fotogrametria aérea, em que o fator de eficiência é 11 (utilização mais eficiente). O pior fator de eficiência da capacidade de cobertura operacional média foi obtido com a técnica de estação total, em que o fator de eficiência é de 0,6 (utilização eficiente mais baixa, apenas 5,5%). No entanto, o fator de eficiência do LIDAR terrestre foi o segundo melhor fator de eficiência da capacidade de cobertura operacional média.

Quadro 4.4: Comparação técnica das técnicas de atualização geoespacial disponíveis

Surveying Technology	Average Coverage Capacity (m/h)	Extracted Objects	Data Format (Vector/Raster)	Mission Type (Single/Multiple)	Average Obtained Accuracy (mm)	Average System Initialization (min)	Average Post Processing time (min/km)	System Operational Complexity (1-10)	Data Extraction Complexity (1-10)	Rank (out of 11)
GPS (RTK)	500	GCP	Vector	single	150	45	30	6	NA	
efficiency factor (%)	1.4	2	11	2	6.6	2.4	11	9.2		5.7
Total Station	200	GCP	Vector	single	75	25	45	7	NA	
efficiency factor (%)	0.6	1	11	2	3.3	4.4	8.2	7.9		4.8
GNSS VRS	500	GCP	Vector	single	150	10	30	5	NA	
efficiency factor (%)	1.4	2	11	2	6.6	11	11	11		7.0
Aerial Photogrammetry	2,000,000	complete topographic coverage	Raster	Multiple	250	90	300	9	9	
efficiency factor (%)	11	8	4	7	11	12	12	6.3	6.1	6.2
Static Laser Scanning	1,500	complete topographic coverage	Vector	Multiple	75	60	60	8	8	
efficiency factor (%)	1.4	10	11	11	3.3	18	6.3	6.8	6.9	6.5
Mobile Laser Scanning	15,000	complete topographic coverage	Vector	Multiple	75	45	60	5	5	
efficiency factor (%)	2.8	10	11	11	3.3	2.4	6.3	11	11	7.6

O fator de eficiência da extração de objectos mede o desempenho da produção global de dados. A extração de objectos está relacionada com o formato dos dados e a sua exaustividade na mesma missão. Uma boa eficiência de cobertura conduz a uma melhor exaustividade dos dados dentro da mesma missão e a uma melhor extração de dados. A

130

Tabela 4.4 mostra o fator de eficiência em relação à extração de objectos para as mesmas seis tecnologias de levantamento topográfico. O melhor fator de eficiência na extração de objectos foi obtido com a utilização do LIDAR terrestre e do varrimento laser estático, sendo o fator de eficiência para ambas as técnicas de 10 (91% de utilização). A fotogrametria aérea proporciona um fator de eficiência muito bom. O pior fator de eficiência de extração de objectos foi obtido com a técnica de estação total, em que o fator de eficiência é de 1 (9% de utilização). No entanto, as técnicas GNSS VRS e GS RTK proporcionam uma má eficiência na extração de objectos.

O fator de eficiência da formatação dos dados mede o nível de integração entre os sistemas. O formato de dados vectoriais pode ser fácil e mais realizado no sentido das funcionalidades de integração, importação e exportação de dados. O formato de dados raster necessita de mais esforços de edição e extração para melhorar as actividades de extração/produção de dados. A Tabela 4.4 mostra o fator de eficiência em relação à formatação de dados para as seis tecnologias de levantamento topográfico. O melhor fator de eficiência de formatação de dados foi alcançado com a utilização de todas as técnicas de levantamento topográfico (LIDAR terrestre, varrimento laser estático, GNSS VRS, estação total e GPS RTK), exceto a fotogrametria aérea, em que o fator de eficiência é 11 (100% de utilização). O formato de dados raster resultante é a razão da má eficiência da formatação de dados para a fotogrametria aérea, em que o fator de eficiência é 4 (36,4% de utilização).

O tipo de missão (simples/múltipla) mede a capacidade da técnica de levantamento topográfico em realizar mais planos de captação de dados para diferentes fins na mesma missão. A Tabela 4.4 mostra o fator de eficiência em função do tipo de missão (simples/múltipla) para outras tecnologias de levantamento topográfico. O melhor fator de eficiência por tipo de missão foi obtido com a utilização do LIDAR terrestre e da varredura laser estática, em que o fator de eficiência é 11 (100% de utilização). A fotogrametria aérea proporciona um fator de eficiência do tipo de missão muito bom, com um fator de 7 (36,6% de utilização). O pior fator de eficiência do tipo de missão foi obtido utilizando as técnicas GNSS VRS, estação total e GPS RTK, sendo o fator de eficiência de 2 (18% de utilização). No entanto, o fator de eficiência da fotogrametria aérea foi o segundo melhor fator de eficiência da capacidade de cobertura operacional média.

O fator de eficiência da precisão obtida é o principal indicador de desempenho para as operações globais de levantamento topográfico. A precisão depende muito da aplicação do levantamento, da técnica e da produção de resultados esperada. No que respeita à captação e produção de dados para redes de infra-estruturas, o nível de precisão é centimétrico, sendo que a maioria das redes de distribuição tem um diâmetro inferior a 15 cm. A Tabela 4.4 apresenta o fator de eficiência em relação à precisão média operacional obtida para as tecnologias de levantamento. O melhor fator de eficiência da precisão operacional média obtida foi alcançado com a utilização de LIDAR terrestre, varrimento laser estático e estação total; onde o fator de eficiência é 11. O pior fator de eficiência da precisão operacional média obtida foi alcançado com a utilização da fotogrametria aérea, em que o fator de eficiência é de 3,3 (30% de utilização). No entanto, os factores GNSS VRS e GPS RTK alcançaram uma melhor eficiência.

O pior fator médio de eficiência de inicialização do sistema operacional foi obtido utilizando técnicas de fotogrametria aérea, varrimento laser estático, LIDAR terrestre e GPS RTK, sendo o fator de eficiência de 1,2 (10,9% de utilização), 1,8 (16,4% de utilização),

2.4 (21,8% de utilização) e 2,4 (21,8% de utilização), respetivamente. No entanto, o fator de eficiência da estação total proporcionou um fator de eficiência aceitável.

O fator de eficiência do pós-processamento mede as correcções geométricas, o equilíbrio de cores (para produção de imagens) e a produção global de dados. O pós-processamento pode ser dispensado se a funcionalidade de correção em tempo real estiver disponível. O livro debate a utilização da correção pós-processamento utilizando os dados GNSS VRS. A Tabela 4.4 ilustra o fator de eficiência em relação ao pós-processamento médio para as tecnologias de levantamento topográfico. O melhor fator de eficiência de consumo de tempo médio de pós-processamento foi alcançado com a utilização das tecnologias GNSS VRS e GPS RTK; onde o fator de eficiência é 11. No entanto, os factores de eficiência da estação total, do LIDAR terrestre e do varrimento laser estático proporcionaram factores de eficiência de pós-processamento muito bons.

O fator de complexidade operacional do sistema mede a usabilidade do sistema por parte do utilizador final, que necessita de um elevado nível de qualificação dos recursos. Para operar os sistemas complicados são necessários recursos mais qualificados, com necessidade de apoio operacional intensivo, formação e custos. A Tabela 4.4 mostra o fator de eficiência em relação à complexidade operacional do sistema para as tecnologias de levantamento topográfico. O melhor fator de eficiência da complexidade operacional do sistema foi obtido com as tecnologias LIDAR terrestre e GNSS VRS. O pior fator de eficiência em termos de complexidade operacional do sistema foi obtido com a técnica de fotogrametria aérea (55,5% de utilização). No entanto, os factores de eficiência do GPS RTK, do varrimento laser estático e da estação total proporcionaram um desempenho de elevada eficiência.

A complexidade da extração de dados é um fator muito importante, pois mede o desempenho da produção de dados. A complexidade da extração de dados só pode ser reconhecida para o tipo de missão múltipla. O tipo de missão múltipla recolhe vários tipos de características e cada classe de caraterística está sujeita a ser extraída. A complexidade da extração de dados está principalmente relacionada com o formato dos dados em termos de formato de dados vectoriais ou raster. A Tabela 4.4 mostra o fator de eficiência em relação à complexidade da extração de dados para as tecnologias de levantamento topográfico. O melhor fator de eficiência da complexidade da extração de dados foi obtido com a utilização do LIDAR terrestre. O fator de eficiência de complexidade de extração de dados mais baixo foi obtido com a técnica de fotogrametria aérea (55,5% de utilização). No entanto, o fator de eficiência do varrimento laser estático foi o segundo melhor fator de eficiência da complexidade da extração de dados.

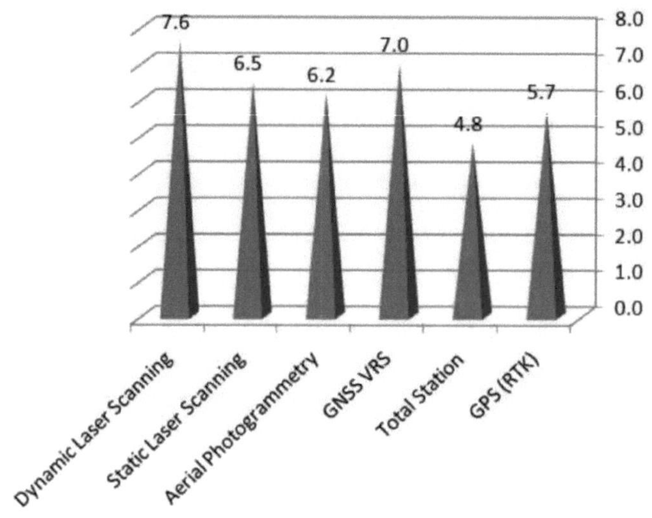

Figura 4.5. Avaliação dos factores de eficiência global

A avaliação dos factores de eficiência global é concluída através da recolha e cálculo da média de todos os factores de eficiência para cada tecnologia de topografia. Os factores de eficiência global medem cada tecnologia de topografia de uma perspetiva geral, considerando os nove factores técnicos. A Figura 4.5 mostra o fator de eficiência global para as tecnologias de levantamento topográfico. O fator de eficiência mais elevado foi obtido com o LIDAR terrestre, com um fator de eficiência de 7,6 (69,1% de utilização). O fator de eficiência global mais baixo foi obtido com a técnica de estação total, em que o fator de eficiência é de 4,8 (43,6% de utilização). No entanto, os factores de eficiência do GNSS VRS, do varrimento laser estático e da fotogrametria aérea proporcionam bons factores de eficiência global.

4.3 Missões LIDAR terrestres

O LIDAR terrestre tem várias fases antes de efetuar o levantamento e recolher os dados, devido aos vários componentes envolvidos. Os componentes estão principalmente relacionados com o planeamento da missão, desde a disponibilidade da geometria dos satélites de posicionamento até à prontidão do sistema global, incluindo o laser scanner, a IMU, o GPS e o veículo. O planeamento do levantamento topográfico está fortemente relacionado com a verificação da prontidão do sistema móvel de laser scanner no sentido de GPS/GNSS, IMU, registo de dados e prontidão da viatura de levantamento topográfico. A verificação da precisão posicional do laser scanner necessita de 10 a 15 minutos para aumentar o número de satélites e, consequentemente, melhorar a precisão posicional utilizando o método matemático de ajustamento dos mínimos quadrados. A capacidade de receção das frequências GPS e GLONASS permite que mais satélites participem na correção geométrica da posição. A utilização de ambas as frequências produz mais épocas de observação que alimentam o método matemático para obter uma melhor exatidão e reduzir o tempo de observação necessário durante o modelo de ajustamento dos dados. Considerando o modo de navegação não é possível obter uma melhor exatidão devido ao curto tempo de observação (época) durante a missão de levantamento. O pós-processamento GNSS aumentará a precisão posicional para cerca de 3 a 5 cm, o que reflectirá significativamente a precisão dos dados da nuvem de pontos. A orientação do sistema de varrimento laser é necessária para definir a direção do sistema devido à possibilidade de movimento móvel do automóvel nas três direcções. A precisão direcional melhorará a suavidade dos impulsos digitalizados recebidos e o nível de resolução dos dados e de reconhecimento dos objectos. A correlação entre os três componentes principais depende da calibração do sistema em termos de orientação utilizando a IMU, de posição utilizando o GPS e de representação dos impulsos de dados utilizando o scanner. O levantamento físico é implementado para verificar as redes de condutas de transmissão e distribuição. Para efeitos de proteção, são utilizadas prioritariamente as condutas de transporte abandonadas, sendo que a prática comum para a rede de distribuição é utilizar as condutas normais de polietileno para proteger os cabos e algumas condutas de distribuição.

4.3.1 Estação de referência do Sistema Global de Navegação por Satélite (GNSS)

A exatidão posicional das observações tem de ser definida e verificada no terreno antes de iniciar a missão LIDAR terrestre.

Figura 4.6. Estação de referência GNSS, Limitless, Dubai

A estação de referência GNSS é a referência espacial para a realização do pós-processamento dos dados das observações da missão de varrimento. Existem dois métodos de utilização da estação de referência GNSS: o primeiro método é a utilização dos dados RINEX durante a fase de pós-processamento e após a recolha de todas as observações com a precisão posicional normal/navegacional. O segundo método consiste em utilizar a tecnologia de transmissão por rádio para enviar a correção aos rovers GPS autorizados num raio de 15 km. Utilizando o segundo método, o modem GSM deve ser ligado ao veículo GPS para receber as correcções transmitidas e calcular a precisão das observações em tempo real. A Figura 4.6 representa a estação de referência GNSS utilizada durante a recolha de dados do livro.

Figura 4.7. Verificação da exatidão posicional dos pontos recolhidos

A verificação da precisão posicional é implementada em ambos os aspectos. O primeiro aspeto consiste em verificar a conetividade GSM nos veículos GPS que se encontram na área de interesse e o segundo aspeto consiste em verificar a cobertura da estação GNSS e a precisão observada. A Figura 4.7 apresenta as observações GPS utilizadas para verificar a nuvem de pontos recolhida. Esta verificação é essencial antes de iniciar a missão de exploração física móvel como uma ação proactiva devido a condições que podem fazer com que a estação de referência GNSS se desligue e não envie as correcções. A desconexão da estação de referência pode ocorrer devido a uma falha de energia ou a danos no rádio, na antena GPS ou a problemas de conetividade dos cabos. Devido a todas estas condições, a estação de referência tem de ser continuamente monitorizada e sujeita a um programa de manutenção regular. A importância de garantir que a estação de referência GNSS está devidamente operacional antes de iniciar qualquer missão física

LIDAR terrestre deve-se à importância de utilizar os dados de correção GNSS para ajustar a precisão posicional das observações.

4.3.2 Realização da missão LIDAR terrestre à escala da cidade

Antes de efetuar qualquer missão LIDAR terrestre, o sistema deve ser iniciado com tempo suficiente antes de chegar ao levantamento/digitalização da área de interesse. A exatidão da nuvem de pontos medidos depende da inicialização adequada do sistema da antena GPS para recolher mais observações utilizando uma boa distribuição geométrica dos satélites (PDOP), de modo a definir a posição de navegação (até 1 metro). A precisão da nuvem de pontos também necessita de uma inicialização adequada da unidade IMU para identificar os ângulos de orientação da atitude nas três direcções Roll, Pitch, Heading (até 0,01 graus decimais).

Abaixo encontra-se o mapa da trajetória da área de interesse pesquisada/escaneada. O início do levantamento de navegação foi iniciado 10 km antes de atingir a área de interesse.

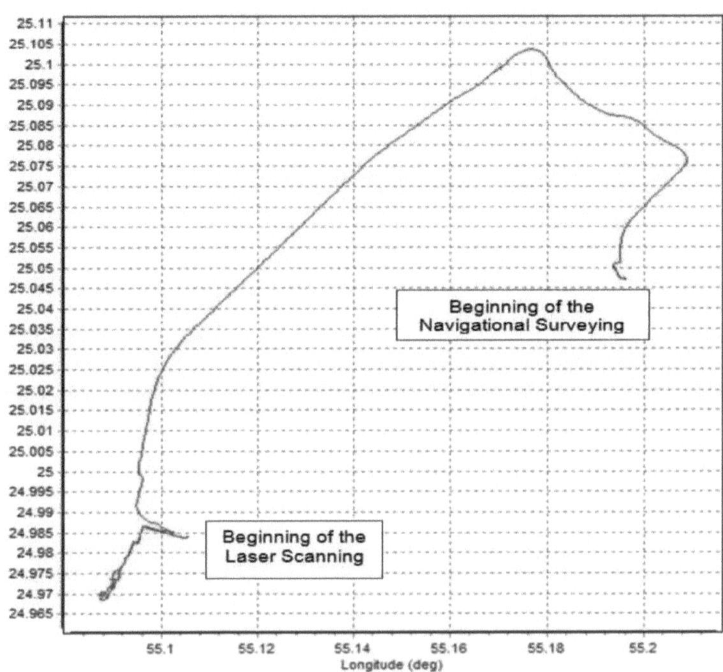

Figura 4.8. Missão de levantamento topográfico por varrimento

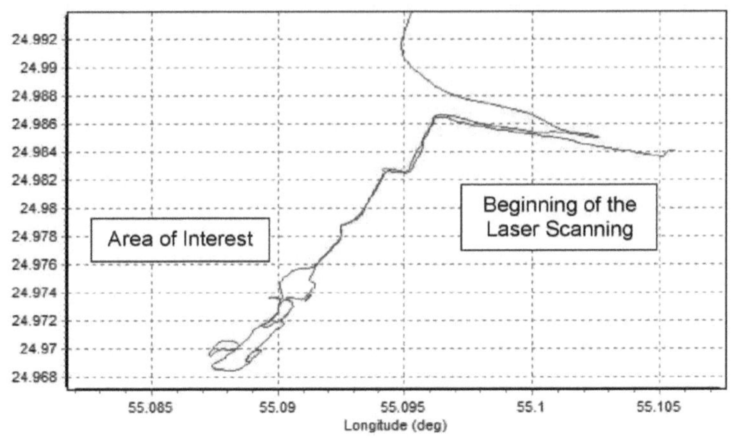

Figura 4.9. Mapa da trajetória da missão de varrimento laser

Esta distância permitirá que o sistema seja inicializado com precisão suficiente no sentido

da posição e orientação. A Figura 4.8 e a Figura 4.9 mostram o mapa da trajetória dos

locais pesquisados pela tecnologia LIDAR terrestre, incluindo o início da missão de

139

varrimento laser a partir do estaleiro de operações até à área de interesse. O pós-processamento das observações é um fator significativo na utilização do LIDAR terrestre na monitorização das redes de infra-estruturas. A precisão normal da navegação não é suficiente para refletir a superfície/objectos reais nas observações. A estação de referência GNSS deve estar operacional durante a missão LIDAR terrestre para se obter uma observação exacta/viável. É ilustrada uma comparação da mesma missão LIDAR terrestre utilizando a precisão de navegação em tempo real e a precisão de navegação GNSS. Consulte a tabela 4.5 que realça a importância da utilização dos dados da estação de referência GNSS.

4.3.3 Pós-processamento de digitalização laser móvel

As missões LIDAR terrestres ilustradas na zona 1 da baixa da cidade de Jebel Sli demoraram 30 a 40 minutos para cada missão, enquanto o levantamento físico de navegação demorou 20 a 30 minutos para preparação e inicialização do sistema. As Figuras 4.10 e 4.11 mostram as precisões de posição e orientação para os modos de navegação e fixo. O LIDAR terrestre observado incorporou dados de navegação GPS e parâmetros de orientação. A incorporação das posições GPS e dos parâmetros de orientação é necessária na fase de pós-processamento, a fim de remover quaisquer desvios de ciclo, multipercurso, lacunas, quaisquer outros problemas de levantamento ou melhorias das observações espaciais utilizando os parâmetros de correção. O pós-processamento baseia-se significativamente em dois factores, a estação de base (estação de referência GNSS) para a correção e os dados brutos recolhidos da estação de referência GNSS.

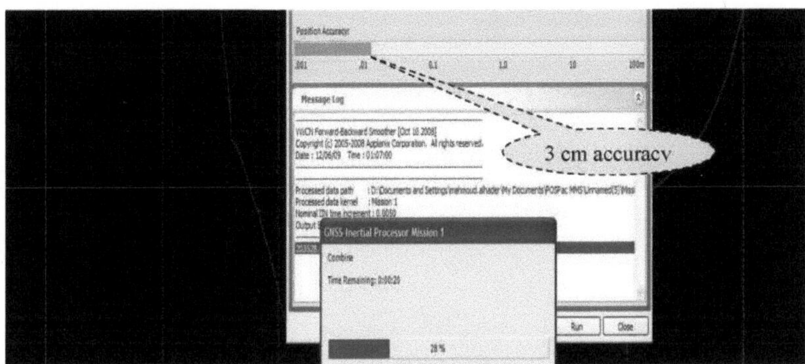

Figura 4.10. Precisão do pós-processamento com 3 cm ao longo da trajetória de navegação da missão

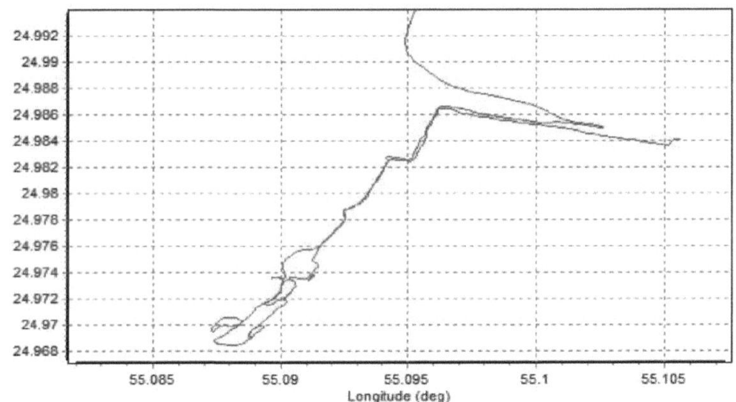

Figura4.11.3 Precisão posicional em cm após a conclusão do pós-processamento

A Figura 4.10 mostra a estação de base (Limitless CC) marcada com uma bandeira azul e o trajeto de navegação da missão importado do scanner laser móvel e da estação de base GNSS fixa, em que a combinação produz uma precisão de 3 cm, como se pode ver na janela de missão do processador. A Figura 4.23 mostra a precisão posicional de 3 cm após a conclusão do pós-processamento.

O Applanix POSPac MMS foi utilizado para pós-processar os dados de navegação LIDAR terrestre com as observações GNSS, combinando os parâmetros de correção da estação. A trajetória a verde é a trajetória de missão rectificada/geometricamente corrigida, enquanto a trajetória a rosa é a trajetória de missão de navegação. A Tabela 4.5 mostra alguns zooms em determinados locais para apresentar a retificação da trajetória após o pós-processamento dos dados.

Tabela 4.5: Diferença entre navegação em tempo real e navegação pós-processada

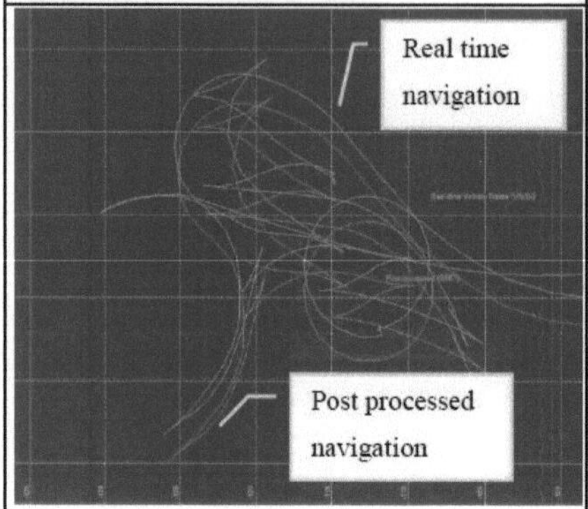 Position 1	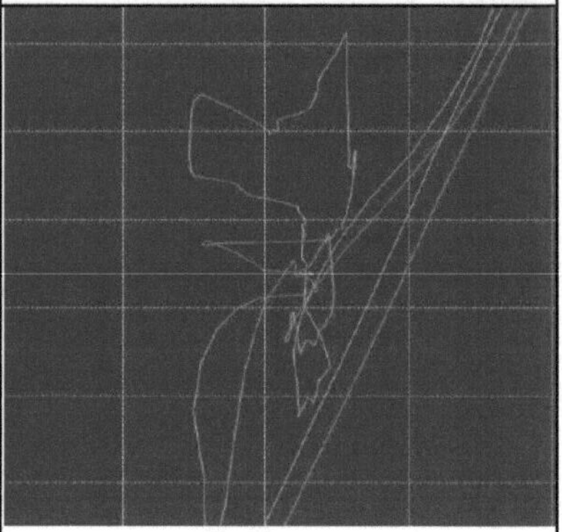 Position 2

4.4 Análise analítica

A secção analisa o comportamento dos impulsos LIDAR terrestres, a velocidade do sistema no solo, as especificações físicas do material de polietileno, a localização e os valores relacionados com o tempo. Os resultados obtidos serão utilizados no desenvolvimento de um método matemático para calcular o desempenho mais eficiente da velocidade do sistema para obter a resposta mais eficiente do laser móvel antes de digitalizar os materiais da infraestrutura de polietileno.

4.4.1 Análise analítica da velocidade do sistema e da intensidade dos impulsos laser móveis

A análise da velocidade do veículo e a magnitude da resposta do feixe laser para o material de polietileno serão investigadas neste livro. O objetivo desta análise é analisar o comportamento do scanner laser móvel em relação à velocidade do chassis do veículo. A análise é importante para identificar a melhor combinação entre a resposta do feixe laser e a velocidade do chassis do veículo para o material da conduta. O desempenho mais eficiente da velocidade do sistema depende da parte exposta da tubagem. O livro utiliza vários diâmetros de condutas para validação da modelação, em que as condutas foram preparadas no local físico e digitalizadas utilizando a técnica LIDAR terrestre. O livro utiliza uma conduta de 60 cm de diâmetro, em que a maior parte da conduta está exposta e a resposta laser esperada é muito elevada. A conduta principal (60 cm de diâmetro) foi varrida várias vezes, tendo cada varrimento um limite de velocidade diferente. As respostas laser mais elevadas foram observadas quando a velocidade do sistema se situava entre 14 km/h e 16 km/h. Neste intervalo de velocidade, a resposta dos impulsos observados foi a de maior densidade, ver a figura abaixo. A densidade dos impulsos laser observados reflecte a resolução das características e uma melhor representação das formas.

A reflexão dos impulsos laser está relacionada com vários factores, tais como a localização, o ângulo de varrimento, a energia dos impulsos e o material dos elementos. Cada material, como areia, betão, asfalto, massas de água, etc., tem especificações de reflexão diferentes. O material das redes de infra-estruturas é o aço ou o polietileno para todos os tipos de cabos e condutas. O livro analisa o desempenho mais eficaz do sistema de velocidade do solo em relação ao desempenho mais eficaz da observação de impulsos laser. Devido à flutuação contínua do sistema, a Figura 4.12 apresenta as vantagens observadas nas direcções positiva e negativa. A Figura 4.12 mostra a maior densidade de pulsos observados entre 205.300 segundos e 205.400 segundos do período de varredura da missão.

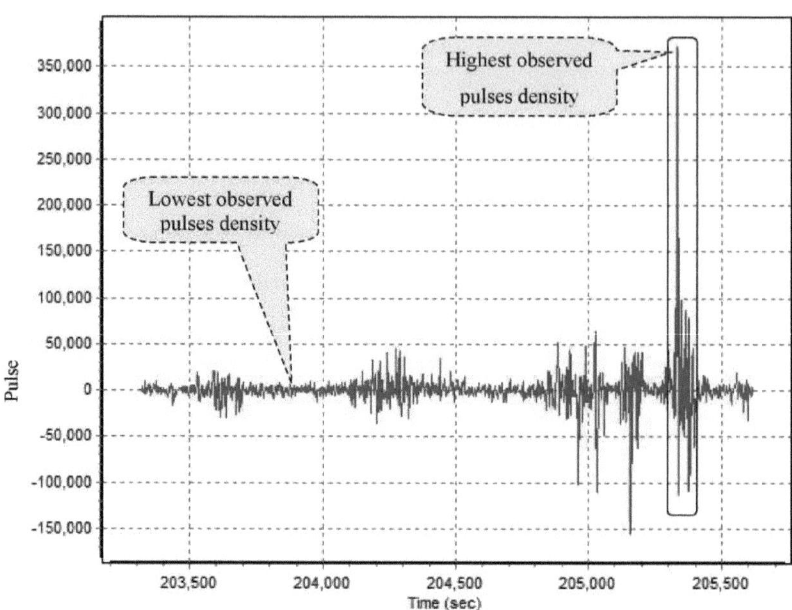

Figura 4.12. Impulsos observados na direção X em cada momento durante a missão de exploração móvel

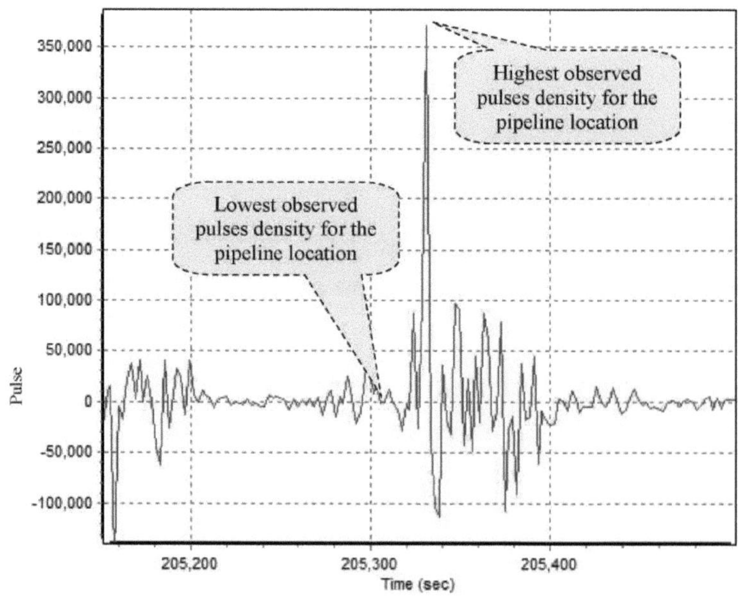

Figura 4.13. Ampliação dos impulsos do feixe laser de resposta para a localização da conduta

A Figura 4.13 representa a ampliação dos impulsos observados do feixe laser em relação

144

ao tempo especificado que reflecte a conduta localizada. A maioria dos impulsos observados foi identificada entre 100.000 e 60.000 impulsos. Dentro deste intervalo, tanto a densidade dos impulsos como o tempo serão analisados; onde o intervalo de tempo especificado é de 205.300 e 205.400 segundos. A Figura 4.13 mostra os impulsos observados em cada ponto particular do tempo, onde a maior densidade de impulsos observada também é reconhecida entre 205.320 segundos e 205.360 segundos.

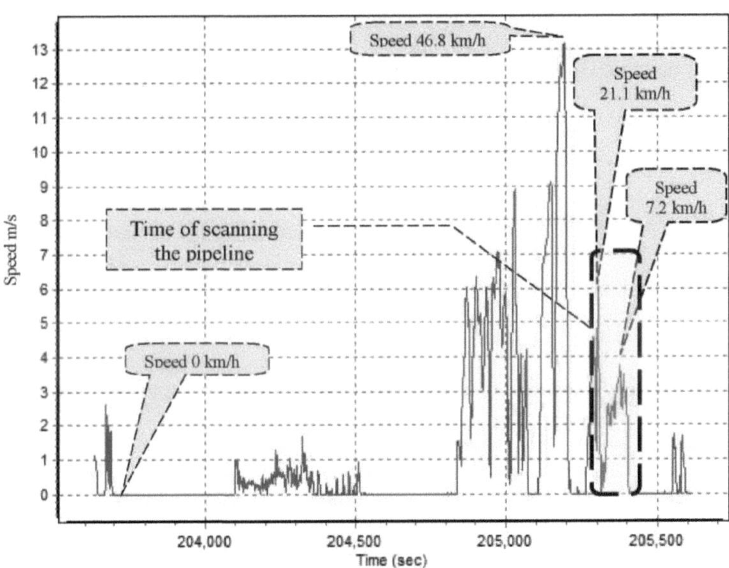

Figura 4.14. Velocidade no solo da estrutura do veículo em cada momento durante a missão de exploração móvel

A figura 4.14 apresenta a velocidade no solo da estrutura do veículo em cada ponto do tempo durante a missão LIDAR terrestre. A velocidade da estrutura do veículo foi calculada utilizando a diferença entre os pontos sequenciais dividida pelo tempo. A Figura 4.14 reflecte os limites de velocidade durante o período em que o gasoduto efectuou a varredura. Os dados brutos recolhidos foram filtrados e combinados utilizando a técnica de cálculo da média. A filtragem é extremamente importante para remover todas as características indesejadas que possam ser captadas na área de interesse, o que afectará os resultados globais da análise. A análise analítica depende significativamente da velocidade do veículo e da resposta dos impulsos laser. No entanto, devido à grande quantidade de dados relativos à velocidade do veículo e às respostas dos impulsos laser, a unidade de velocidade de ensaio adoptada é de 0,1 km/h, que deve ser comparada com os impulsos médios nessa unidade de velocidade e tempo específicos.

De acordo com os objectivos declarados e a metodologia adoptada no livro, a análise ilustrou a totalidade dos impulsos laser observados em relação ao tempo e à velocidade do veículo. É de salientar que a diretriz da análise analítica dos dados é identificar a maior densidade de feixe laser observada em relação à velocidade do quadro e ao material do elemento. O feixe de laser observado representa claramente a resolução de modelação do elemento, sendo que o feixe de laser mais elevado observado reflecte uma melhor resolução do elemento. Foram analisadas duas observações LIDAR terrestres em dois locais diferentes. O passo inicial é identificar a localização exacta e a extensão da conduta; a localização foi identificada utilizando um levantamento GPS preciso (precisão de 2 a 5 cm). Depois de identificar a localização e a extensão da conduta, a extensão das latitudes e a extensão das longitudes serão também identificadas. Como resultado da declaração da extensão das latitudes e longitudes, o tempo e a velocidade do movimento da estrutura podem ser calculados. Os impulsos de feixe laser necessários podem ser analisados com precisão se o intervalo de tempo for identificado. Os conjuntos de dados iniciais incluirão os impulsos do feixe laser com a respectiva velocidade de fotogramas, sendo o tempo a principal ligação entre os dois conjuntos de dados.

As longitudes e latitudes das condutas foram identificadas em duas localizações de condutas, onde as velocidades dos fotogramas e a intensidade dos impulsos são também identificadas em função do tempo dentro da extensão das longitudes e latitudes das condutas. As unidades de velocidade dos fotogramas foram iniciadas de 0 km/h a 35 km/h durante o tempo e as coordenadas especificadas. Todos os impulsos do feixe laser relacionados foram processados para corresponder à respectiva velocidade de fotograma.

Foi efectuada uma análise pormenorizada dos dados para a velocidade do quadro principal (0 km/h a 35 km/h), a fim de se poder concluir qual o desempenho mais eficaz na identificação da localização das condutas de polietileno, em termos de velocidade e de intensidade/resposta dos impulsos do feixe laser. A análise concluiu que a resposta dos impulsos laser será a mais elevada quando a velocidade do veículo for de 14, 15 e 16 km/h. A matéria-prima dos impulsos laser foi captada em 776 pontos de tempo e velocidade; cada ponto de tempo/velocidade tem uma intensidade particular de resposta dos impulsos laser que se relaciona com a mesma superfície de reflexão. A resposta aproximada dos impulsos laser ao longo da área de interesse foi de cerca de 51.000.000 impulsos laser para cada limite de velocidade. A filtragem dos dados e o cálculo da média para cada unidade de velocidade (0,1 km/h) reduziram os pontos do tempo para 194, onde a resposta laser acumulada se aproxima dos 1 270 000 impulsos. Foi utilizado um nível avançado de cálculo da média dos dados para generalizar e sincronizar todos os pontos do tempo com 10 categorias de velocidade para cada limite de velocidade. A extensão das latitudes e longitudes foi identificada a partir de um levantamento físico no terreno utilizando observações precisas de GPS. A gama de latitudes (de 24.046500 a 24.047000) e longitudes (de 55.195000 a 55.196000) para a conduta digitalizada é apresentada nas Figuras 4.15 e 4.16.

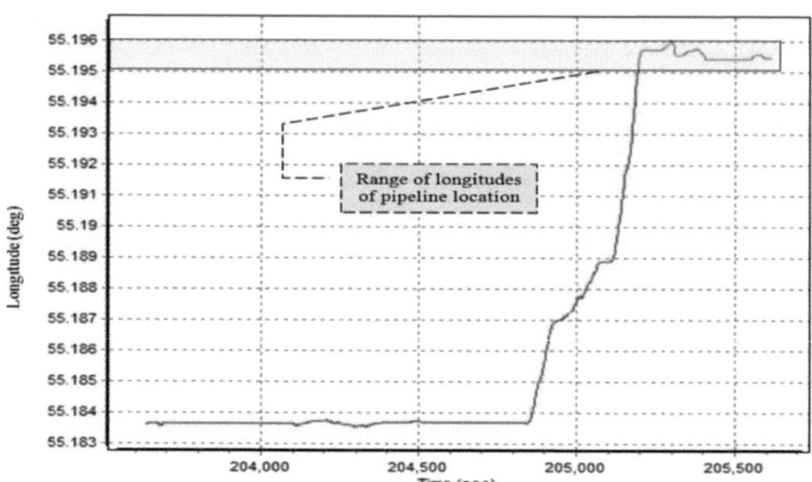

Figura 4.15.Longitudes da localização da conduta na zona de interesse em função do tempo de missão

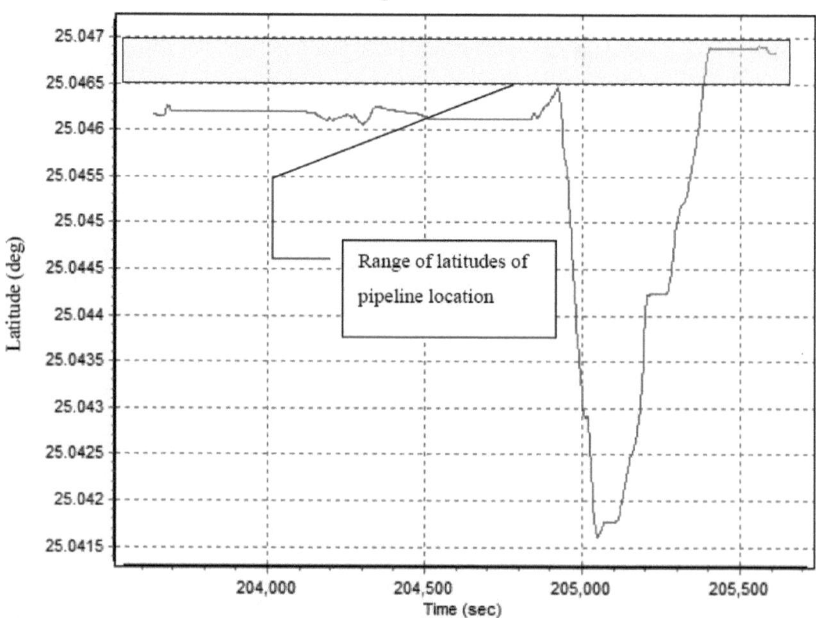

Figura4.16.Latitudes da localização da conduta na zona de interesse em função do tempo de missão

A localização da conduta e o respetivo tempo foram identificados utilizando as latitudes, longitudes e a velocidade do veículo. Nos casos em que a localização foi identificada utilizando a análise das latitudes e longitudes, o intervalo de velocidade foi identificado

148

utilizando o intervalo de tempo de observação. As técnicas de cálculo da média e de filtragem são implementadas para remover todos os registos indesejados e para sincronizar o tempo observado, a velocidade e os impulsos do feixe laser. O sistema laser móvel envia e recebe 200 impulsos por segundo em direcções positivas e negativas; ao mesmo tempo, o sistema regista a velocidade do quadro no solo a cada 0,02 segundos. Por conseguinte, existe um intervalo entre os impulsos do laser móvel registados (registo de 0,005 em 0,005 segundos) e a velocidade do quadro no solo (registo de 0,02 em 0,02 segundos). Os impulsos de laser foram diferenciados entre 0,005 e 0,02 segundos, de modo a sincronizar a velocidade de avanço do quadro com os impulsos de laser em cada momento específico. A positividade (+) e a negatividade (-) dos impulsos do feixe de laser móvel recebido representam a direção do feixe de laser; consequentemente, todos os valores negativos foram transferidos para valores absolutos antes da realização da análise. A figura 4.17 apresenta os impulsos do feixe laser observados em função da velocidade do veículo; a velocidade do veículo começou em (0 km/h) e terminou em (36 km/h). A resposta dos impulsos do feixe de laser observados foi de 10 000 (eficiência de 15%) quando a velocidade do veículo era de 0 km/h e, em seguida, a resposta dos impulsos do feixe de laser aumentou quase sistematicamente de 0 km/h para 13 km/h, altura em que a eficiência da resposta do laser aumentou para 45%. A resposta também diminuiu quase sistematicamente de 17 km/h (52% de eficiência) para 35 km/h (37% de eficiência).

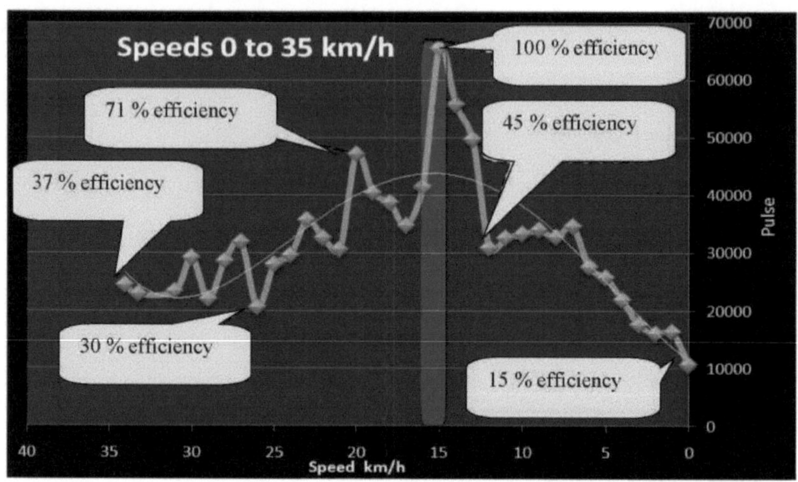

Figura 4.17. Relação entre a velocidade e a intensidade dos impulsos laser observados

No entanto, a resposta do feixe laser aumentou significativamente nas velocidades de 14 km/h (75% de eficiência), 15 km/h (85% de eficiência) e 16 km/h (100% de eficiência). A conclusão inicial deste gráfico reflecte que o reconhecimento da conduta (resolução mais elevada) pode ser obtido quando a velocidade do veículo se situa entre 14 km/h e 16 km/h. A análise analítica pormenorizada será ilustrada na análise da intensidade do feixe de resposta do LIDAR terrestre. A Figura 4.17 apresenta a relação concluída, que necessita de validação de valores para garantir que o comportamento da resposta do feixe laser em função da velocidade do veículo é consistente. A técnica de validação adoptada consiste em analisar outra localização da conduta e comparar as duas relações no que respeita à resposta do laser e à velocidade do veículo. Figura

4.18 apresenta a relação entre a resposta do feixe laser e a velocidade do veículo noutra localização da conduta. Os dois modelos/relações estão praticamente próximos um do outro.

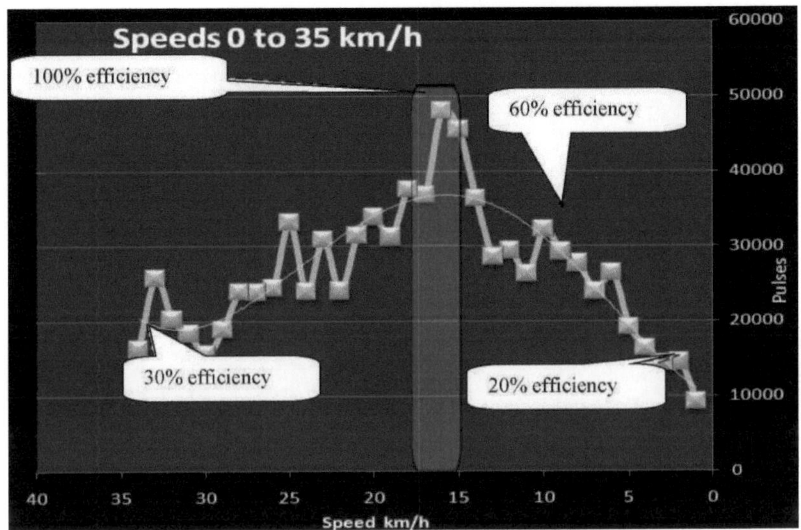

Figura 4.18. Relação entre a velocidade e a intensidade dos impulsos laser observados (segundo local da conduta)

O comportamento da resposta do laser é quase consistente em ambos os locais onde as magnitudes do feixe de laser não são iguais. As desigualdades nas magnitudes do feixe laser nos dois modelos são justificáveis devido ao facto de a superfície exposta das duas localizações da conduta não ser a mesma; no entanto, o comportamento da resposta é quase semelhante. Iniciou-se uma análise avançada para estudar a resposta do feixe laser quando a velocidade do veículo é de 15 e 16 km/h. A figura 4.19 mostra uma análise pormenorizada para as velocidades de 15 e 16 km/h em relação aos impulsos do feixe laser móvel observados. A figura 4.19 mostra duas partes principais que representam a resposta mais elevada dos impulsos do feixe laser móvel. A primeira porção perto de 16,1 km/h e a segunda porção perto de 16,9 km/h. A segunda conclusão inicial pode ser obtida a partir da Figura 4.19, em que a resolução mais elevada da conduta pode ser obtida quando a velocidade do sistema no solo se situa entre 16,1 km/h e 16,9 km/h.

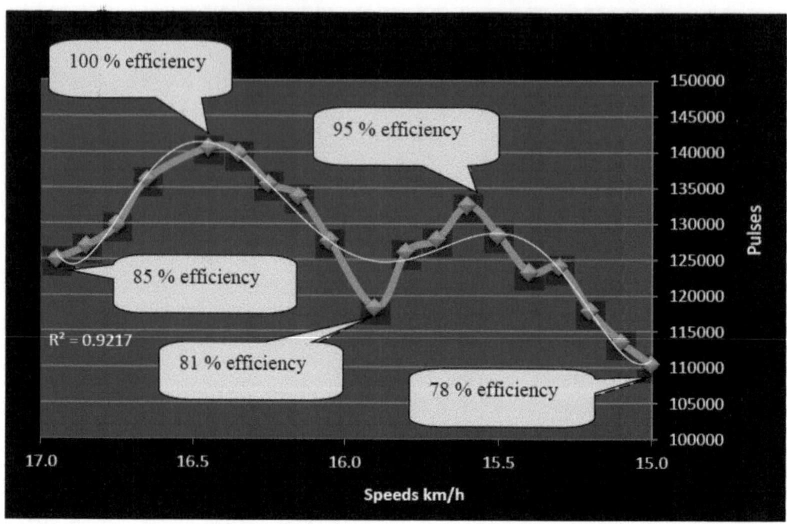

Figura 4.19. Análise de pormenor para as velocidades de 15 e 16 km/h em relação aos impulsos do feixe de laser móvel em causa

A combinação das velocidades de 15 km/h (78% de eficiência) e 16,5 km/h (100% de eficiência) pode ser prevista devido ao comportamento consistente e aceitável da resposta do laser. A consistência na resposta do laser pode ser reflectida na linha de tendência de regressão de elevado ajuste; onde $R^2 = 0,92$ para a linha de regressão acima. Por outro lado, a figura 4.19 mostra claramente que a resposta mais elevada observada do feixe laser é atribuída entre 16,0 e 16,9 km/h.

Foi ilustrada uma análise mais específica para interpretar os impulsos do feixe laser móvel quando a velocidade do sistema no solo é de 16,0 a 16,9 km/h. A figura 4.20 ilustra a intensidade da resposta do feixe laser móvel medida quando a velocidade do veículo no solo é de 16 km/h (16,0 a 16,9 km/h). Devido à forma do diagrama de distribuição gerado para a intensidade dos impulsos do feixe LIDAR terrestre e para as unidades de velocidade do veículo no solo, foi utilizado um modelo de regressão não linear. O modelo de regressão não linear polinomial (quadrático) de segunda ordem foi adotado para ajustar o modelo de observações de campo.

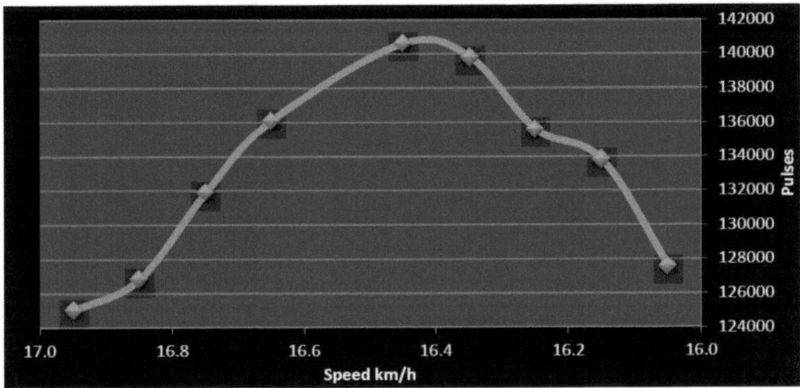

Figura 4.20: Diagrama de distribuição (parábola aberta para baixo) das unidades de velocidade medidas (de 16,0 a 16,9 km/h) correlacionadas com os impulsos do feixe laser observados

A derivada da equação polinomial de segundo grau (quadrática) para a intensidade dos impulsos laser móveis em função da velocidade do sistema no solo reflecte a taxa de variação dos impulsos laser móveis em função da velocidade. Utilizando a equação 3.2

$$MLPI(S) = -aS^2 + bS - C \dotfill 3.2$$

Em que MLPI significa (intensidade de impulso LIDAR terrestre);

Sis stands for (Ground Speed); a, coeficientes de cuidado da banda

Primeira derivada de um polinómio; utilizando a equação 3.2.1.

$$MLPI\ (S)' = -2aS + b \dotfill 3.2.1$$

Segunda derivada de um polinómio; utilizando a equação 3.2.2.

$$MLPI\ (S)'' = -2a \dotfill 3.2.2$$

O *MLPI (S)''* pode ser medido calculando a média da resposta de cada um dos dois impulsos laser móveis sequenciados a cada uma das duas velocidades sequenciadas do sistema no solo. A taxa de variação (média de cada sequência de impulsos laser móveis) foi concluída calculando a média de cada sequência de velocidades do sistema no solo de

16,0 km/h a 16,9 km/h.

A resposta média medida dos sinais positivos = Σ [resposta à velocidade de valor (i+1) +

resposta à velocidade de valor (i+2)]/2.

Tabela 4.6: As rectas tangentes podem ser calculadas calculando a média de cada um dos dois impulsos laser móveis sequenciais calculados para cada uma das duas velocidades sequenciais.

Valor	Velocidade km/h (S)	Resposta laser medida (MLR)	Resposta média medida dos factores positivos (taxa de variação)
0	16.0	127291	130833
1	16.1	133123	134853
2	16.2	135144	137793
3	16.3	139271	140097
4	16.4	144720	138373
5	16.6	136107	134268
6	16.7	131174	129644
7	16.8	126141	125998
8	16.9	125020	124998

Quadro 4.7: Modelo de análise de ajustamento para a intensidade dos impulsos do feixe de laser móvel (MLPI) para as velocidades de 16,0 km/h a 16,9 km/h

Velocidade km/h	M (MLPI)	C (MLPI)	Res	Adj_Res	AC (MLPI)
16.0	127291	128564	-1273	-862	127850
16.1	133123	133286	-162	399	133815
16.2	135144	136622	-1478	-879	135891
16.3	139271	138622	649	1022	139695
16.4	144720	139345	5375	1121	140499
16.6	136107	136764	-656	-517	136246
16.7	131174	133457	-2283	-1444	132289
16.8	126141	128843	-2703	-1878	126998
16.9	125020	122949	2070	1931	124998

O resíduo médio = 123,14

M (MLPI) = Valor medido dos impulsos LIDAR terrestres Intensificar

C (MLPI)= Valor calculado do valor dos impulsos LIDAR terrestres Intensificar

Res = Resíduo [M (MLPI) - C (MLPI)]

Adj_Res = Resíduo ajustado (Resíduo médio + Resíduo)

AC = Valor calculado ajustado (Calculado + Adj_Res)

A técnica de ajustamento adoptada depende principalmente do ajustamento dos resíduos (ajustamento por mínimos quadrados normais); o resíduo ajustado foi calculado adicionando a média dos resíduos a cada valor residual. Consequentemente, o resíduo ajustado será dedicado a partir do valor calculado para ajustar o valor calculado. O mesmo processo foi implementado para calcular o novo resíduo; onde o novo resíduo será a diferença entre os valores medidos originais e os valores calculados ajustados. O novo modelo foi criado com base nos valores calculados ajustados. O modelo de correlação foi criado entre a velocidade calculada e os valores residuais ajustados; a Figura 4.21 apresenta o modelo ajustado gerado.

O valor do *"MLPI(S)"* é calculado através do cálculo da média de todos os valores das taxas de variação apresentados no Quadro 4.6; em que *o "MLPI(S)"* = 132984

Utilizando a equação da segunda derivada do polinómio (3.2.2)

$$MLPI\ (S)'' = -2a \rightarrow MLPI\ (S)'' = -2a = 132984 \rightarrow a = -132984 \div 2$$

$$a = -66492$$

Utilizando a equação da primeira derivada do polinómio (3.2.1)

MLPI (S)' = -2aS + b

Utilizando as respostas medidas dos impulsos laser móveis, em que MLPI (S)' constitui a taxa de variação das respostas dos impulsos laser móveis.

MLPI (S)'' = Resposta mais elevada - resposta mais baixa

MLPI (S)' = 144720.4- 125020 = 19700.4

Utilizando a equação 3.1.1

$$MLPI\ (S)' = -2 \times 66492 \times 16.6 + b$$

$$-19700.4 = -2 \times 66492 \times 16.6 + b$$

$$b = -19700.4 + (2 \times 66492 \times 16.6)$$

$$\boldsymbol{b = 2187834}$$

Utilizando a equação polinomial original (3.2); onde os valores de a e b são calculados. Utilizando o *MLPI* medido à velocidade de 16,6 km/h e compensando-o na equação 3.2

$$MLPI\ (S) = -aS^2 + bS - C$$

$$MLPI\ (S) = -66492 \times 16.6^2 + 2187834 \times 16.6 - C$$

$$14722972.32 = -66492 \times 16.6^2 + 2187834 \times 16.6 - C$$

$$\boldsymbol{C = -17859}$$

Assim, a equação polinomial quadrática final é.

$$MLPI\ (S) = -66497 \times S^2 + 2187834 \times S - 17859 \dots\dots\dots\dots\dots\dots\dots\dots\dots 4.1$$

$R^2 = 0{,}94$; (ajuste da regressão)

Utilizando a equação 4.1, os valores medidos da velocidade do sistema no solo entre 16,0 km/h e 16,9 km/h foram calculados utilizando o modelo de regressão ajustado na equação 4.1. Os valores de velocidade calculados foram utilizados para desenhar o modelo de ajuste ilustrado na figura 4.21 (linha branca).

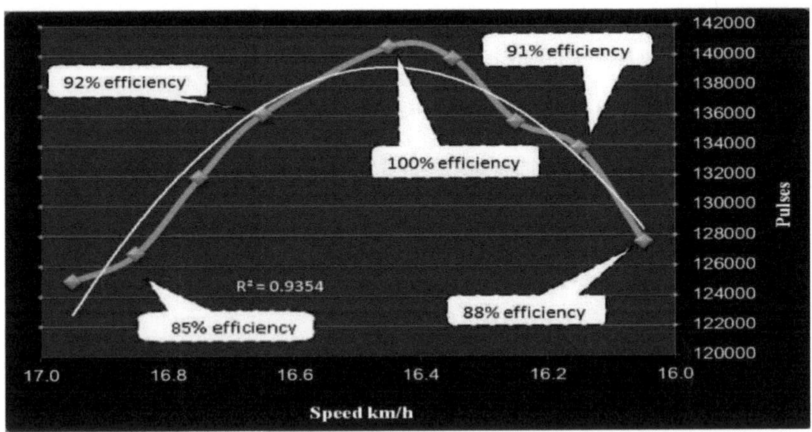

Figura 4.21: Modelo para unidades de velocidade medidas e calculadas (de 16,0 a 16,9 km/h) correlacionadas com os impulsos observados do feixe laser

A figura 4.21 representa a relação matemática para o comportamento da intensidade dos impulsos do feixe laser móvel em função das unidades de velocidade do veículo no solo (16,0, 16,1 ... 16,9) km/h. O modelo supra é apresentado na figura 4.22 para a velocidade de 16 km/h e foi ajustado para melhorar o ajuste da regressão, permitindo uma melhor previsão da intensidade dos impulsos do laser móvel. O modelo foi ajustado de acordo com a análise seguinte.

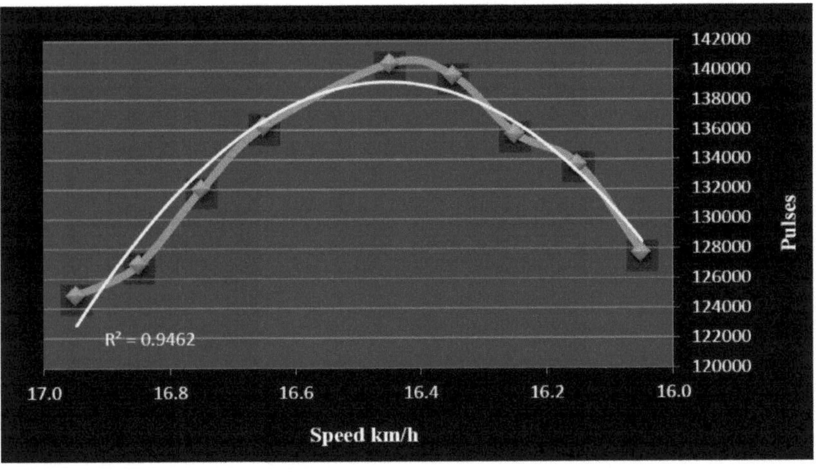

Figura 4.22. Modelo ajustado para a velocidade 16,0 16,9 km/h a 16,9 km/h correlacionado com impulsos de feixes laser

A regressão do modelo polinomial de segunda ordem apresenta a intensidade ajustada dos impulsos do feixe laser móvel e o modelo da unidade de velocidade do veículo no solo, em que o qui-quadrado é próximo de 95%; ver figura 4.21.

4.4.2 Modelo de extração para identificar as missões laser móveis de velocidade no solo com desempenho mais eficiente para monitorizar a conduta de polietileno.

O livro desenvolve um modelo de extração para identificar a velocidade do sistema no solo de forma a obter o desempenho mais eficiente na realização de missões LIDAR terrestres de infra-estruturas de condutas/cabos de polietileno. Seguem-se os principais passos utilizados durante a extração do modelo.

• Planear o rastreio de uma conduta desobstruída/exposta com vários limites de velocidade (0 a 35 km/h)

• Filtragem e sincronização de localizações, impulsos de feixes laser e velocidades no solo

• Remover todos os registos indesejados

• Realizar todas as actividades de pós-processamento para todas as observações

• Criar o modelo de superfície 3D a partir dos dados da nuvem de pontos corrigidos geometricamente

• Identificar a localização exacta da conduta (local) a partir do modelo de superfície 3D

• O resultado da localização do gasoduto apresentado no modelo 3D no sistema local projetado (projeção DLTM)

• A hora da missão laser só pode ser reconhecida em relação às coordenadas geográficas (longitudes e latitudes) (WGS84)

• Levantamento preciso das localizações da extensão das condutas utilizando uma estação de referência GPS e técnicas de pós-processamento para identificar a localização exacta de modo a corresponder ao tempo da missão

• Sobrepor as localizações da extensão das condutas estudadas com a localização transformada da extensão das condutas extraída do modelo de superfície 3D.

• Identificar o intervalo de tempo relacionado com o rastreio da conduta durante a missão LIDAR terrestre

• Identificar a resposta mais elevada do feixe laser móvel através da análise de todos os registos de missão

• Análise da resposta da intensidade do feixe laser recebido pela conduta em cada limite de velocidade (0 a 35 km/h)

• Identificar a resposta mais elevada do feixe laser utilizando a técnica de cálculo da média (a resposta média do laser para cada limite de velocidade)

• Medir a parte da superfície exposta da conduta onde a resposta do feixe laser foi mais elevada

• Desenvolver um método matemático para refletir a relação entre as superfícies expostas da conduta e a resposta do feixe laser móvel.

Seguindo os passos anteriores, o método matemático concluído identifica o melhor limite de velocidade para a missão LIDAR terrestre, quando os materiais da tubagem/cabo são polietileno. A equação 4.2 mostra o modelo desenvolvido para extrair o limite de velocidade da missão de varrimento laser para qualquer tipo de material de tubagem/cabo de polietileno, em que o diâmetro é medido.

4.4.3 Resumo técnico dos cálculos de termos de equação

• Prm (Perímetro) foi recolhido do local (inspeção visual)

• O HLPC foi calculado de acordo com as seguintes etapas:

A- Identificar todas as respostas dos impulsos laser observados a partir das velocidades relacionadas com a conduta

B- Remover todos os valores indesejados (erro) (laser para poeiras ou laser de objectos próximos do limite da conduta); estes valores são claramente reconhecidos quando a resposta do laser é totalmente diferente.

C- Classificar cada unidade de velocidade com a respectiva resposta laser

D- Calcular o impulso laser médio para cada unidade de velocidade

$$\text{Average laser pulse} = \sum_{i=1}^{n} \frac{P_{i+1}+P_{i+2}+P_{i+3}+\cdots..+P_n}{n} \qquad \text{.......................... 4.5}$$

A medição de campo para Perímetro = 175 cm, onde a resposta laser mais elevada para a conduta quando Perímetro = 175 é = 127,111 onde a velocidade relacionada = 16,49.

$$\text{HLPC} = \frac{127,111}{175} = 726.35 \qquad \text{...4.5.1}$$

Este valor de HLPC (726,35) é a resposta laser mais elevada possível observada por cm, pelo que a equação da velocidade será a seguinte

$$S = \frac{Prm \times HLPC}{C} \qquad \text{... 4.5.2}$$

S: Velocidade (km/h),

Prm: Perímetro (cm)

HLPC: Constante de impulso de laser elevado = 726,35

Onde C (constante) é necessário para que a parte esquerda seja igual à parte direita da equação. A constante foi calculada utilizando a mesma equação em que os valores de velocidade, HLPC e Prm são todos conhecidos, exceto o valor C.

S = 16,49, HLPC = 726,35, Prm = 175, C é desconhecido

$$16.49 = \frac{175 \times 726.35}{C}$$

Onde, C (Constante) = 7708,38

A velocidade de avanço do sistema, a superfície exposta (perímetro) da conduta e a resposta do laser para o material de polietileno podem ser matematicamente correlacionadas, sendo a resposta do laser para os materiais de polietileno sempre constante, mas a superfície exposta da conduta é normalmente diferente. Na prática, os objectos de grandes dimensões (grande superfície exposta) são melhor observados, pelo que existe uma relação entre a superfície exposta do material de polietileno e a velocidade de avanço do sistema mais eficiente. A equação 4.6 representa a relação matemática para identificar a velocidade de missão do LIDAR terrestre mais eficiente (km/h).

$$S = \frac{Prm \times 726.35}{7708.38} \dotfill 4.6$$

A equação 4.6 foi validada recalculando a missão LIDAR terrestre e

o limite de velocidade utilizando a equação e comparando-a com o limite de velocidade recolhido. A Tabela 4.8 ilustra as diferenças entre o limite de velocidade recolhido e a resposta do feixe laser com os valores extraídos utilizando a equação desenvolvida para o limite de velocidade e a resposta do laser.

Tabela 4.8. Comparação entre os valores medidos e calculados (utilizando a equação)

Diâmetro original *(cm)*	Perímetro do tubo exposto *(cm)*	Resposta laser mais elevada *(impulsos calculados)*	Avg. Velocidade média *(km/h Calculado)*	Velocidade média Velocidade *(km/h medida)*	Aveg. Resposta laser *(impulsos medidos)*
75	175	127,111.25	16.5	16.49	124,111
40	104.7	76,048.85	9.9	9.4	72,365.00
21	55	39,949.25	5.2	4.9	37,482.00

| 16 | 41.9 | 30,434.07 | 4.0 | 3.6 | 27,876.00 |
| 9.5 | 24.9 | 18,086.12 | 2.3 | 2.2 | 16,655.00 |

A Figura 4.23 representa a relação matemática entre a velocidade medida do sistema e a velocidade calculada do sistema.

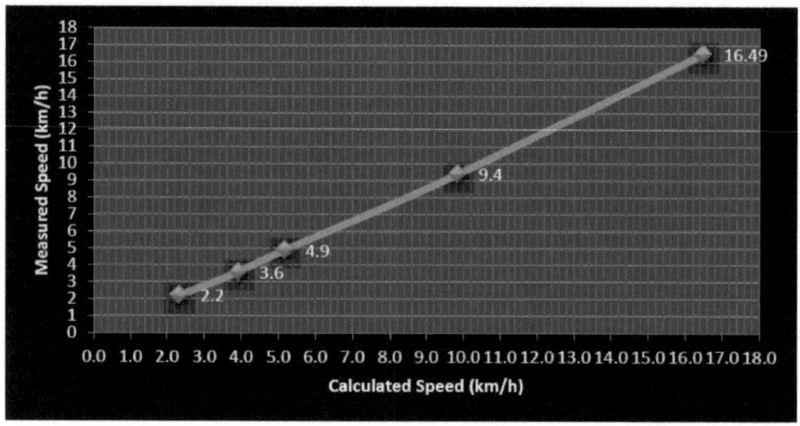

Figura 4.23 Resposta do laser medida correlacionada com a velocidade medida

A relação matemática é uma relação linear, David et al., (2011) representa a relação linear da seguinte forma:

$$f(x) = aX + b \dots\dots 4.7$$

Em que Y é a velocidade medida, X é a velocidade calculada, A e B são constantes. A derivada da equação linear para a velocidade calculada do sistema em relação à velocidade medida do sistema reflecte a taxa de variação da velocidade calculada do sistema em relação à velocidade medida do sistema, utilizando a equação 4.7.

$$S_M = aS_C + b \dots\dots 4.7$$

Em que S_M representa a (Velocidade medida); S_c representa a (Velocidade calculada) *a* e

coeficientes nus

Derivada de equações lineares; utilizando a equação 4.7.1.

$$(S_M)' = a \dots\dots\dots\dots\dots\dots\dots\dots\dots\dots\dots\dots\dots\dots\dots\dots 4.7.1$$

A $(S_M)'$ pode ser medida calculando a taxa média de variação da velocidade medida (16,49, 9,4, 3,6, 2,2) km/h em relação à velocidade calculada do sistema, ver figura **4.30**.
O valor médio calculado para $(S_M)' = 1,0124$

$a= 1.0124$

Utilizando a equação linear (4.7)

$$S_M = aS_C + b$$

$$S_M = aS_C + b$$

$$16.49 = 1.0124 \times 16.5 + b$$

$$b = -0.28345;$$

→ *b quando a velocidade catenária é de 16,5 km por h, a mesma equação utilizada para calcular o valor de b para os outros valores de velocidade calculados* (9,9, 5,2, 3,9,2,3)

O valor médio de *b* para as velocidades medidas e calculadas apresenta o

$$b = -0.378$$

Assim, a equação polinomial quadrática final é

$$S_M = aS_C + b$$

$$S_M = 1.0124 S_C - 0.378 \dots\dots\dots\dots\dots\dots\dots\dots\dots\dots\dots\dots\dots\dots\dots\dots\dots\dots\dots 4.8$$

$R^2 = 0,99$; (ajuste da regressão)

Utilizando a equação 4.8, os valores medidos da velocidade do sistema e o modelo de regressão da velocidade do sistema calculado é $R^2 = 0,99$, conforme ilustrado na figura 4.24 (linha branca).

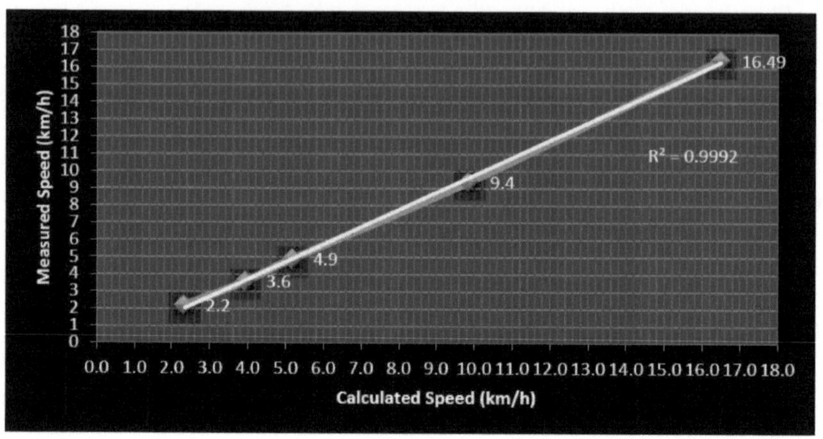

Figura 4.24: Modelo de regressão para a velocidade medida e a velocidade calculada

4.4.4 Síntese técnica geoespacial de outros objectos geoespaciais

A tecnologia LIDAR terrestre é muito rica em objectos geoespaciais, o livro gerou uma metodologia de reengenharia para detetar e recolher uma das redes de infra-estruturas (condutas de polietileno). O mesmo conceito de metodologia de reengenharia pode ser facilmente implementado para obter a melhor possibilidade de deteção laser móvel para outros objectos geoespaciais. O livro utilizará o mesmo conceito, identificando a resposta laser mais eficiente para os edifícios da cidade (material de betão). A melhor resposta laser reflecte os detalhes mais observáveis do edifício digitalizado. Os edifícios são considerados como grandes objectos geoespaciais, onde podem ser detectados; no entanto, conhecer a melhor velocidade do sistema que se harmoniza com as características do material de betão produzirá o maior número possível de detalhes.

4.4.4.1 O desempenho mais eficiente para monitorizar geoespacialmente os materiais de betão utilizando a metodologia LIDAR terrestre

O planeamento de missões LIDAR terrestres para atualizar a base de dados espaciais dos edifícios é semelhante ao planeamento de missões para atualizar as condutas de infra-estruturas de polietileno. A principal diferença é a dimensão dos objectos: as condutas de infra-estruturas são muito pequenas em comparação com os edifícios da cidade. Os

164

impulsos do feixe laser móvel distribuem-se por uma ou duas centenas de centímetros, podendo atingir milhares de centímetros no caso dos edifícios. A diferença na extensão e tamanho dos objectos afecta principalmente a resolução, sendo os edifícios observados em quase todas as missões LIDAR terrestres; no entanto, alguns dos detalhes dos edifícios podem não ser observados. A identificação da resposta do feixe laser móvel do betão (materiais da fachada do edifício) e a sua relação com a velocidade do sistema no solo permitirão identificar a melhor velocidade do sistema no solo para a realização de missões de varrimento de edifícios. A identificação da melhor velocidade e da maior resposta do laser móvel dos edifícios reflectirá o nível de pormenor das fachadas dos edifícios. A correlação entre a velocidade do solo, o material do edifício e a resposta dos impulsos do laser móvel é modelada para medir a resposta do laser móvel por centímetro.

Figura 4.25. Localização dos edifícios digitalizados com o modelo 3D resultante

A Figura 4.25 mostra a localização dos edifícios digitalizados utilizando a tecnologia LIDAR terrestre; o modelo de superfície 3D resultante representa as elevações em valores codificados por cores. A Figura 4.25 apresenta a viabilidade da utilização da tecnologia LIDAR terrestre na monitorização e recolha dos edifícios da cidade, onde a densidade de pontos 3D será distinta por centímetro devido à distinta velocidade do sistema no solo.

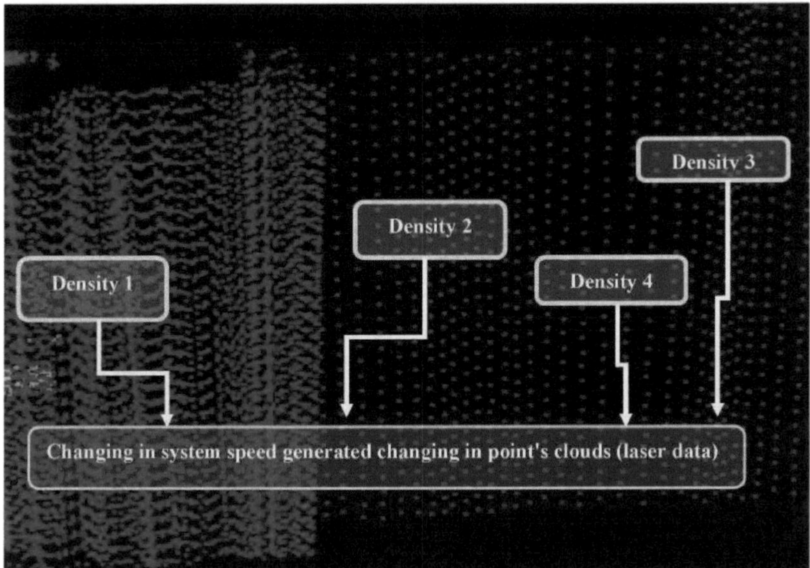

Figura 4.26. Diferentes velocidades do sistema no solo produzem alterações na densidade dos pontos laser

A alteração da velocidade do sistema no solo reflecte principalmente uma variação da densidade dos feixes laser móveis. A Figura 4.26 mostra as diferentes densidades de pontos no mesmo objeto material. As respostas mais densas do laser móvel (pontos mais densos) produzem mais detalhes do objeto geoespacial estudado. A Figura 4.27 mostra as respostas dos impulsos do laser móvel medidos no terreno a cada unidade de velocidade. O valor de 334 640 impulsos é o valor mais elevado medido pelo feixe de laser móvel, em que a velocidade do sistema no solo correspondente é de 13 km/h (100% de eficiência). A resposta mais baixa do laser móvel é de 75 517 impulsos, quando a velocidade do sistema no solo correspondente é de 23 km/h (16% de eficiência). As velocidades de 12 e 17 km/h reflectem uma resposta muito positiva dos impulsos do feixe de laser móvel.

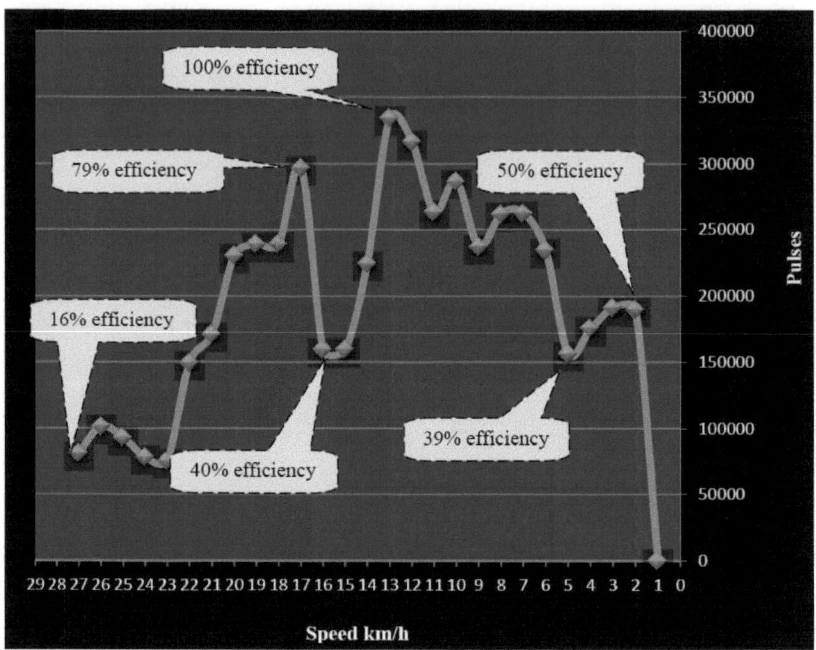

Figura 4.27. Resposta dos impulsos de laser móvel para o material da fachada de betão do edifício

A medição de campo para a altura do edifício = 800 cm, em que a resposta laser mais elevada para o edifício quando o Perímetro = 800 é = 334.640 pluses; em que a velocidade do veículo relacionada é de 13 km/h.

$$\text{HLPC} = \frac{334640}{800} = 418$$

Este valor de HLPC (396) é a resposta laser mais elevada possível observada por cm, pelo que a equação da velocidade será a seguinte

$$S = \frac{Length \times HLPC}{C} \quad\quad\quad\quad 4.5.2$$

S: Velocidade (km/h),

HLPC: Constante de impulso laser elevado = 418

Onde C (constante) é necessário para que a parte esquerda seja igual à parte direita da equação. A constante foi calculada utilizando a mesma equação em que os valores de velocidade, HLPC e comprimento são todos conhecidos, exceto o valor C.

S = 13, HLPC = 396, Comprimento = 100, C é desconhecido

$$13 = \frac{800 \times 418}{C}$$

Em que, C (constante) = 25723

Equação para calcular a velocidade mais eficiente da missão LIDAR terrestre (km/h)

$$S = \frac{Length \times 418}{25723} \dotfill 4.7$$

4.4.5 Ajuste de localização e orientação utilizando o método dos mínimos quadrados

O quadro de referência da trajetória foi ajustado antes da realização da análise analítica. A ideia subjacente ao ajustamento é o efeito da combinação das correcções da estação de referência GNSS com dados GPS em tempo real e dados LIDAR terrestres. O principal ajustamento reflecte-se nas localizações dos pontos (latitude, longitude e altitude). O pós-processamento dos dados GPS de navegação em tempo real recolocará a localização de cada ponto no local correto (dentro do nível de precisão da observação). A localização de cada ponto (longitude, latitude e altitude) está correlacionada com o momento ao longo da missão. Como resultado das correcções geométricas das latitudes, longitudes e altitudes, a hora de cada ponto será corrigida. Consequentemente, a correlação dos dados da IMU e da velocidade do sistema no solo com a nova série de temporização será ajustada. A versão 5.2 do Applanix PosPac foi adoptada para implementar as correcções geométricas das observações utilizando o método de ajustamento dos mínimos quadrados.

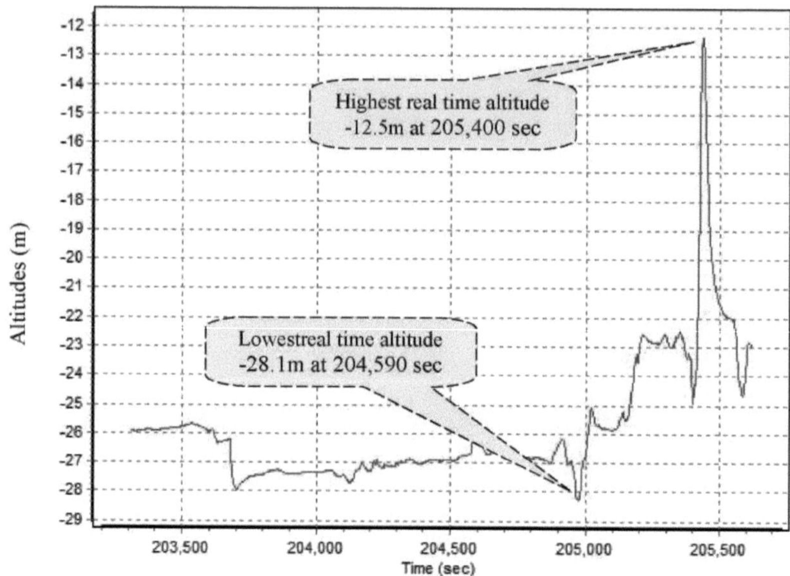

Figura 4.28. Quadro de referência da trajetória em tempo real - dimensão altitude

A importância do ajustamento é obviamente realçada nos valores de altitude em função do tempo na Figura 4.25 (observações em tempo real) e na Figura 4.28 (observações ajustadas). É sabido que a precisão da altitude, da longitude e da latitude é essencial para a construção de um modelo de superfície 3D exato e eficiente.

O valor mais elevado de altitude em tempo real é de -12,5 m registado a 205,400 s, sendo o valor mais elevado de altitude ajustada de -22,3 m registado a 205,300 s. Do mesmo modo, o valor mais baixo de altitude em tempo real é de -28,1 m registado a 204,590 s, sendo o valor mais baixo de altitude ajustada de -28,3 m registado a 203,515 s. A Figura 4.28 mostra os valores de altitude em tempo real ao longo da missão LIDAR terrestre, em que todos os valores de altitude são apresentados numa altura elipsoidal.

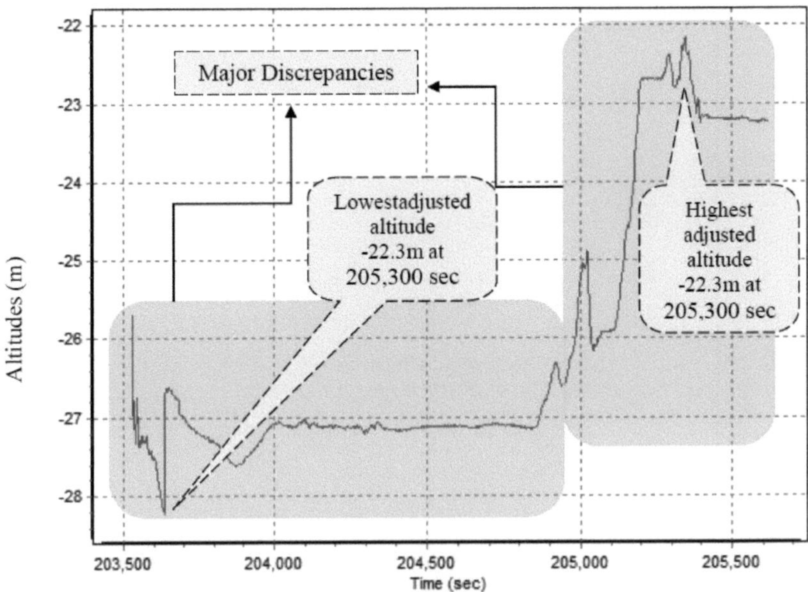

Figura 4.29. Quadro de referência da trajetória ajustada - dimensão altitude

A Figura 4.29 mostra os valores de altitude ajustados; onde as alturas elipsoidais (altitudes) foram rectificadas em relação ao modelo geoide existente construído no município de Dubai. O valor do geoide na área de interesse é 34,1 m; onde todos os valores de altitude precisam ser adicionados a 34,1 m. As Figuras 4.27 e 4.28 apresentam modificações significativas onde o ajuste ocorre.

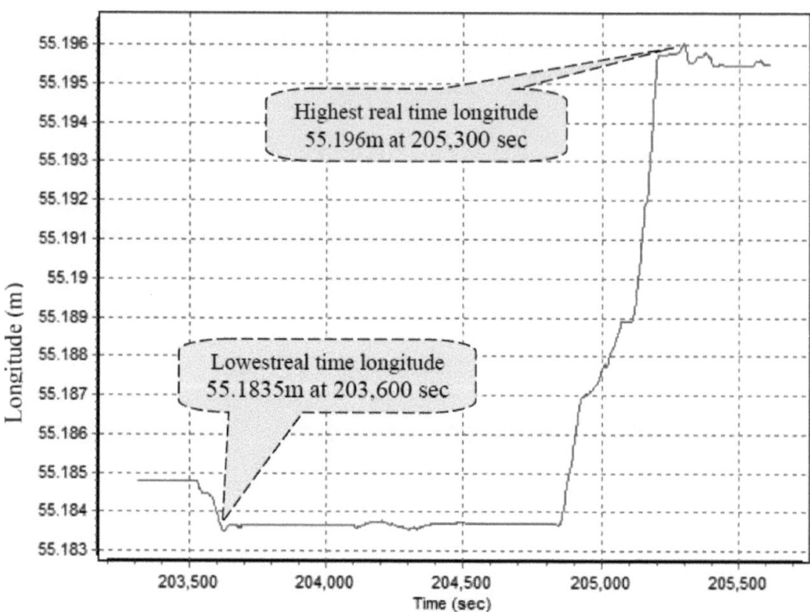

Figura 4.30. Quadro de referência da trajetória em tempo real - dimensão longitude

A figura 4.30 apresenta os valores de longitude do quadro de referência da trajetória em tempo real, em que estas longitudes foram rectificadas utilizando as correcções das estações de referência GNSS. A Figura 4.28 mostra os valores de longitude após a aplicação do ajustamento por mínimos quadrados.

O valor mais elevado de longitude em tempo real é 55,196 m registado a 205,300 s, sendo o valor mais elevado de longitude ajustada 55,196 m registado a 205,250 s. Do mesmo modo, o valor mais baixo de longitude em tempo real é 55,1835 m registado a 203,600 s, sendo o valor mais baixo de longitude ajustada 55,1835 m registado a 203,600 s.

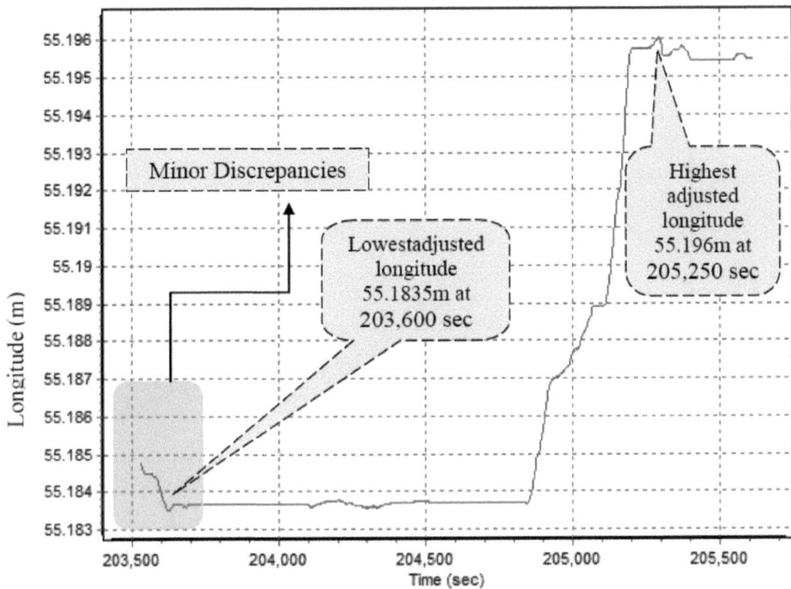

Figura 4.31. Quadro de referência da trajetória ajustada - dimensão da longitude

Há modificações significativas no início da missão, em que a precisão relativa se torna muito boa durante a missão. As modificações no início da missão afectaram a série temporal global. As figuras 4.30 e 4.31 apresentam os valores de discrepância, indicando que as principais fontes de resíduos são geradas pelos valores de altitude. Os valores de latitude e longitude não estão a gerar resíduos significativos, como se pode ver claramente nas Figuras 4.32 e 4.33.

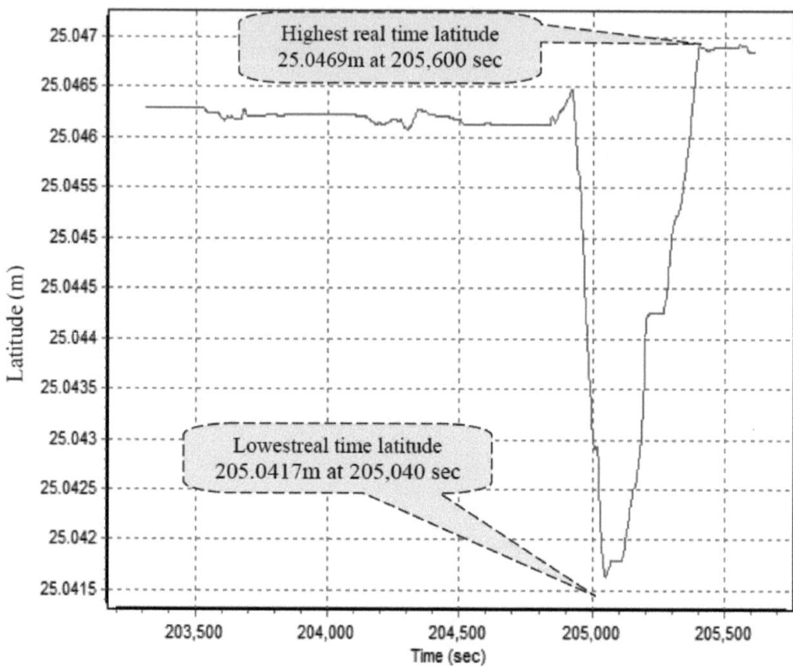

Figura 4.32. Quadro de referência da trajetória em tempo real - dimensão da latitude

A figura 4.32 mostra os valores da latitude da estrutura de referência da trajetória em tempo real, em que os valores da latitude apresentam um comportamento muito próximo dos valores da latitude ajustados. A figura 4.33 mostra os valores ajustados da latitude do quadro de referência da trajetória, uma vez que não há discrepâncias significativas entre os valores. O valor mais alto de latitude em tempo real é 55,196 m registado a 205,300 s, sendo o valor mais alto de latitude ajustado 55,196 m registado a 205,250 s. Do mesmo modo, o valor mais baixo de latitude em tempo real é 55,1835 m registado a 203,600 s, sendo o valor mais baixo de latitude ajustado 55,1835 m registado a 203,600 s.

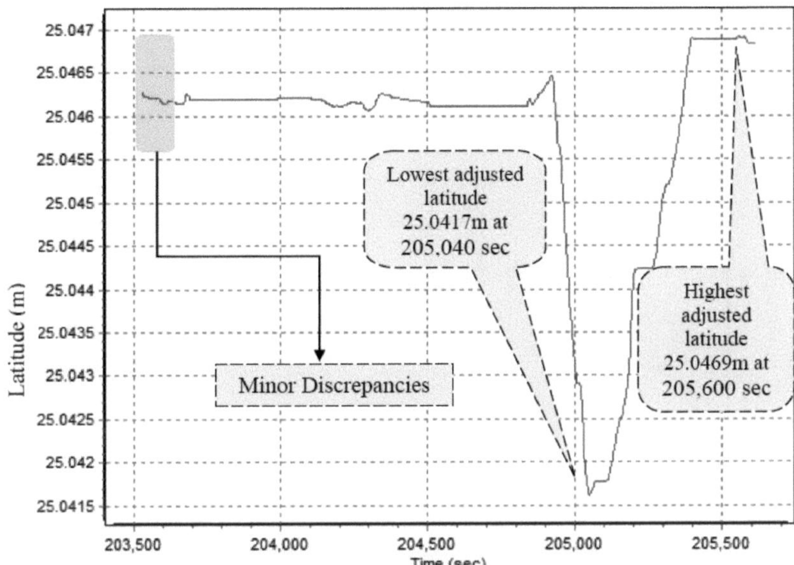

Figura 4.33. Quadro de referência da trajetória ajustada - dimensão da latitude

A proximidade dos comportamentos em termos de longitude e latitude, tanto nas observações em tempo real como nas observações ajustadas, deve-se à correcta inicialização do sistema antes da realização da missão LIDAR terrestre. A ligação em tempo real com a estação de referência GNSS através de rádio produz um posicionamento exato.

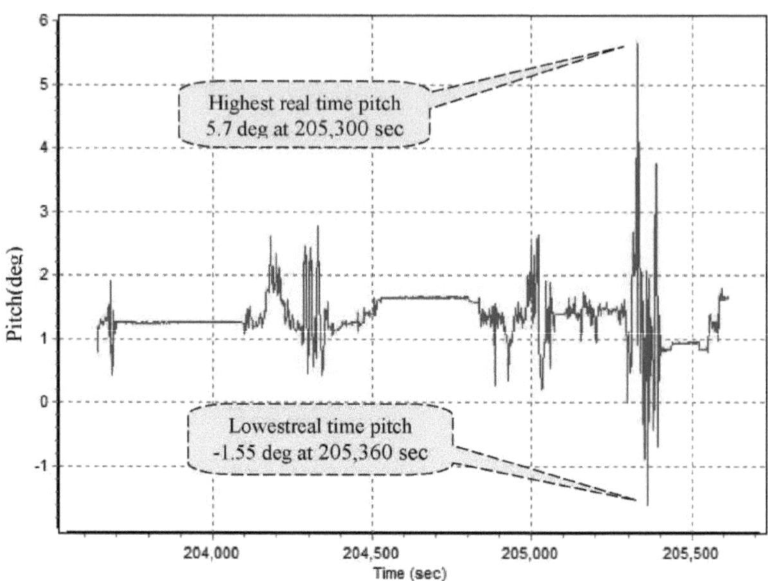

Figura 4.34: Direcções da missão da IMU em tempo real - direção de inclinação

A figura 4.34 apresenta os valores da orientação da inclinação do sistema em tempo real. Todos os valores de orientação da inclinação são medidos em graus. De acordo com as modificações nas séries de tempo da missão após a implementação do ajustamento das observações pós-processamento, os valores da orientação da inclinação em tempo real serão ajustados. A figura 4.35 mostra os valores ajustados da orientação da inclinação do sistema, onde foram efectuadas discrepâncias significativas nos graus de orientação da inclinação em tempo real. O valor mais alto de inclinação em tempo real é de 5,7 graus, registado a 205,300 s, enquanto que o valor mais alto de inclinação ajustado é de 6,9 graus, registado a 205,340 s. Do mesmo modo, o valor mais baixo de inclinação em tempo real é de -1,55 graus, registado a 205,360 s, enquanto que o valor mais baixo de inclinação é de -1,3 graus, registado a 205,385 s.

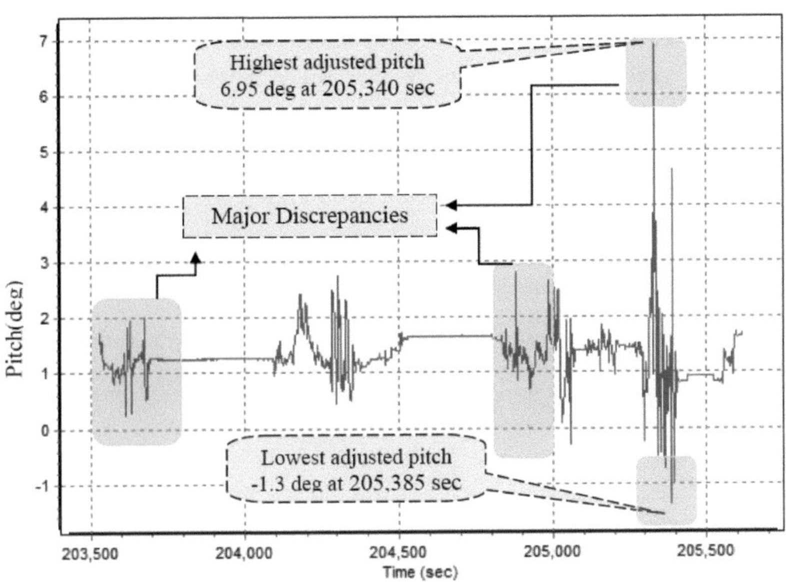

Figura 4.35. Direcções de missão da IMU ajustadas - direção de inclinação

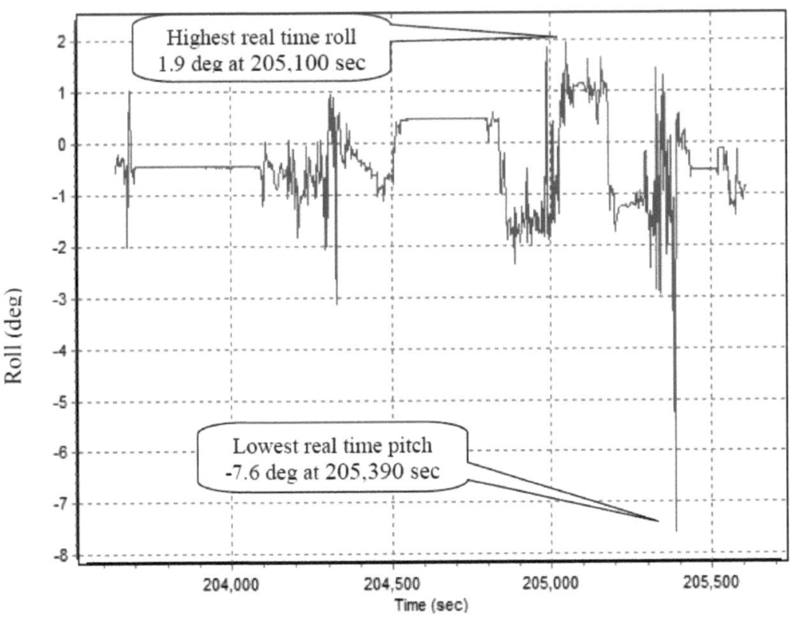

Figura 4.36. Direcções da missão da IMU em tempo real - direção de rolamento

As figuras 4.36 e 4.37 mostram as discrepâncias entre os valores de rolamento em tempo real e os valores de rolamento ajustados. As principais discrepâncias são geradas durante o início da missão LIDAR terrestre. Há algumas discrepâncias produzidas a meio da missão, mas a maior parte das discrepâncias ocorre no início da missão. O valor mais elevado de rolamento em tempo real é de 1,9 graus registado a 205,100 s, enquanto o valor mais elevado de rolamento ajustado é de 2,12 graus registado a 205,070 s. Do mesmo modo, o valor mais baixo de rolamento em tempo real é de -7,6 graus registado a 205,390 s, enquanto o valor mais baixo de rolamento ajustado é de -7,96 graus registado a 205,395 s.

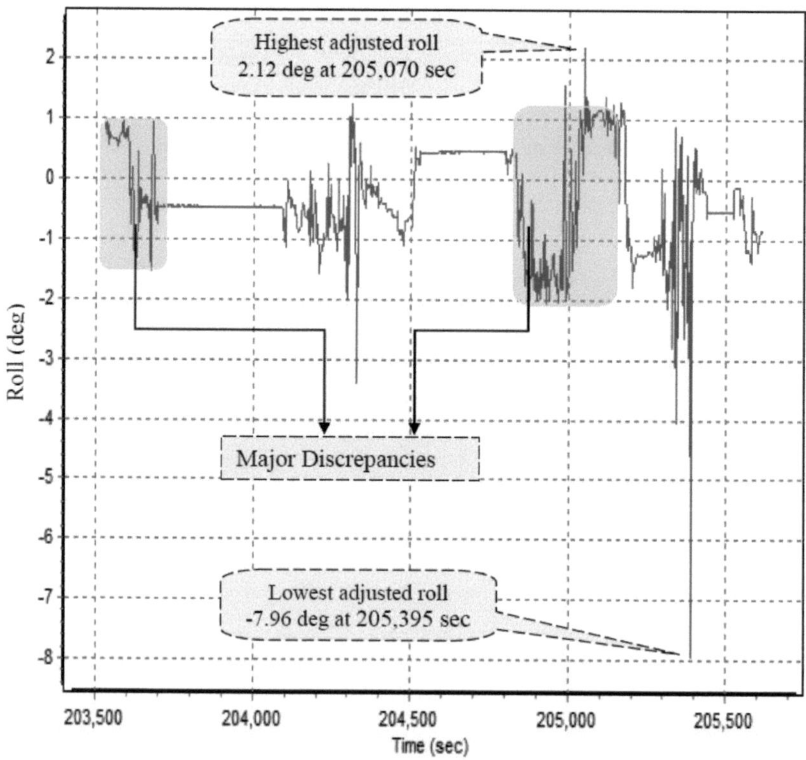

Figura 4.37: Direcções de missão da IMU ajustadas - direção de rolamento

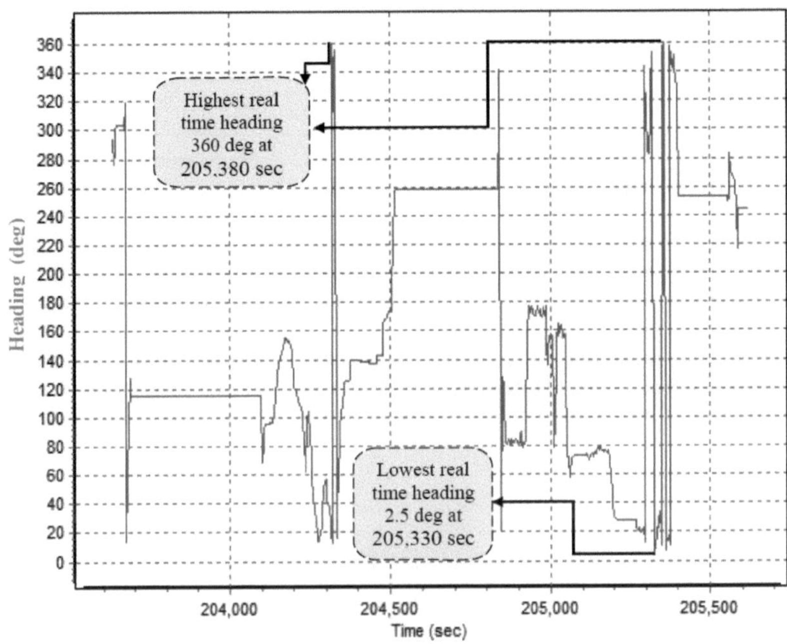

Figura 4.38. Direcções da missão da IMU em tempo real - direção do rumo

As figuras 4.38 e 4.39 representam as discrepâncias entre os valores de rumo em tempo real e os valores de rumo ajustados. A mesma situação também é observada; a maior fonte de discrepâncias é gerada durante o início da missão. A precisão absoluta foi melhorada utilizando o ajustamento da estação de referência GNSS; por outro lado, a precisão relativa foi aceitável após o início do sistema. A Figura 4.39 mostra uma discrepância principal que foi ajustada usando o ajuste de mínimos quadrados. O valor mais elevado do rumo em tempo real é de 360 graus, registado a 205,380 segundos, enquanto o valor mais elevado do rumo ajustado é de 360 graus, registado a 205,380 segundos.

é de 2,5 graus registado a 205,330 s, sendo o valor mais baixo ajustado de rolamento de
-2,5 graus registado a 205,330 s.

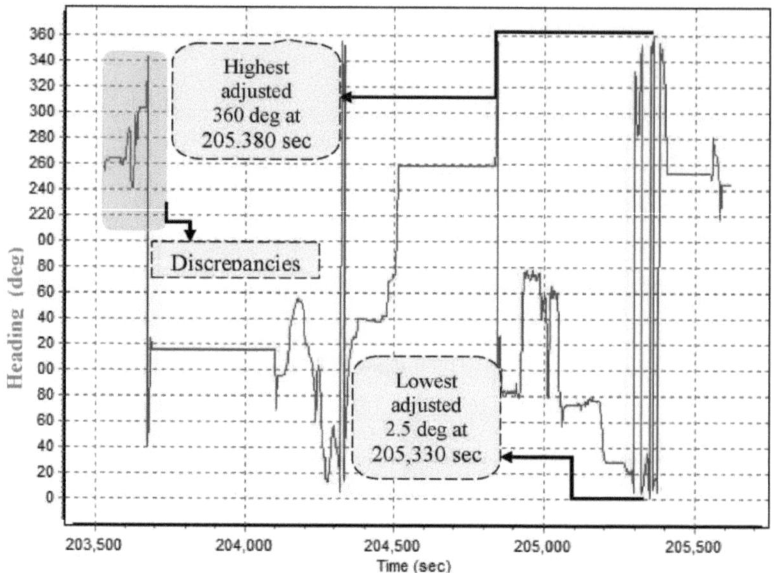

Figura 4.39: Direcções de missão da IMU ajustadas - direção do rumo

O principal ajustamento é ilustrado apenas na direção de inclinação, em que as direcções

de rotação e de rumo apresentam apenas algumas discrepâncias. A inicialização do

sistema está normalmente a gerar algumas discrepâncias, sendo preferível eliminar estas

partes dos dados antes de efetuar qualquer análise analítica ou processamento de dados.

4.5 Modelo 3D com código de cores resultante

O objetivo da investigação e análise do comportamento dos feixes laser móveis para as

redes de infra-estruturas de polietileno é poder detetar e localizar as redes de infra-

estruturas de polietileno e actualizá-las no fluxo de trabalho geoespacial antes de realizar

quaisquer actividades físicas, como a manutenção. Os dados laser são apresentados em

coordenadas XYZ, que podem ser facilmente modeladas num modelo de superfície 3D.

O modelo 3D reflecte a visualização das condutas de polietileno antes de se proceder à

extração de características para atualizar o armazém geoespacial. O modelo 3D

180

codificado por cores resultante é apresentado na Figura 4.40. A missão LIDAR terrestre cobriu a maior parte da zona um da DJA. As áreas não cobertas estão representadas a preto, onde o feixe laser foi totalmente absorvido ou não foi refletido nas placas do sensor do scanner. A cor preta também pode não ter sido coberta durante a varredura devido à acessibilidade da área. A outra possibilidade é que a área esteja fora da área de validação, que será próxima da área de interesse, onde parte dela pode ser observada pelo scanner e a outra não.

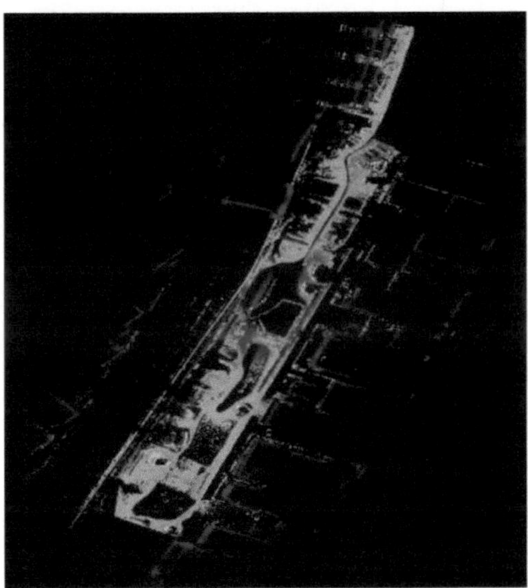

Figura 4.40: Dados LIDAR terrestres resultantes para a zona 1 da DJA

As observações de campo recolhidas são submetidas ao pós-processamento no sentido da precisão posicional e da filtragem em termos de remoção das nuvens de pontos indesejadas, tais como poeiras. O pós-processamento e a geração do ficheiro LAS são ilustrados utilizando o software Applanix POSPac, enquanto a geração da superfície 3D codificada por cores é ilustrada utilizando o software Quick Terrain.

A Figura 4.46 mostra a capacidade do sistema para monitorizar as características gerais da cidade. A cor reflecte as elevações das características, sendo que o ciano reflecte a superfície do solo, seguido do verde, amarelo, laranja e vermelho. Os objectos pretos são elementos invisíveis ou são superfícies não reflectoras, como a água ou o pavimento de asfalto. A figura mostra igualmente a importância da acessibilidade dos elementos da cidade em causa, a fim de evitar zonas escuras e de refletir as condições físicas. O elevado brilho ao longo da estrada é gerado devido à elevada refletividade das características, o que também reflecte a resolução da forma das características. O sistema depende dos seguintes factores que afectam a resolução/brilho das características (intensidade dos pontos para representar a caraterística):

- Velocidade do veículo

- A localização do veículo em relação à estrada

- O alcance das características observadas

A velocidade do veículo depende do objetivo do levantamento; no sentido de monitorizar as redes de infra-estruturas, a velocidade mais prática situava-se entre 0 e 15 km/h. Dentro deste intervalo, a intensidade dos pontos característicos seria suficiente para refletir a forma e a localização dos elementos observáveis da rede. No entanto, se a velocidade do veículo for reduzida, a intensidade da nuvem de pontos aumenta ligeiramente.

A localização do veículo deve ser tida em conta durante a leitura/condução móvel. Devido à altura do sistema e à inclinação do scanner, o veículo deve estar localizado a 4 m de distância da primeira caraterística. As características observadas são fortemente descobertas entre 200 e 300 m de distância do veículo. Os materiais das características são a base que reflecte o feixe laser e, consequentemente, formam a forma da caraterística. O sistema pode reconhecer objectos metálicos a mais de 500 m de distância, quando estes objectos se encontram no espaço ou em superfícies regulares semelhantes, tais como superfícies planas sobre a água ou no deserto, ver a Tabela 4.41.a e a Tabela 4.41.c. Um dos objectivos do livro é verificar a viabilidade da implementação da tecnologia LIDAR terrestre à escala da cidade. O livro destina-se a verificar o desempenho do sistema, o consumo de tempo, o processamento de dados e a precisão das características medidas.

A rede de tubagens de arrefecimento urbano de transmissão apresentada na figura abaixo

foi testada utilizando o sistema LIDAR terrestre.

Figura4.41. Imagem em perspetiva da rede de arrefecimento urbano, DJA, Zona 1

A Figura 4.41 apresenta a vista física da rede de arrefecimento urbano instalada localizada

em DJA, zona 1; onde a Figura 4.42 mostra o mapa codificado por cores resultante para

a conduta de arrefecimento urbano. O mapa resultante realça a praticidade da utilização

da tecnologia LIDAR terrestre na monitorização dos componentes da infraestrutura da

cidade. A missão 3 destacará a capacidade do sistema de reconhecer as dimensões dos

componentes da rede de infra-estruturas. A missão 3 destaca a viabilidade de utilização

do sistema e a praticabilidade da recolha dos componentes da infraestrutura à escala da

cidade. Abaixo estão os mapas resultantes codificados por cores para os tubos de

arrefecimento urbano expostos. No que respeita aos serviços profundos, como o

arrefecimento urbano, a profundidade da vala constitui um verdadeiro desafio para

qualquer tecnologia de digitalização a laser devido à acessibilidade limitada do feixe

laser. Considerando que o sistema é portátil e que a maioria destes serviços necessita de acesso rodoviário para os alimentar. Por conseguinte, o sistema é muito eficiente em refletir os serviços profundos em vez dos serviços superficiais (redes de distribuição). O mapa codificado por cores resultante reflecte o potencial da utilização da tecnologia LIDAR terrestre na localização das condutas de arrefecimento urbano expostas, juntamente com outros objectos visíveis da cidade, como mostra a Figura 4.42.

Figura4.42Mapa com código de cores do LIDAR terrestre para os tubos de arrefecimento urbano

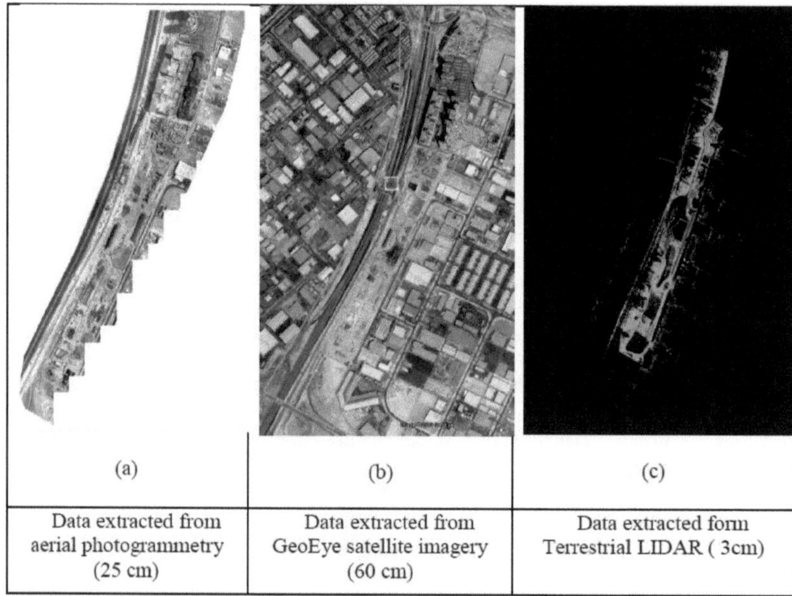

(a)	(b)	(c)
Data extracted from aerial photogrammetry (25 cm)	Data extracted from GeoEye satellite imagery (60 cm)	Data extracted form Terrestrial LIDAR (3cm)

Figura 4.43. Comparação entre os dados extraídos de três fontes diferentes

A Figura 4.43 e a Figura 4.44 mostram a capacidade dos dados de fotogrametria aérea e das imagens de satélite GeoEye em relação aos dados LIDAR terrestres utilizados. A precisão média do modelo de superfície extraído é de 25 cm para os dados de fotogrametria aérea, 60 cm para as imagens de satélite GeoEye e 3 cm para os dados extraídos do LIDAR terrestre. A conduta só é medida claramente nos dados extraídos do modelo de superfície 3D gerado a partir da tecnologia LIDAR terrestre.

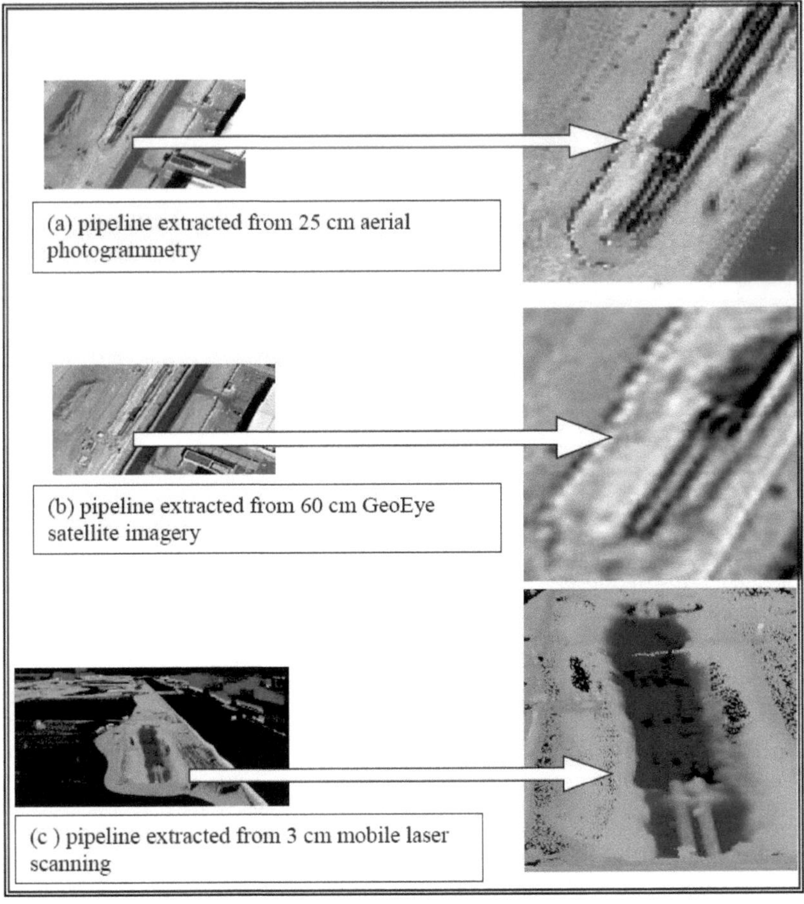

Figura 4.44. Comparação da resolução com o LIDAR terrestre

185

4.6 Análise do modelo de superfície 3D gerado

As Figuras 4.45 mostram os resultados detalhados da utilização do sistema LIDAR terrestre após a realização das correcções geométricas e das actividades de pós-processamento. As Figuras 4.45 e 4.46 apresentam a capacidade do sistema para monitorizar as localizações da rede de infra-estruturas e as especificações primárias significativas, tais como a forma, o diâmetro e a localização.

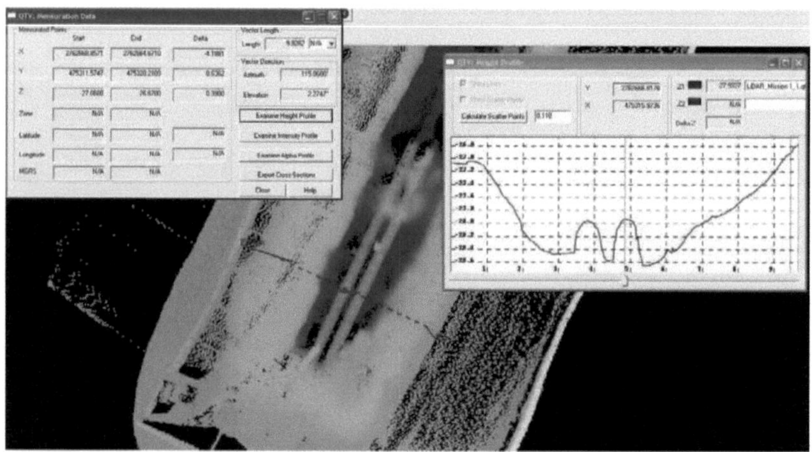

Figura4.45. Análise em corte transversal dos tubos de arrefecimento urbano digitalizados

A Figura 4.45 mostra a secção transversal dos tubos de arrefecimento urbano digitalizados. A Figura 4.46 mostra que a forma exposta dos tubos onde a parte inferior dos tubos não é mostrada. Os diâmetros dos tubos podem ser extraídos da secção transversal mostrada na Figura 4.46; onde o diâmetro do tubo é de 0,6 m.

A localização horizontal de qualquer parte do tubo também pode ser extraída devido ao modelo de superfície 3D gerado. A localização do centro do tubo direito é calculada utilizando os parâmetros de projeção local Dubai Local Transverse Mercator (DLTM) 475315 E e 2762667.3 N. A profundidade/elevação só pode ser calculada se tivermos o valor da ondulação Geoide. O valor da ondulação geoide no centro do tubo é de 34,3 m, sendo a altura ortométrica O 27,97 (altura elipsoidal) - 34,3 (ondulação geoide) = 6,3 m

(altura ortométrica).

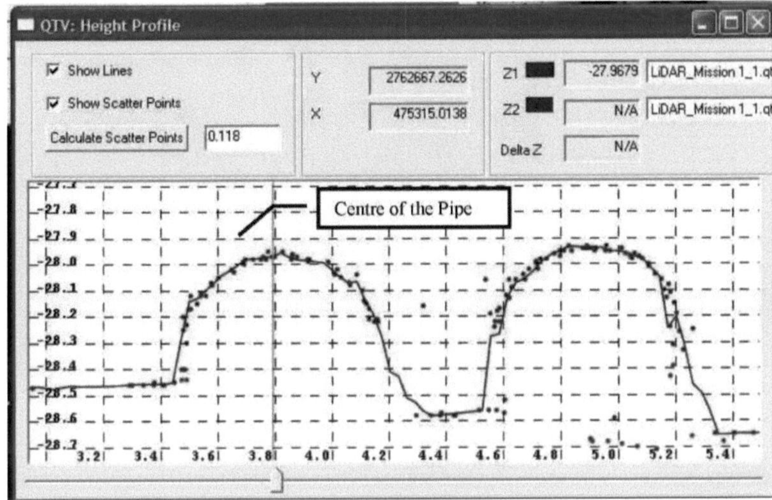

Figura4.46. Análise detalhada do perfil de altura dos tubos de arrefecimento urbano digitalizados

A precisão posicional do levantamento é a base da utilização da tecnologia LIDAR móvel/terrestre. Outra missão LIDAR terrestre ilustrada para verificar os resultados observados no sentido dos objectos urbanos observados e a validade da unidade de integração do sistema com as estações de referência GNSS/GPS.

4.7 Extração de características de superfície 3D

Em a nuvem de pontos de varrimento laser observada é utilizada para construir o modelo de superfície 3D, em que as linhas de contorno são um método de extração de características geoespaciais e de integração com o quadro SIG. A figura 4.47 mostra o mapa de contorno de 10 cm dos dados da nuvem de pontos digitalizados que w ould would be GIS reference point for any advanced Geospatial applications.

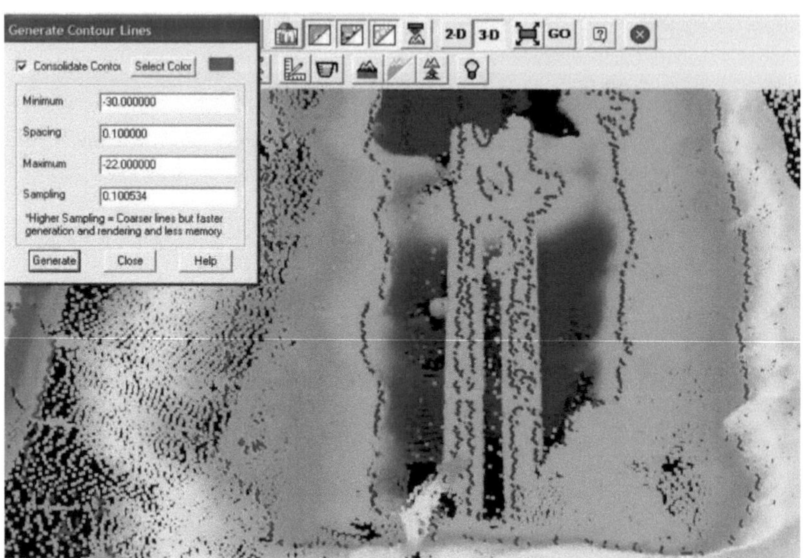

Figura4.47.Mapa de contorno de 10 cm extraído da nuvem de pontos de varrimento laser observados

A Como resultado do processamento dos dados brutos recolhidos com a tecnologia LIDAR terrestre, obtém-se o formato de nuvem de pontos 3D. Esta nuvem de pontos 3D pode ser exportada para um ficheiro ASCI, onde pode ser geocodificada e convertida para o formato ESRI shapefile. A Figura 4.48 ilustra o shapefile gerado para os dados LIDAR terrestres.

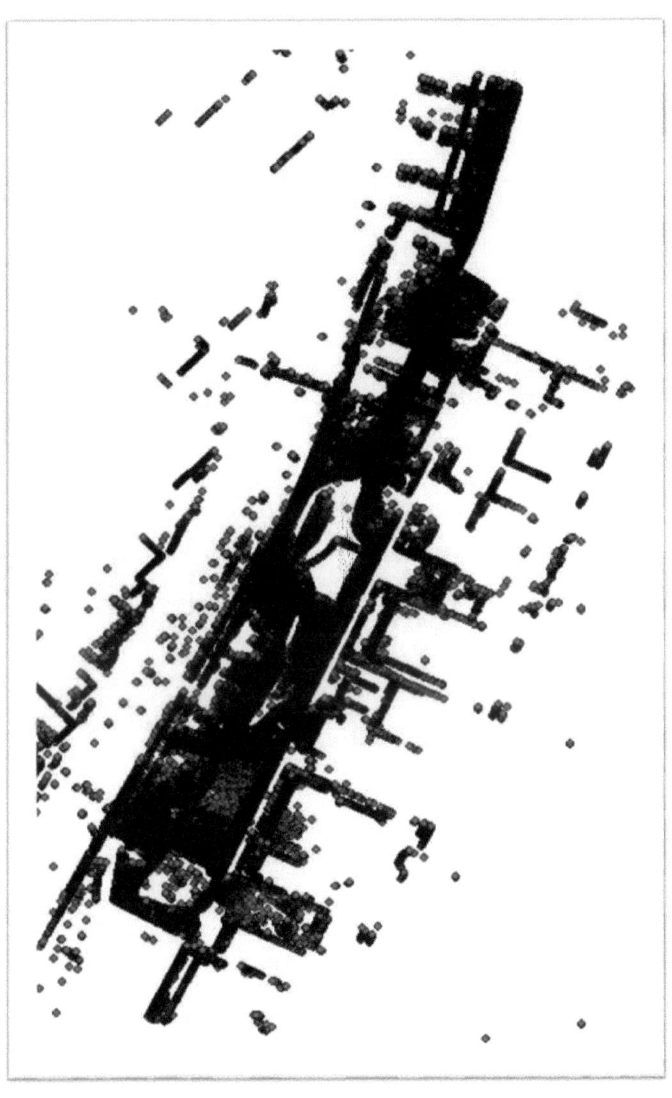

Figura 4.48. ArcGIS Shapefile das nuvens de pontos laser 3D recolhidas para a área de estudo

4.7.1 Extração de condutas de infra-estruturas

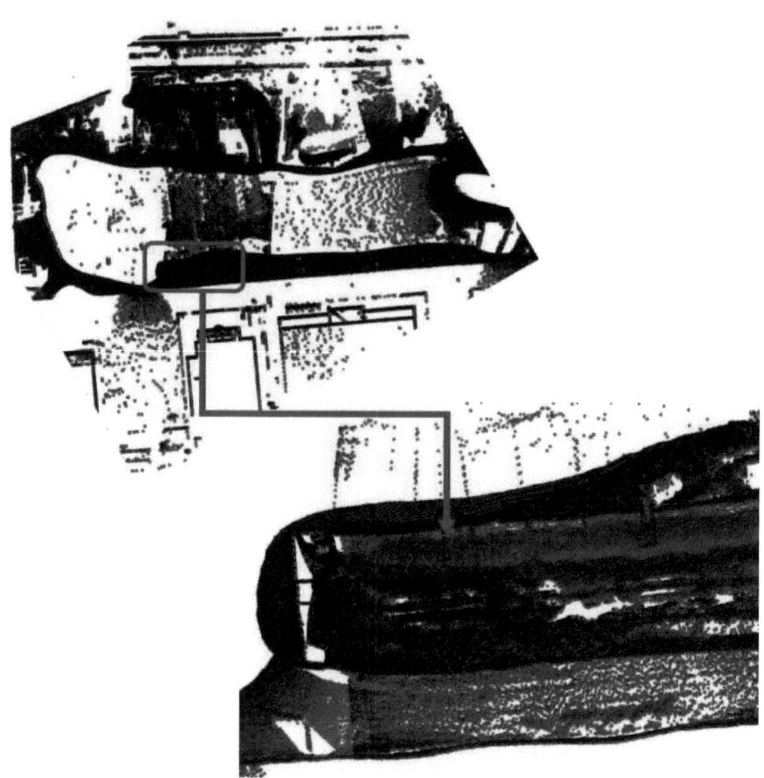

Figura 4.49 Ficheiro ASCI 3D geocodificado para ficheiro de forma ESRI (classe de elemento pontual)

O shapefile gerado dos pontos geocodificados não pode ser facilmente extraído para objectos geoespaciais (localizações de condutas) devido à vista 2D da janela do mapa, onde a vista 3D só está disponível no modelo de superfície 3D (formato raster). A extração de características pode ser obtida utilizando filtros de dados para segregar apenas os objectos necessários na visualização do mapa. Para identificar qualquer elemento da vista 2D (extraído da vista 3D) é necessária uma filtragem baseada nos valores Z/Altitude, uma vez que vários pontos terão a mesma localização XY, mas representam objectos geoespaciais diferentes. O intervalo de valores de altitude do oleoduto é legível a partir do modelo de superfície 3D; a Figura 4.50 mostra os pontos 3D que correspondem ao intervalo de valores de altitude. Algumas outras características são também visíveis no filtro de dados, onde a forma do objeto geoespacial necessário (conduta) é facilmente detectada; ver Figura 4.51, o modelo 3D relacionado e Figura 4.518, o estado físico do local.

Figura 4.50 A filtragem da vista de mapa 2D mostra a localização das condutas

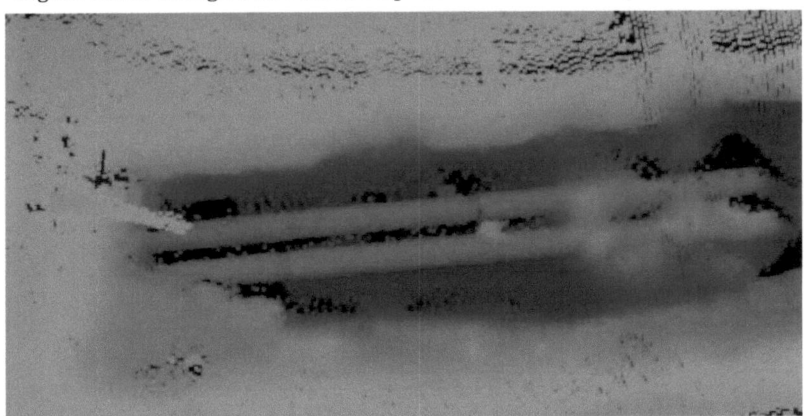

Figura 4.51 Representação da conduta no modelo de superfície 3D

4.7.2 Extração de cabos aéreos de infra-estruturas

A extração dos cabos aéreos ilustrou o mesmo processo de alteração de dados. Os valores do intervalo de altitude dos cabos aéreos foram extraídos do modelo de superfície 3D, tendo o ficheiro shapefile sido filtrado em conformidade. A Figura 4.52 apresenta o ponto laser correspondente, a Figura 4.53 mostra a linha aérea extraída e a Figura 4.54 reflecte a linha aérea real do modelo 3D.

Figura 4.52 Pontos laser de linhas aéreas segregados com base nos valores do

191

intervalo de altitude

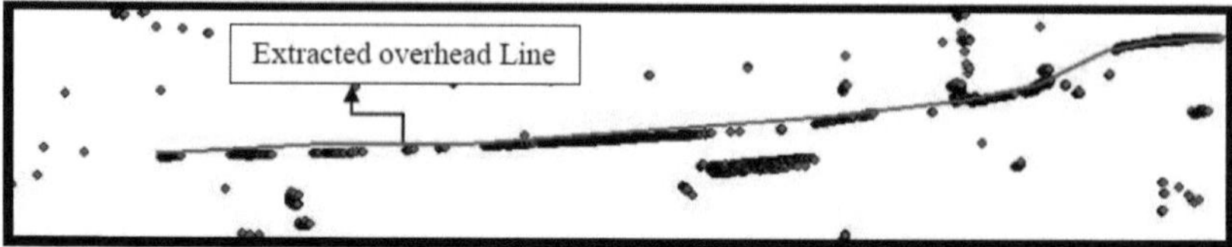

Figura 4.53Extracção de pontos laser de linhas aéreas

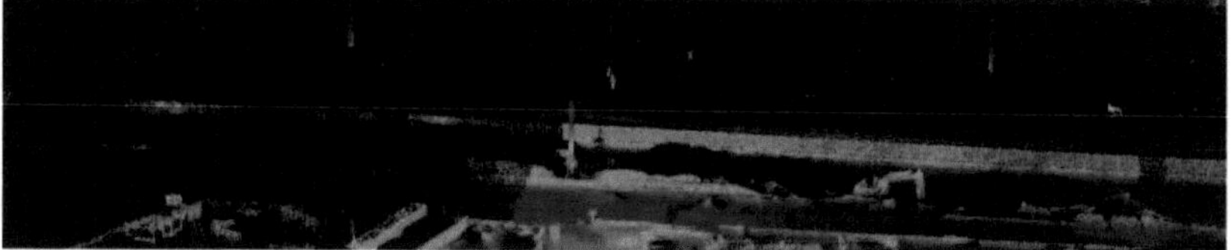

Figura 4.54 Representação da linha aérea localizada no modelo de superfície 3D

4.8 A eficácia do GNSS na superfície 3D resultante

Esta secção discute a eficácia da estação de referência GNSS/GPS no que diz respeito à precisão posicional da nuvem de pontos observada. Outra missão ilustrada para estudar dois efeitos principais utilizando os dados da estação de referência GNSS/GPS durante o pós-processamento e a geração do ficheiro LAS. O primeiro efeito são os erros na orientação do objeto; quando o erro afecta as três direcções, consultar a Tabela 4.8.B e a Tabela 4.8.D. Quando o erro afecta uma ou duas direcções, consultar a Tabela 4.8.C. Tendo em conta a variação móvel do sistema em termos de localização e orientação devido às condições físicas do sistema móvel (scanner montado no topo de um carro móvel), o erro não pode ser consistente nem homogeneizado em todas as missões. A Tabela 4.8.C mostra o erro na direção Z dos objectos localizados na rua, sendo que os objectos localizados fora da estrada apresentam um melhor padrão de direção Z.

Figura 4.55. Um mapa de Jebel Ali, aldeia de Jumira 5, mostra a localização do local de estudo da missão 2; Google Earth (capturado em maio de 2010)

A área de validação da missão 2 consiste em verificar a eficácia da integração da estação de referência GNSS/GPS com a tecnologia LIDAR terrestre na identificação e monitorização da rede de infra-estruturas. A Figura 4.55 apresenta a segunda missão LIDAR terrestre ilustrada no Dubai, Jebel Ali, Jumira Village 5. A extensão posicional da área de estudo situa-se no intervalo de Latitude 25° 2'56.33 "N a 25° 2'45.20 "N e Longitude 55°11'17.89 "E a 55°11'47.83 "E.

Figura4.56.Mapa resultante, codificado a cores, da segunda missão LIDAR

A resolução da superfície 3D gerada também será afetada devido à variação móvel do sistema. Os pontos terão erros de inconsistência em 6 factores; os factores direccionais são erros em XYZ, enquanto os factores de orientação são erros em ângulos nas mesmas direcções XYZ. De acordo com estes factores de erro, cada ponto observado pode ter todos estes erros ou alguns deles, dependendo das condições do local no sentido da localização e orientação do automóvel, o que será muito difícil de controlar sem a integração da estação de referência GNSS/GPS. A Figura 4.56 mostra o mapa com código de cores resultante da segunda missão LIDAR terrestre com precisão de navegação GNSS, gerado após o pós-processamento e o melhoramento dos dados.

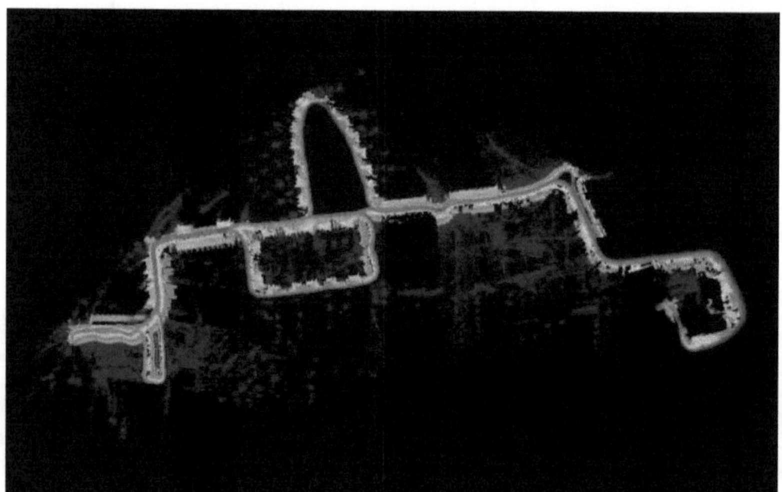

Figura 4.57: Missão móvel de varrimento laser com precisão de navegação em tempo real

O estudo do efeito da estação de referência GNSS está refletido na Figura 4.57, onde o mapa codificado por cores resultante apresenta os erros direccionais nas três direcções (XYZ), incluindo os erros de orientação nas mesmas direcções. A precisão posicional observada é a precisão de navegação (sem correcções GNSS), que variou entre 2 m e 10 m, dependendo da localização do veículo e da geometria do satélite. A missão LIDAR terrestre ilustrada, utilizando a tecnologia móvel, produz as diferenças indicadas no

Quadro 4.9.

**Quadro 4.9: Comparação entre a missão de precisão da navegação e a
missão de precisão integrada do GNSS**

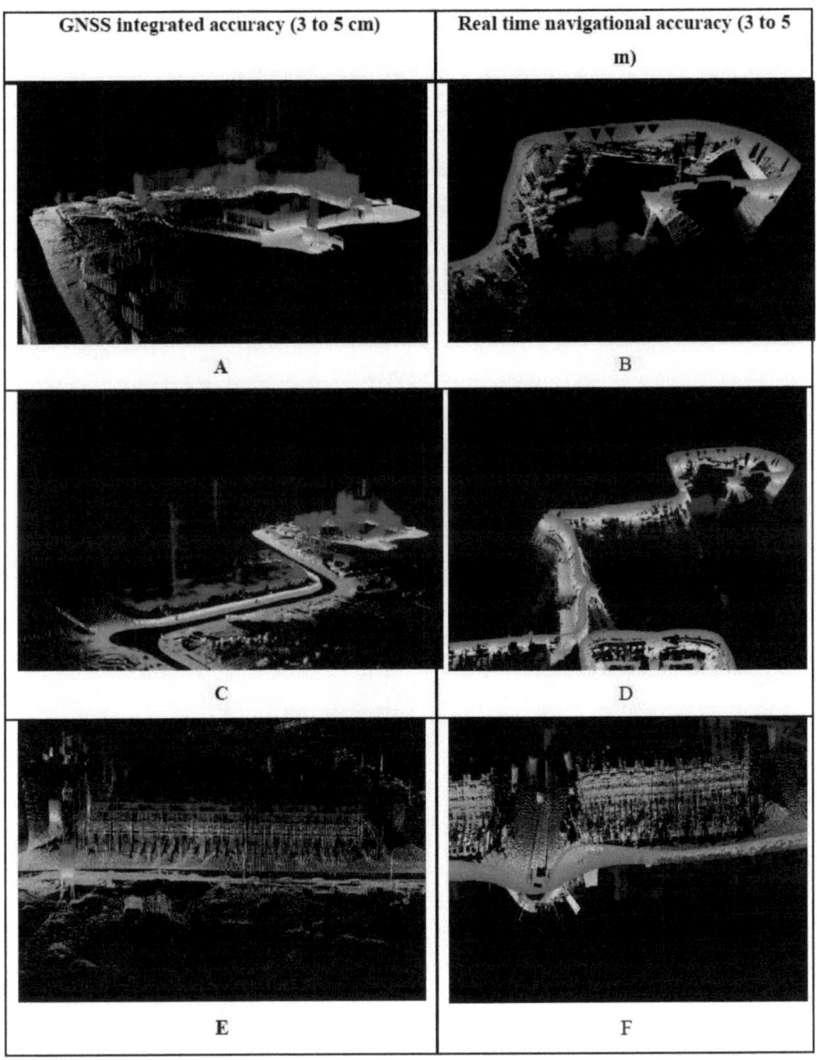

A fim de verificar as capacidades do sistema LIDAR terrestre nas redes de infra-
estruturas, foi ilustrada uma terceira missão LIDAR terrestre para verificar a
praticabilidade do sistema nas redes de infra-estruturas. A missão planeou refletir a maior

195

parte das dimensões das condutas atualmente utilizadas para refletir as redes de infra-estruturas. As dimensões dos tubos testados vão desde os tubos de irrigação (25 mm), aos tubos de distribuição de água (95 mm, 160 mm,

210 mm) e transmissão de água (400 mm).

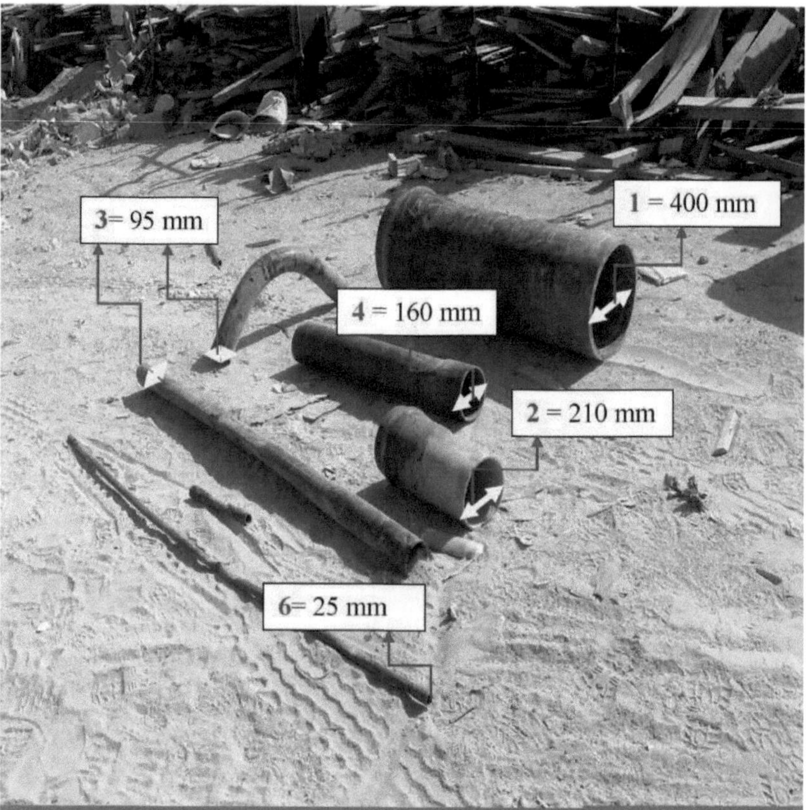

Figura 4.58. Vários diâmetros de tubos recolhidos em conjunto para fins de LIDAR terrestre

Os tubos de maiores dimensões considerados como tubos detectáveis assumem que os tubos de menores dimensões já são reconhecíveis. Os tubos são escolhidos para serem monitorizados pelo scanner móvel devido à sua forma que pode ser generalizada para todos os tipos de redes. A Figura 4.58 mostra diferentes diâmetros de tubos reunidos para serem monitorizados com o scanner móvel. Estes diâmetros de tubagens cobrem quase todas as espessuras das características das instalações de energia e água, tanto para as

196

redes de distribuição como para as redes de transmissão. A superfície foi escolhida de modo a corresponder às condições físicas reais do local, a fim de estudar a precisão posicional global dos sistemas integrados em relação às características estudadas. São tidos em conta dois factores durante a missão LIDAR terrestre: o primeiro fator é a acumulação de todas as dimensões das condutas estudadas. A recolha de todos os tamanhos de tubos em conjunto facilitaria a capacidade de estudar todos os comportamentos do feixe laser no modo móvel.

Figura 4.59. Mapa 3D com código de cores resultante dos tubos digitalizados a laser utilizando o sistema móvel

Figura4.60.Ligação das características físicas com as características digitalizadas

O segundo fator é estudar a eficiência do sistema em condições tão complicadas no local, onde os tubos são segmentos muito pequenos que podem causar problemas de reflexão e, consequentemente, perder a forma. A Figura 4.60 mostra o mapa 3D codificado por cores resultante para os diâmetros de tubos em causa. Os tamanhos reconhecidos são 400 mm, 210 mm, 160 mm e 95 mm, sendo que o tubo de 25 mm (condutas de irrigação) não é reconhecível devido à precisão posicional do sistema LIDAR terrestre. A precisão posicional calculada durante o pós-processamento foi de 10 cm a 15 cm; no entanto, o número de pontos reflecte a forma da caraterística e está sujeito à velocidade e a diferentes ângulos de varrimento. A digitalização a partir de diferentes ângulos melhoraria significativamente a forma da conduta, o que aumentaria a precisão relativa da posição do objeto e, consequentemente, criaria uma melhor forma.

Este conceito é claramente observado nos pontos que formam o homem mostrado na Figura 4.60, o lado esquerdo é muito mais representativo do que o lado direito devido ao menor número de pontos (menor precisão relativa devido ao menor número de pontos). A Figura 4.60 apresenta as características físicas relegadas com as características observadas pelo LIDAR terrestre. A Figura 4.61 ilustra as vistas 3D dos dados do LIDAR terrestre em diferentes direcções, o que reflecte a capacidade 3D de identificar a forma do objeto digitalizado. O feixe de varrimento laser está a utilizar a tecnologia de luz verde para proteger os olhos das pessoas expostas. Devido às capacidades de visualização 3D, as características podem ser facilmente reconhecidas a partir de diferentes direcções. A visualização em 3D também é útil para evitar quaisquer características indesejadas, como poeiras, das características em causa. A capacidade de visualizar os objectos em superfície 3D e de explorar os objectos em várias direcções é muito útil para ultrapassar os pontos perdidos, não observados e pouco claros que podem tornar os objectos não reconhecíveis.

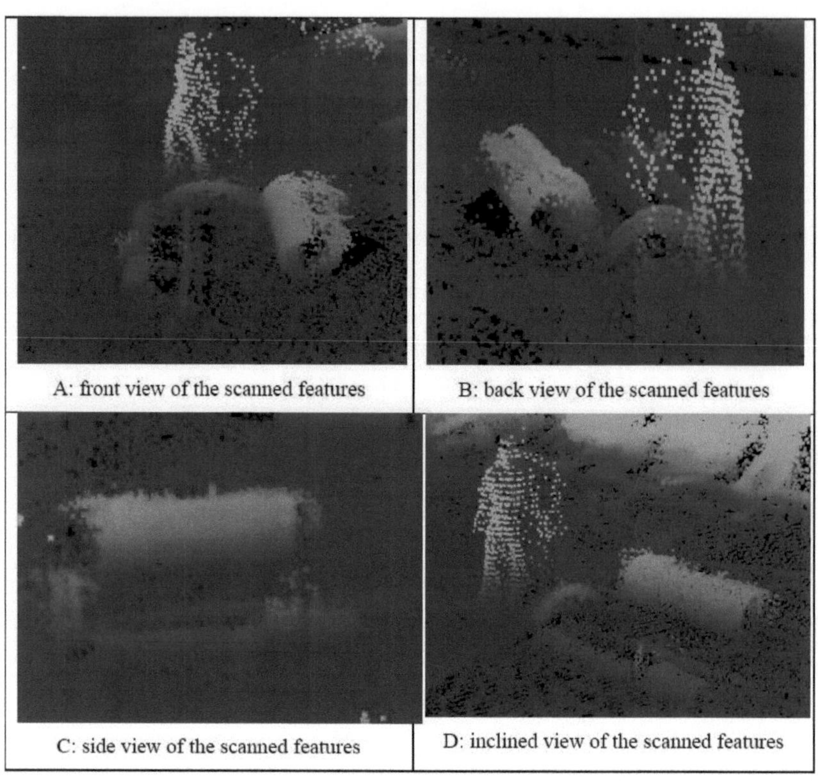

Figura4.61. Perspectivas 3D dos elementos digitalizados

4.8.1 Análise das características das infra-estruturas

A superfície 3D gerada é uma superfície geograficamente referenciada. Por conseguinte, todos os pontos/pixéis têm coordenadas projectadas em XYZ. A superfície 3D gerada é também mensurável para secções transversais de características, tanto para secções transversais horizontais como verticais.

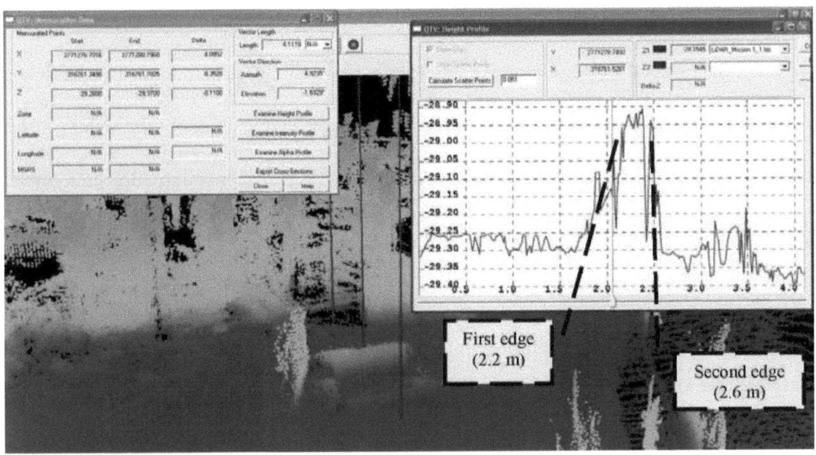

Figura4.62.Secção transversal do tubo principal (400 mm)

Com base na secção transversal apresentada na Figura 4.62, o diâmetro (segunda extremidade - primeira extremidade) do tubo principal é de (0,4 m) ou 400 mm. onde na Figura 4.63, o diâmetro da curva é o valor absoluto entre a primeira extremidade (550 mm) - segunda extremidade (645 mm) = 95 mm

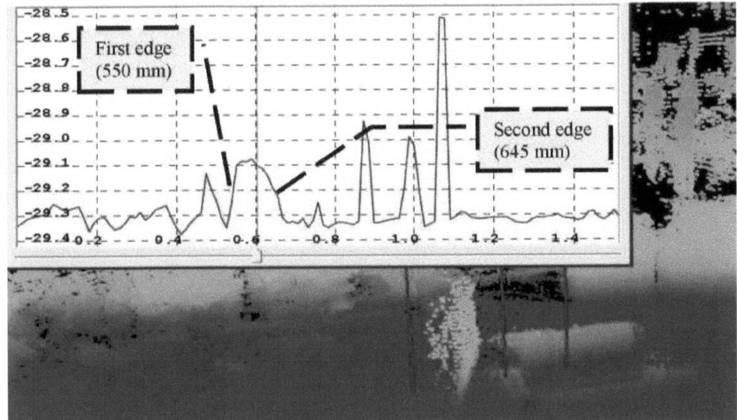

Figura4.63.Secção transversal do equipamento de curva de distribuição. (95 mm)

A forma física da rede é um pouco mais simples, mesmo nas redes de distribuição (água e eletricidade). O comprimento do tubo é muito útil porque, em alguns locais e devido à má acessibilidade do sistema, o feixe laser não reflecte a forma exacta da caraterística, enquanto noutros locais ao longo do tubo o sistema reflecte a forma com precisão devido a uma melhor acessibilidade. A localização do tubo é, na sua maioria, consistente dentro da vala, pelo que o sistema fornece uma solução muito prática para o progresso da monitorização da infraestrutura em todas as questões relacionadas. Uma das outras vantagens é a capacidade de reconhecer as características da base terrestre juntamente com outros itens da cidade, o que torna a referência espacial muito precisa e útil para várias aplicações geoespaciais urbanas.

4.9 Elementos de infra-estruturas observáveis e não observáveis utilizando a metodologia LIDAR terrestre desenvolvida

A Figura 4.64 ilustra os cabos e condutas observáveis e não observáveis (transmissão e distribuição) utilizando a metodologia da tecnologia LIDAR terrestre. A Figura 4.64 mostra o poder da metodologia em que apenas 5 elementos (25 mm, 35 mm, 40 mm, 50 mm, 70 mm) não são observáveis num total de 54 elementos. A percentagem destas características é inferior a 3% do total das características das redes. A metodologia desenvolvida consegue reconhecer 97% das redes de distribuição; no entanto, o sistema não consegue reconhecer 100% das redes de transporte devido ao grande diâmetro das condutas ou às grandes secções transversais/ dimensões dos condutores. A metodologia adoptada para as características observáveis das redes de distribuição de água e de eletricidade exige um limite de velocidade inferior a 17 km/h, enquanto as características maiores podem ser observadas utilizando um limite de velocidade mais elevado (até 30 km/h para as características principais de distribuição - mais de 300 mm) e até 80 km para as características de transmissão - mais de 600 mm.

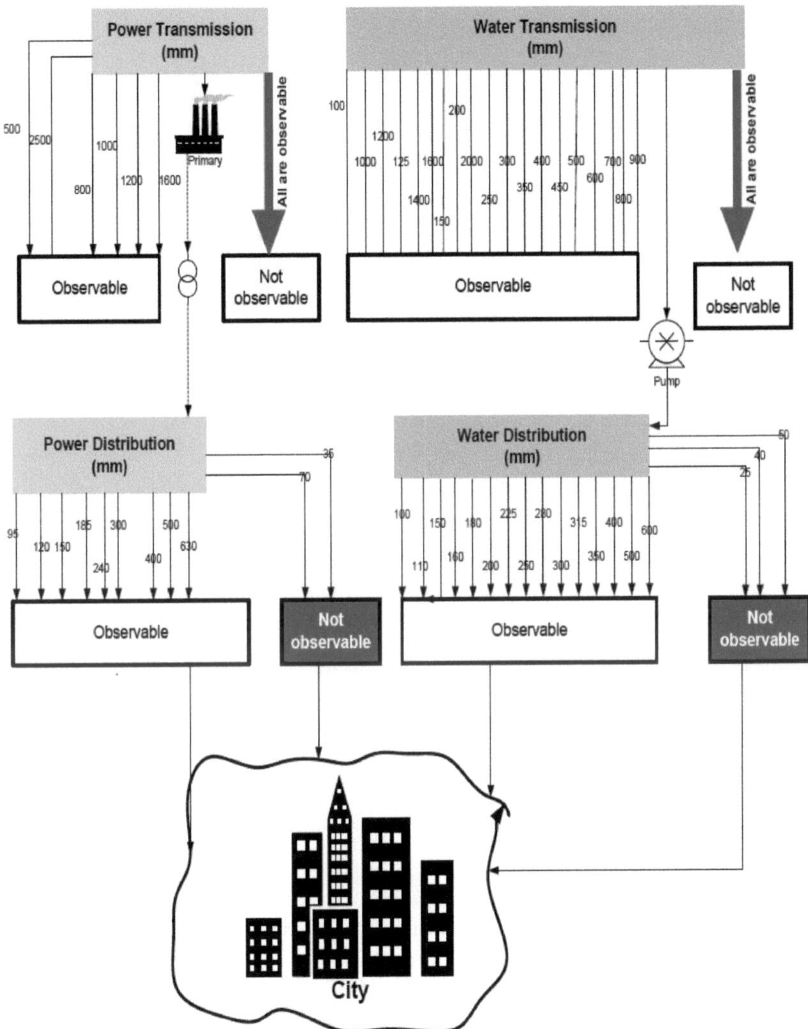

Figura 4.64. Elementos de energia e água observáveis e não observáveis utilizando a metodologia LIDAR terrestre

4.9.1 Modelação inteligente das características observadas utilizando o LIDAR terrestre

Devido ao potencial de utilização da tecnologia LIDAR terrestre na recolha do progresso diário das actividades de infraestrutura. O modelo de superfície 3D produzido pode ser facilmente integrado na plataforma SIG e atualizado no armazém de dados geoespaciais através da criação de um mapa de contorno para o corredor de serviços públicos e da simples digitalização do percurso da conduta/cabo utilizando a superfície 3D ou o mapa de contorno gerado. O modelo de superfície 3D é gerado com base nas coordenadas da nuvem de pontos (XYZ); o SIG pode facilmente gerar o modelo e filtrar a superfície com base na área de interesse. No sentido da monitorização de infra-estruturas, os corredores de serviços públicos são a área de interesse em que o modelo 3D e, consequentemente, o mapa de contorno só podem ser produzidos para estes corredores identificados. O processo de filtragem tornará a extração de dados mais eficiente e facilmente digitalizada em camadas de dados classificadas com base num modelo de dados pré-desenvolvido.

O modelo de dados tem um efeito primário no desempenho da extração de dados durante a realização da análise normal da rede para as acções diárias de manutenção e operação. O desempenho dos dados é muito crítico e tem de ser continuamente melhorado devido às enormes bases de dados geoespaciais e não geoespaciais relacionadas com as infra-estruturas (redes de infra-estruturas de eletricidade/água/esgotos/gás/irrigação/águas pluviais/comunicações e arrefecimento urbano). Estas enormes bases de dados geoespaciais e não geoespaciais conexas são utilizadas também por um grande número de utilizadores, como as autoridades de serviços públicos e os municípios, etc., que, na sua maioria, necessitam de utilizar as ferramentas de análise de redes de serviços públicos. O melhor ambiente de apoio para este grande número de utilizadores, enormes bases de dados e análises complexas são os portais Web, uma vez que os portais Web têm limitações em termos de intercâmbio de dados. O livro desenvolveu um novo método para a modelação de dados de infra-estruturas, a fim de facilitar as transferências de dados de extração de redes de infra-estruturas, especialmente para as plataformas de portais Web de serviços públicos.

A modelação inteligente desenvolvida está fortemente relacionada com a origem das características, o carregamento de dados, a extração de dados e o processamento de dados e o desempenho dos dados extraídos/pesquisados. O moderador da complexidade do carregamento e da extração de dados é o modelo de dados. A modelação de dados baseia-se na criação de características ligadas a domínios e subdomínios ao longo de um certo número de atributos. A forma de reduzir o número de características e de organizar a conetividade e os atributos relacionados reflecte o desempenho da base de dados geoespaciais.

O livro sublinha a importância de criar domínios, tipos e subtipos em vez de criar um grande número de características que aumentariam sobretudo o tráfego nas transacções da base de dados. É criado um modelo de dados unificado para estabelecer um armazém de dados geoespaciais para as redes de serviços públicos/infra-estruturas da cidade. Este modelo de dados é a conceção da base de dados que organiza lógica e fisicamente os dados, definindo simultaneamente as relações entre os elementos da base de dados descritiva e da base de dados espacial. Acolhe várias formas de dados, que são orientados para os dados dos serviços públicos. O modelo permitirá uma gestão eficiente dos dados dos serviços públicos e uma sobreposição eficiente dos dados para uma melhor perspetiva e apoio à decisão. A Figura 4.65 mostra uma amostra dos modelos de dados convencionais; a Figura 4.65 modela as condutas principais de água potável pressurizada, que é um dos vários modelos, tais como os modelos de gravidade e de condutas subprincipais. A Figura 4.66 representa a melhoria da modelação de todas as condutas de distribuição de água potável.

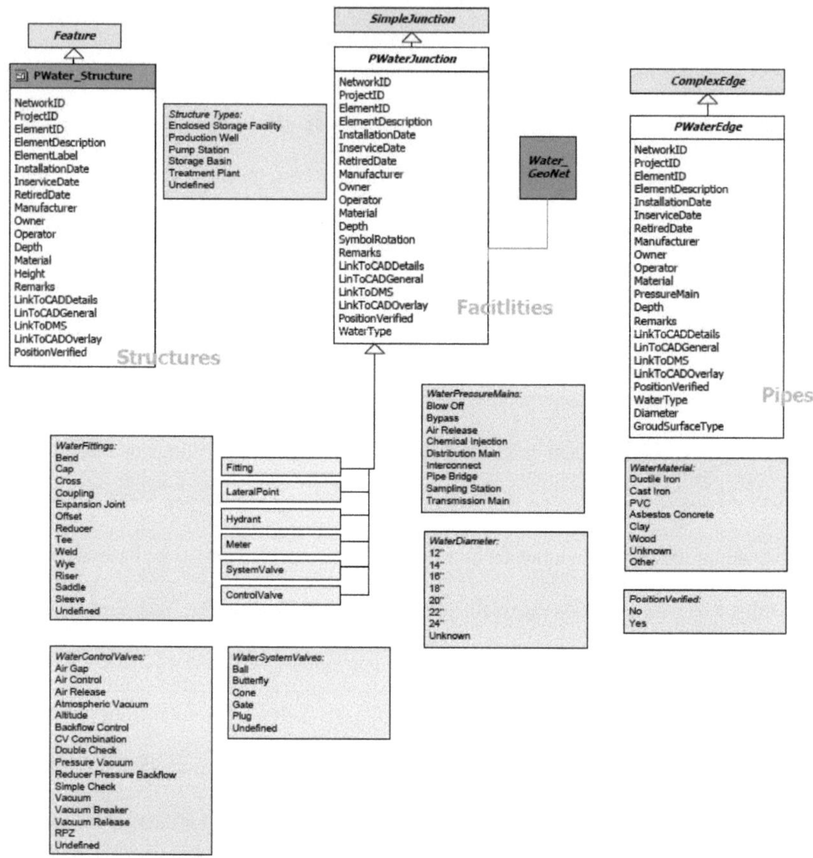

Figura 4.65.Conduta Principal Pressurizada Convencional - Modelo de Dados Conceptuais de Distribuição de Água

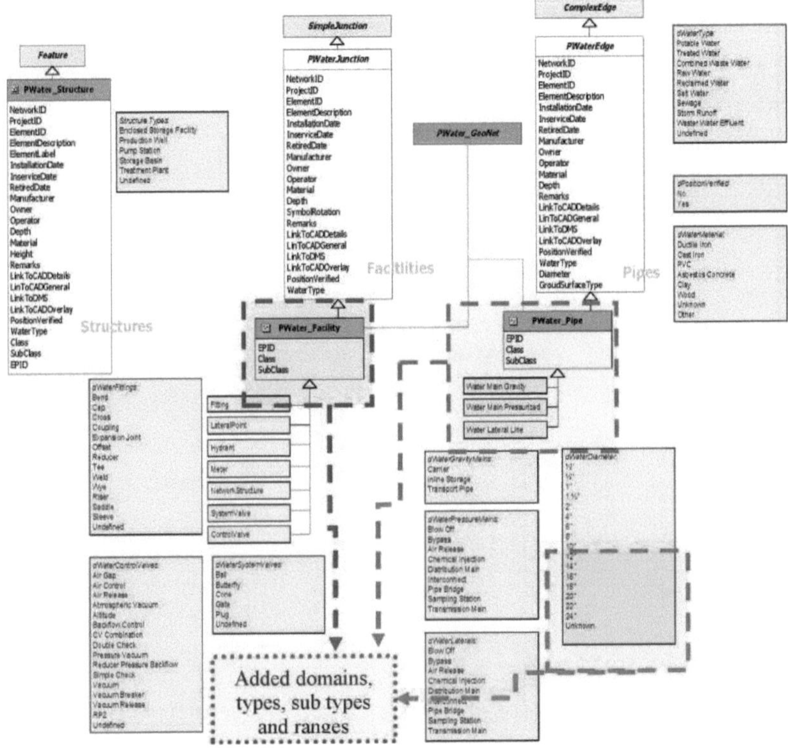

Figura4.66.O modelo de dados para a rede de distribuição de água

O livro combina todas as classes de características em três características simples: as características de ponto são modeladas sob a classe de caraterística, as características de linha são modeladas sob junções simples/complexas e a classe de caraterística de estrutura para as características de polígono. A Figura 4.67 representa a melhoria da modelação da rede de distribuição eléctrica.

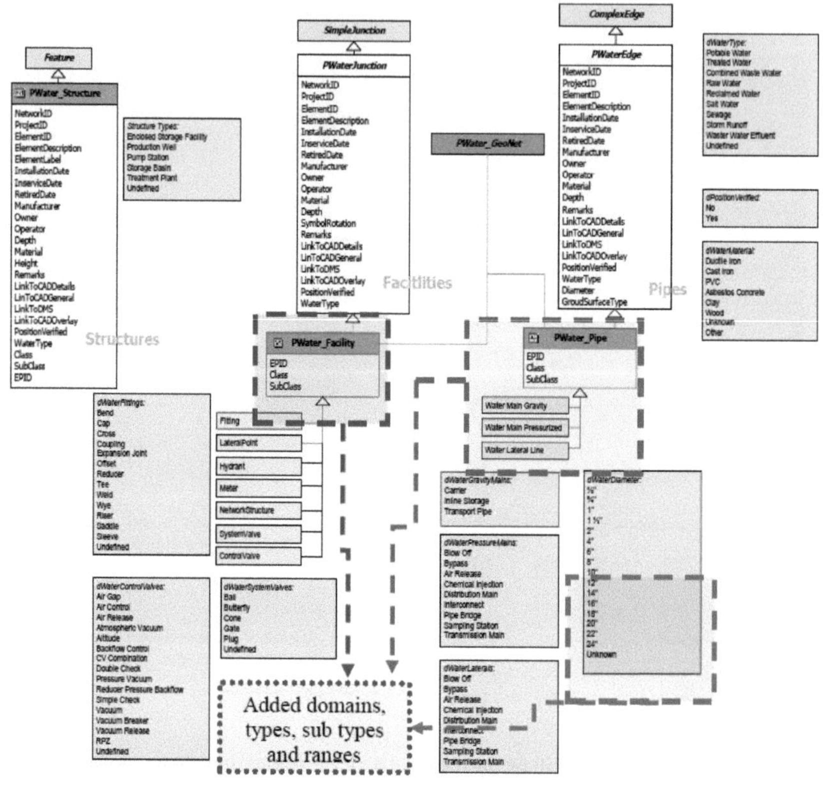

Figura4.67.Melhoria da modelação da rede de distribuição eléctrica

O desempenho da manipulação de dados, da edição e da análise de redes está fortemente relacionado com a forma de modelação do armazém de dados geoespaciais. A escala da base de dados da cidade é, na maioria dos casos, muito pesada e na ordem das centenas de Gigabytes. Por outro lado, o governo eletrónico e as soluções empresariais nacionais estão a desenvolver, nas últimas décadas, centros de informação centralizados, alojados numa arquitetura ambiental segura, no âmbito da plataforma de redes governamentais. Como parte da plataforma governamental, este livro debate um novo algoritmo de modelização das redes de infra-estruturas primárias (eletricidade e distribuição de água) como base e estudo piloto que pode ser implementado nas outras redes de infra-estruturas.

4.9.2 Consumo de tempo da análise da conetividade da rede

A análise da conetividade da rede é utilizada para identificar as rotas mais eficientes, os caminhos para a atribuição de serviços ou as características ligadas a uma determinada caraterística utilizando uma determinada regra. Isto implica encontrar as características mais curtas e ligadas ou a forma mais económica de atribuir uma caraterística ou um conjunto de características numa rede. O "custo" numa análise de rede é frequentemente a distância ou o tempo de viagem; por conseguinte, é uma ferramenta para medir o desempenho e a viabilidade da rede.

Os modelos de dados eléctricos e hídricos foram criados com base nas principais classes de objectos do ArcGIS: object, feature, simple, and complex edge, e simple junction. As características que têm uma referência espacial e que constituem uma parte da rede eléctrica têm um papel de junção ou de borda. As regras de conetividade definem todas as ligações viáveis de elementos de rede de extremidade e de junção que cumprem os princípios e axiomas da engenharia eléctrica. No SIG, uma linha eléctrica e uma conduta de água, independentemente da classe de elemento a que pertença, são modeladas como elementos de borda. Do mesmo modo, os componentes da rede eléctrica e de água, tais como juntas, disjuntores, válvulas, curvas e tês, são modelados como junções. A Figura 4.68 mostra a área de estudo para medir o desempenho da conetividade da rede, tanto para o modelo de dados convencional como para o novo modelo de dados desenvolvido.

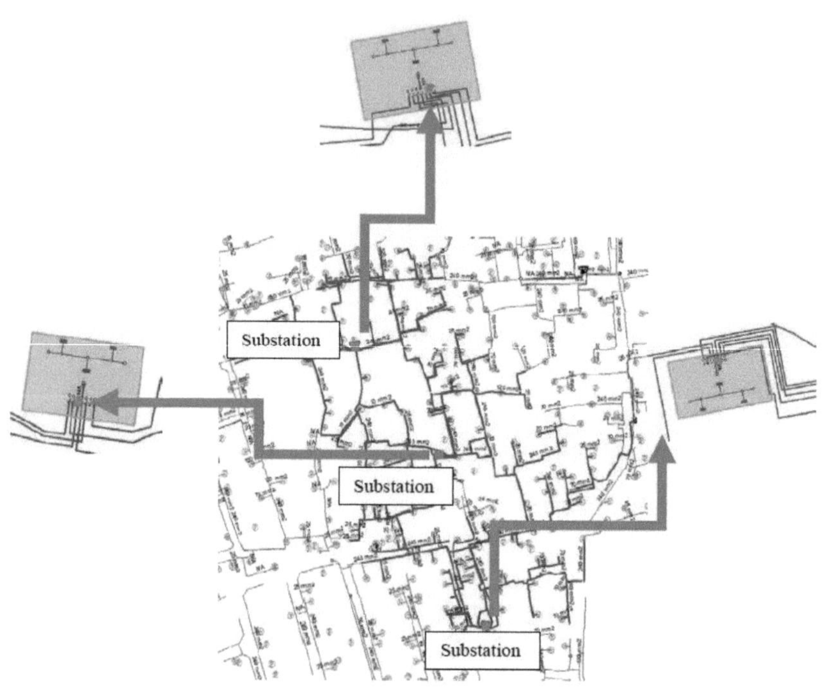

Figura4.68.Avaliação do desempenho da conetividade da rede

O desempenho da resposta aos dados é ilustrado em 6 km de comprimento de rede (cabos eléctricos subterrâneos de baixa tensão), 0,5 km (cabos eléctricos aéreos de baixa tensão), ligados a 3 subestações que alimentam 152 utilizadores (pontos de serviço de distribuição eléctrica). A rede contém ainda 67 pontos de iluminação pública e 36 barramentos (quadros eléctricos de BT e aparelhos de distribuição de BT). O desempenho da resposta aos dados é traduzido no consumo de tempo em vários ensaios e em diferentes locais. Os quatro ensaios foram ilustrados com as mesmas especificações da estação de trabalho, o que permitiria uniformizar a memória aleatória atribuída (RAM), o desempenho do microprocessador e quaisquer outras variáveis de hardware ou software. O principal consumo de tempo concentrou-se em duas transacções de dados; a primeira transação é o tempo para identificar as características ligadas à caraterística principal selecionada, enquanto a segunda transação é o tempo para fazer zoom nas características ligadas. A

210

Tabela 4.10 mostra o consumo de tempo, em segundos, tanto para o zoom para as características ligadas como para o tempo de identificação das características ligadas.

Tabela 4.10. Consumo de tempo para o modelo de dados de conetividade de rede convencional

Ensaios em diferentes locais	tempo de resposta para aumentar o zoom para ligado (segundos)	Tempo de resposta para identificar a ligação (segundos)
Primeiro ensaio	15	6
Reboque de ensaio	45	4
Terceira prova	25	5
Quarta prova	32	6
Média (arredondada)	29	5

O tempo medido para identificar as características ligadas nos quatro ensaios não é suficientemente consistente em comparação com o consumo de tempo ilustrado na Figura 4.66 devido à estrutura de dados da rede e à complexidade do modelo de dados. O principal fator de desempenho da estrutura de dados na identificação das características da rede são as regras de conetividade, para além da consistência física do modelo de dados. As regras de conetividade da rede reflectem a coerência lógica dos elementos da rede e não estão sujeitas a otimização devido à simplicidade da definição das junções e das arestas entre os componentes da rede.

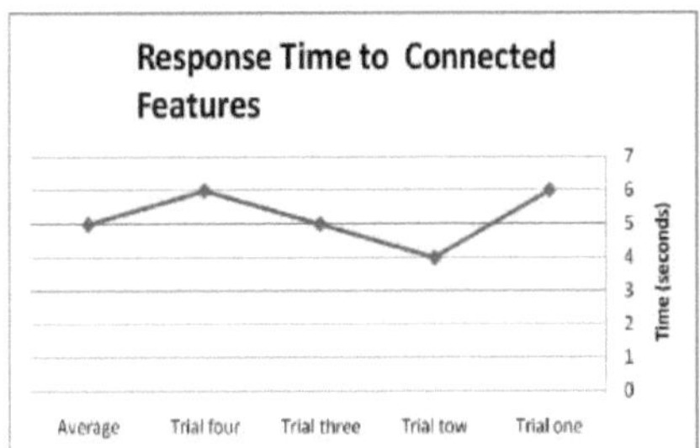

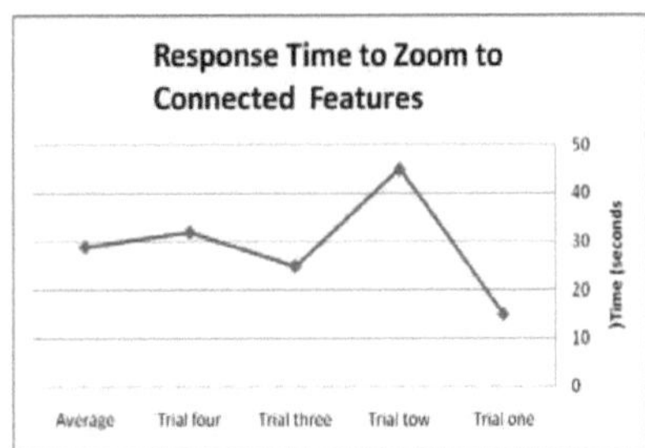

Figura4.69. Esquema do gráfico de consumo de tempo para o modelo de dados de conetividade de rede convencional

O tempo medido para efetuar o zoom das características ligadas nos quatro ensaios é inconsistente e tem um comportamento irregular (Quadro 4.11). Esta inconsistência também é gerada devido à estrutura de dados da rede e à complexidade do modelo de dados, em que a consistência física tem um enorme impacto no desempenho dos dados devido à sua dependência do modelo de dados.

Tabela 4.11: Consumo de tempo para o modelo de dados de conetividade de rede desenvolvido

Ensaios em diferentes locais	tempo de resposta do zoom à ligação (segundos)	tempo de resposta para identificar a ligação (segundos)
Primeiro ensaio	14	4
Reboque de ensaio	12	4
Terceira prova	17	4
Quarta prova	15	3
Média (arredondada)	15	4

O modelo de dados de conetividade de rede desenvolvido tem um comportamento significativamente diferente.

O tempo medido para identificar as características ligadas para os quatro ensaios é quase consistente em comparação com o consumo de tempo ilustrado na Figura 67. O tempo medido para fazer zoom nas características ligadas para os quatro ensaios é ligeiramente inconsistente e tem um comportamento quase irregular. Esta ligeira inconsistência também se deve à estrutura dos dados da rede e à complexidade do modelo de dados. Quando o modelo de dados tem uma melhor consistência física, o desempenho dos dados é melhorado no sentido da magnitude do consumo de tempo e do desvio sistemático do sistema. O esquema do gráfico de consumo de tempo para o modelo de dados de conetividade da rede desenvolvido é apresentado na Figura 4.70.

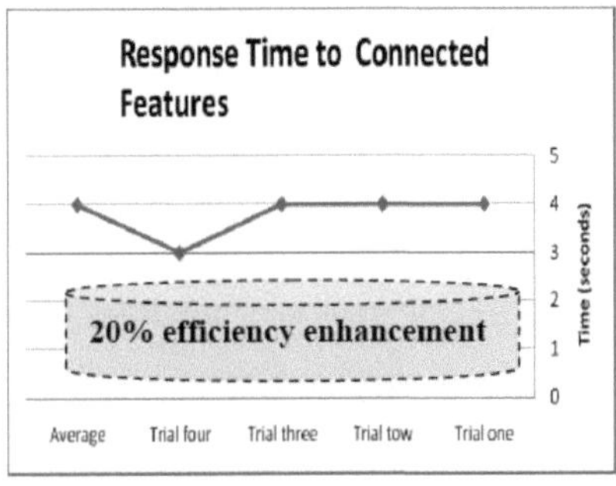

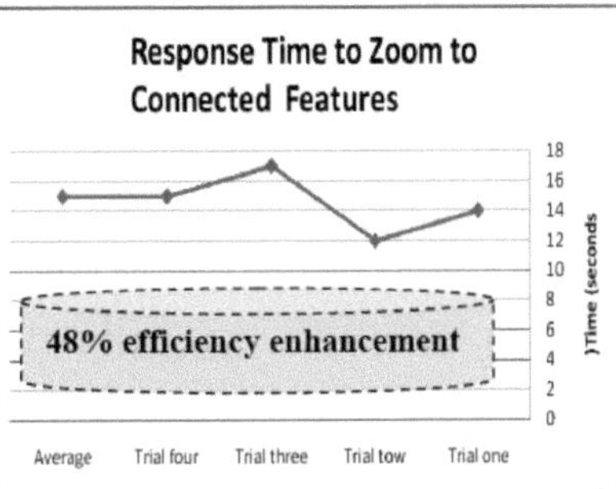

Figura4.70. Esquema do gráfico de consumo de tempo para o modelo de dados de conetividade de rede desenvolvido

O desempenho das operações testadas em termos de tempo de resposta para a identificação de características e de resposta ao zoom do mapa foi extraído de uma base de dados da rede com 156 MB. O tamanho da base de dados abrange apenas os componentes da rede, sem quaisquer camadas de base terrestre, imagens ou tabelas ligadas. O ambiente de comunicação selecionado para medir o desempenho da resposta foi testado em modo offline, a fim de evitar quaisquer atrasos na ligação à rede/intranet ou à Internet, com o objetivo de medir a eficácia do modelo de dados melhorado. Esta melhoria no desempenho da extração de dados reduz o nível de complexidade do carregamento e da extração de dados.

CAPÍTULO 5

CONCLUSÃO

5.1 Resumo

A atualização frequente das redes de infra-estruturas de polietileno pode ser eficazmente conseguida através da metodologia LIDAR terrestre. A comparação técnica entre as tecnologias de levantamento topográfico mais comuns fornece uma compreensão mais óbvia do desempenho de cada tecnologia. Cada tecnologia foi avaliada com base em vários factores de eficiência; cada fator de eficiência mede o desempenho da tecnologia nesse fator específico. Os resultados obtidos da comparação técnica suportam duas conclusões e utilizações diferentes. A primeira utilização será baseada em factores de eficiência para missões de finalidade única, em que algumas aplicações necessitam de utilizar um ou mais factores de eficiência, como a recolha ou a integração de dados. Por conseguinte, a avaliação global é útil para escolher a tecnologia mais adequada, especialmente quando se implementa uma missão polivalente. Como resultado da comparação técnica, a tecnologia LIDAR terrestre tem a avaliação global mais elevada. Tendo em conta que a monitorização do oleoduto foi estudada para examinar a eficiência da técnica LIDAR terrestre, o livro analisou as observações LIDAR terrestres e desenvolveu um método matemático de extração para o replaneamento da missão. O método matemático de extração desenvolvido foi validado com várias missões LIDAR terrestres e para diferentes características.

O livro comprova a capacidade da metodologia desenvolvida, utilizando a tecnologia LIDAR terrestre, na monitorização geoespacial frequente das redes de infra-estruturas de polietileno. Os resultados alcançados e as conclusões fornecem uma plataforma muito encorajadora para a monitorização de infra-estruturas. Por outro lado, os resultados alcançados no sentido da monitorização geoespacial da rede de infra-estruturas de polietileno têm um efeito primordial na nova tendência de desenvolvimento da arquitetura das cidades inteligentes.

A praticidade da implementação do método matemático desenvolvido no re-planeamento das missões LIDAR terrestres para monitorizar as redes de infra-estruturas de polietileno remete para a capacidade de monitorizar e controlar outros componentes da cidade de uma forma mais inteligente. A importância das conclusões do livro é observada a partir da importância das características monitorizadas, onde as infra-estruturas constituem o grande sector dos componentes da cidade.

Os resultados obtidos após a realização do livro são muito encorajadores, tendo em conta que o sistema é bastante recente e não está suficientemente maduro. Os resultados obtidos são apresentados na exatidão alcançada em plataforma móvel/deslocável ao longo das capacidades de reconhecimento das redes de infra-estruturas de polietileno. As exactidões obtidas permitem monitorizar todas as características da rede de transporte e 97% das características da rede de distribuição. Os restantes 3% das características não são observáveis devido às precisões obtidas; onde a precisão se baseia principalmente na qualidade dos receptores, no número de satélites durante o tempo de observação e na técnica de observação. A qualidade dos receptores é continuamente melhorada e espera-se que, num futuro próximo, o número de satélites aumente significativamente quando os sistemas actuais estiverem plenamente operacionais e a integração entre os satélites GPS, GLONASS e GALILEO tiver lugar (quando o sistema GALILEO estiver operacional). Com base nos aumentos esperados das precisões obtidas, os restantes 3% das características também serão observáveis utilizando a tecnologia LIDAR terrestre, onde a capacidade de identificar os impulsos laser exactos em relação à localização será melhorada. Esta capacidade melhoraria a constante de impulsos laser móveis calculada para as características observadas e, consequentemente, o método matemático extraído também seria melhorado. Os resultados alcançados no livro melhoram significativamente a plataforma operacional atual no sentido de fazer o levantamento das características da infraestrutura de polietileno utilizando tecnologias GPS ou geofísicas (GPR/localizador de alimentação).

O livro melhora a modelação do armazenamento de dados geoespaciais para a infraestrutura. A modelização melhorada está fortemente relacionada com a criação de características, o carregamento de dados, a extração de dados, o processamento de dados e o desempenho dos dados extraídos/pesquisados. O moderador da complexidade do carregamento e da extração de dados é o modelo de dados. A modelação de dados baseia-se na criação de características ligadas a domínios e subdomínios ao longo de um certo número de atributos. A forma de reduzir o número de características e de organizar a conetividade e os atributos relacionados reflecte o desempenho da base de dados geoespaciais.

5.1.1 Descobertas de livros

Os resultados da comparação técnica entre as tecnologias de monitorização geoespacial mostram o desempenho da tecnologia LIDAR terrestre em relação a outras tecnologias de monitorização. Seguem-se algumas das conclusões técnicas

i. Uma velocidade de 16,0 km/h fornece a resposta mais elevada de impulsos laser móveis (726 impulsos/cm) para as redes de infra-estruturas de polietileno. Esta velocidade é considerada como a melhor prática de planeamento de missão de laser móvel que foi modelada matematicamente para monitorizar as redes de infra-estruturas de polietileno.

ii. Os tamanhos detectados das condutas de polietileno são 400 mm, 210 mm, 160 mm e 95 mm (cerca de 97% das redes de distribuição), ver secção 4.9. O tubo de 25 mm (condutas de irrigação) não é reconhecível devido à precisão posicional do sistema LIDAR terrestre. A precisão média obtida utilizando a estação de referência GNSS é de cerca de 3 cm.

iii. Os modelos de dados melhorados aumentam o consumo de tempo para identificar as características ligadas em cerca de 20% do tempo total, enquanto o aumento do zoom para as características ligadas é de cerca de 50% do consumo de tempo.

5.1.2 Vantagens do livro

i. Devido às capacidades de visualização 3D, as características podem ser facilmente reconhecidas a partir de diferentes direcções.

ii. A visualização 3D também é útil para evitar quaisquer características indesejadas, tais como poeiras, das características em causa.

iii. A capacidade de visualizar os objectos na superfície 3D e de explorar os objectos em várias direcções é muito útil para ultrapassar os pontos perdidos, não observados e pouco claros que podem tornar os objectos não reconhecíveis.

iv. A superfície 3D gerada é uma superfície geograficamente referenciada; consequentemente, todos os pontos/pixéis têm coordenadas projectadas em XYZ. A superfície 3D gerada é também mensurável para secções transversais de características, tanto para secções transversais horizontais como verticais.

v. A capacidade de reconhecer as características da base terrestre juntamente com outros elementos da cidade torna a referência espacial muito precisa e útil para várias aplicações geoespaciais urbanas.

vi. O livro debate um novo algoritmo de modelação das redes de infra-estruturas primárias (eletricidade e distribuição de água) como base e piloto que pode ser implementado nas outras redes de infra-estruturas.

vii. O mapa codificado por cores resultante confirma a praticabilidade da utilização da tecnologia LIDAR terrestre na monitorização da componente urbana da infraestrutura.

viii. O sistema é muito eficiente em refletir os serviços profundos em vez dos serviços superfíciais (redes de distribuição).

ix. O sistema é capaz de monitorizar as localizações da rede de infra-estruturas e as principais especificações significativas, tais como a forma, o diâmetro e a localização.

x. A digitalização a partir de diferentes ângulos melhora a forma da conduta, o que aumenta a

precisão da posição relativa do objeto e, consequentemente, cria uma melhor forma.

xi. A precisão obtida e o desempenho da recolha de dados prometem que o LIDAR terrestre está em condições de substituir as actuais tecnologias de levantamento topográfico num futuro próximo.

5.1.3 Contribuição para o livro

A contribuição do livro reflecte-se na criação de uma técnica de levantamento mais viável, precisa e inteligente, a fim de recolher o progresso diário das redes de infra-estruturas de polietileno. No que respeita ao SIG e às tecnologias geoespaciais, é sabido que as tecnologias SIG/geoespaciais têm sido utilizadas com base em especificações de bases de dados geográficas. A base de dados espaciais do SIG é mantida por técnicas de atualização de dados físicos/espaciais. O LIDAR terrestre é uma das técnicas geoespaciais que fornecem características geoespaciais em resultado da sua operação de medição física. A inovação técnica é apresentada para ultrapassar a complexidade que reflecte as actualizações diárias das redes de infra-estruturas, no sentido de identificar as localizações exactas dos activos e as limitações de tempo para cobrir o grande número de actualizações frequentes.

A contribuição do livro também é destacada na melhoria da atual modelação do armazém de dados geoespaciais para as redes de infra-estruturas. O modelo aperfeiçoado melhora o carregamento de dados, a extração de dados, o processamento de dados e o desempenho dos dados extraídos/pesquisados. O moderador da complexidade do carregamento e da extração de dados é o modo de modelização dos dados. A modelação dos dados baseia-se na criação de características ligadas a domínios e subdomínios ao longo de um certo número de atributos. A forma de reduzir o número de características e organizar a conetividade de rede relacionada e outros atributos reflecte o desempenho da base de dados geoespaciais. O livro sublinha também a importância de criar domínios e subdomínios em vez de criar um grande número de características que aumentariam sobretudo o tráfego nas transacções da base de dados.

5.1.4 Sugestões para trabalhos futuros

O modelo de extração matemática desenvolvido para o replaneamento das missões LIDAR terrestres de monitorização das redes de infra-estruturas de polietileno reforça o conceito de monitorização atual para um conceito de monitorização de infra-estruturas mais inteligente. Este conceito inteligente reforça o conceito de cidade inteligente, que é medido com base no nível de automatização da cidade em termos de monitorização, controlo e desenvolvimento. O conceito de cidade inteligente tem de ser frequentemente atualizado para corresponder aos futuros desenvolvimentos tecnológicos. Devido à melhoria contínua das precisões posicionais e das ferramentas de integração, podem ser feitas muitas melhorias na monitorização de outros componentes e processos da cidade. As recomendações são as seguintes:

i. Mais estudos sobre a obtenção de uma melhor precisão posicional através do desenvolvimento das tecnologias actuais e de melhores técnicas de ajustamento.

ii. Estudo avançado sobre a análise do comportamento dos impulsos do laser móvel para criar um método matemático que permita o replaneamento das missões do laser móvel para a observação de outros componentes da cidade.

iii.Estudo avançado sobre a melhoria da modelação de dados, em que a estrutura do modelo de dados reflecte principalmente o desempenho dos dados.

iv.Mais estudos para melhorar os actuais modelos de dados para outras redes de infra-estruturas e generalizar o mesmo conceito a outros conjuntos de dados geoespaciais da cidade.

v. Integração avançada entre o atual LIDAR terrestre e as aplicações geoespaciais, a fim de facilitar os processos de transação de dados.

vi. Desenvolvimento de uma ferramenta de processamento de dados para ajustar as observações durante a missão de varrimento laser, em vez de efetuar o pós-processamento dos dados, como técnica preventiva para a validação dos dados da missão, para além da redução do tempo de produção.

vii. mais estudos sobre a simplificação do sistema e a redução da complexidade dos sistemas integrados

viii. Mais estudos para simplificar a sensibilidade à dependência dos sistemas de navegação, orientação, registo de dados e digitalização a laser ligados, o que faz com que a calibração contínua não seja suficientemente prática na enorme operação atual na cidade.

ix. Mais estudos sobre o desenvolvimento de um melhor mecanismo para deslocalizar o sistema para outro veículo, onde o veículo ocupado está normalmente precisa de manutenção regular, considerando a alta sensibilidade das posições relativas dos componentes.

x. O livro discutiu a monitorização geoespacial no sentido de recolher apenas os dados laser, onde é necessário investigar mais a integração dos dados laser com a fotogrametria de curto alcance, o que melhorará significativamente a visualização.

xi. Mais estudos para implementar o conceito de cidade inteligente não só nas redes de TI e de comunicações, mas também noutras componentes da cidade, como as redes de infra-estruturas; consequentemente, atualizar o atual conceito global de cidade inteligente.

Referências

Abellan, A., Vilaplana. J.M, Martinez. J. (2006)...*Aplicação de um Laser Scanner Terrestre de longo alcance a um estudo detalhado de queda de rochas em Vall de Nuria (Pirinéus Orientais, Espanha)*. Engineering Geology.Volume 88. Pages: 136-14.

Adrian, J., Fox. C., (2008). *Unlocking the Time Capsule of Historic Aerial Photography to Measure Changes in Antarctic Peninsula Glaciers (Desbloquear a cápsula do tempo da fotografia aérea histórica para medir as alterações nos glaciares da Península Antárctica)*. The Photogrammetric Record, Volume 23, Número 121, páginas 51-68.

Alexander, P., Florian. S., Christina. D., (2010).*Comparação de dados de varredura a laser aérea, móvel e terrestre para levantamento de movimentos de massa e medidas de proteção em encostas potencialmente perigosas.*Geophysical Book Abstracts.

Alho,, P., Kukko, A., Hyyppä, H., Kaartinen, H., Hyyppä, J., Jaakkola, A., (2009). *Aplicação de varrimento laser baseado em barcos para o levantamento de rios.* Processos da Superfície da Terra e Formas de Terreno. Volume 34, Páginas: 1831-1838.

Alho. Petteri, Vaaja. Matti, Kukko. Antero, Kasvi. Elina, Kurkela. Matti, Hyyppä. Juha, Hyyppä. Hannu, Kaartinen. Harri. (2011). *Digitalização a laser móvel em geomorfologia fluvial: Mapeamento e deteção de alterações em barras de pontos.* Zeitschrift für Geomorphologie, Questões Suplementares, Volume 55, Número 2, pp. 31-50(20)

Antonarakis, A., Richards, K., Brasington, J., Muller, E., (2010). *Determinação do índice de área foliar e da rugosidade da árvore folhosa usando a varredura a laser terrestre.* Livro de Recursos Hídricos, Vol 46, W06510.

Anttoni. J, Juha. H, Antero. K, Xiaowei. Y, Harri. K, Matti. L. (2010). *Um sistema de mapeamento móvel multi-sensorial de baixo custo e sua viabilidade para medições de árvores.* ISPRS Journal of Photogrammetry and Remote Sensing, Volume 65, Número 6, Páginas 514-522

Ausubel, K., Harpignies, J., (2004). *Instruções de funcionamento da natureza: As verdadeiras biotecnologias.* São Francisco: Sierra Club Books. ISBN 978-1578050994.

Baden, S., *(2006).Hurdling Financial Barriers to Lower Energy Buildings: Experiências dos EUA e da Europa em matéria de incentivos financeiros e de rentabilização das poupanças de energia dos edifícios nas decisões de investimento privado".* Actas do Estudo de verão da ACEEE sobre Eficiência Energética em Edifícios, Conselho Americano para uma Economia Eficiente em termos Energéticos, Washington DC.

Barber, D., Jon, M., Sarah, S., (2008). *Validação geométrica de um sistema de varrimento laser móvel baseado em terra.* ISPRS Journal of Photogrammetry and Remote Sensing.Volume 63, Issue . Páginas 128-141.

Becker, M., Bestmann, U., Schwithal, A., Hecker, P., Bott, R., Kohl, P., Knedlik, S., Scheyer, H., Hinuber, E., (2010). *Avaliação de uma IMU MEMS duplamente equipada com base em cenários reais de ensaios de voo.* Simpósio de Localização e Navegação de Posição (PLANS), IEEE/ION. ISBN: 978-1-4244-5036-7

Bell, M., (2008)... *Introdução à modelação orientada para os serviços, Modelação orientada para os serviços: Service Analysis, Design, and Architecture.* Wiley & Sons.pp. 3.ISBN 978-0-470-14111-3.

Bernardini, F., Holly, E., (2002). *O pipeline de aquisição de modelos 3D.* Comput Graph. Forum 21(2), 149-172.

Besselaar, K., (2005). *Cidades Inteligentes III: Tecnologias de Informação para o*

Capital Social - Perspectivas Transculturais. Springer-Verlag.

Betsy, L., (2008). *Anatomia AMI: Core Technologies in Advanced Metering.* Ultrimetrics Newsletter, Associação de Leitura Automática de Contadores Utilimetrics, http://www.utilimetrics.org/newsletter/index.cfm?fuseaction=Newsletter.showIssu etoPrint&Issue_ID=68. Recuperado em 2008-11-26.

Boulaassal, H., Landes. T, Grussenmeyer. P. *(2009). Extração Automática de Aglomerados Planares e seus Contornos em Fachadas de Edifícios Gravados por Laser Scanner Terrestre* .International Journal of Architectural Computing, Pages1-20, ISSN 14780771.

Boye, J., (2005). *Software de Portal: Passagem de moda ou valor real.* CMS Watch.http://www.cmswatch.com/Feature/120-Case-Against-Portals.

Cambra, S., Pereira, L., Keizer, J., *(2010).Effect of The Resolution and Accuracy of DTM Produced with Aerial Photogrammetry and Terrestrial Laser Scanning on Slope- and Catchment-Scale Erosion Assessment in A Recently Burnt Forest Area: Um estudo de caso.* Assembleia Geral da EGU.

Caragliu, A., Del-Bo, C., Nijkamp, P., (2009).*Cidades inteligentes na Europa. Memorandos do Livro de Série 0048.* Universidade VU de Amesterdão, Faculdade de Economia, Administração de Empresas e Econometria.

Casey, C., Maggi, K., Faith, R., Kearnsa, M,. (2008). *Classificação da Interface Urbana das Terras Selvagens : A Comparison of Pixel- and Object-Based Classifications Using High-Resolution Aerial Photography.* Computadores, Ambiente e Sistemas Urbanos, Volume 32, Número 4, Páginas 317-326.

Celestino, O., José, R., Rodríguez, P., Juan, J., Moreira, J., Matías, M., Enoc, A,. (2010). *Técnicas de aprendizagem automática aplicadas à avaliação da precisão do GPS sob o dossel da floresta.* Revista de Engenharia de Agrimensura.

Christoph, D., Claus, B., (2006). *Registo de dados de varrimento laser terrestre utilizando manchas planas e dados de imagem.* ISPRS Comissão V Simpósio de Engenharia da Imagem e Metrologia da Visão, Volume VI.

Cici, A., Sarah, S., Claire, J., Kevin, T., (2009). *Integrating building footprints and LIDAR elevation data to classify roof structures and visualise buildings, Computers, Environment and Urban Systems.* Elsevier Ltd, Volume 33, Número 4, Páginas 285-292.

Conor. C, Timothy. M, Conor. E. (2010).*Mobile Mapping System Performance - An Initial Investigation Into The Effect Of Vehicle Speed On Laser Scan Lines.* Ciência da Computação e Informação, Edição: 2005

Cook, D., Sajal, D., (2005). *Ambientes inteligentes: Tecnologias, protocolos e aplicações.*

Cracknell, A., Hayes, L., (2007). *Introductionto Remote Sensing (2ed.).* Londres: Taylor and Francis. ISBN 0849392551.OCLC 70765252.

Curless, B., *(2000).From Range Scans to 3D Models.* ACM SIGGRAPH Computer Graphics, Vol. 33, Issue 4, pp.38-41.

Danielle, C., Garcia, L., Lara, H., Parson, C., Pitrucha, R., Aragon, Cattarello, R., Petronis, M., (2009). *Mapeamento quaternário de depósitos de terraços fluviais usando técnicas magnéticas e de levantamento de alta resolução.* Geological Society of America Abstracts with Programs, Vol. 41.

Danson, F., Hetherington, M., Koetz, B., (2007).*Forest Canopy Gap Fraction from Terrestrial Laser Scanning.* Geoscience and Remote Sensing Letters, IEEE, páginas 157 - 160, ISSN: 1545-598X.

David, C., Theodore, L., David, S. (2011). *Precalculus.* Sétima edição. Página 230.

David. B, Jon. M, Sarah. V. (2008). *Validação geométrica de um sistema de varrimento laser móvel baseado no solo.* ISPRS Journal of Photogrammetry and Remote Sensing, Volume 63, Número 1, Páginas 128-141

Davis, A., Pijanowski, B., Robinson, K., Kidwell, P., (2009). *Estimating Parking Lot Coverage in the Great Lakes Region.*Reunião anual da Associação de Geógrafos Americanos.

Deborah, S., (2003).*Green Infrastructure: Smart Conservation for the 21st Century.* Renewable Resources Journal.

Diego, G., Pablo, R., Javier, G., (2009). *Um procedimento automático para o co-registo de scanners laser terrestres e câmaras digitais.* ISPRS Journal of Photogrammetry and Remote Sensing, Volume 64, Número 3, Páginas 308-316.

Dorota, A., Grejner, B., Charles, K., Toth, S., Xiankun, W., Chris, R., (2010).*A Robust Solution to High-Accuracy Geolocation: Quadruple Integration of GPS, IMU, Pseudolite, and Terrestrial Laser Scanning.* IEEE Transactions on Instrumentation and Measurement (Transacções IEEE sobre Instrumentação e Medição)

Downes, J., Goodman, J., (2003). *Dicionário de termos financeiros e de investimento.* Baron's Financial Guides.

Duan, L., (2008). *Estudo sobre o salto de medição de rastreamento para estações totais a laser Leica.* Jornal de Ciência e Tecnologia Eletrónica.

Duminda, I., Randeniya, B., (2010). *Sude ep Sarkar, Manjriker Gunaratne. Integração de IMU usando um sistema de visão monocular de taxa de quadros lenta em um cenário real de estrada.*IEEE Transactions on Intelligent Transportation Systems.Vol.

11, No. 2.Pages. 256-266

Eetu. P, Anttoni. J, Paula. L, Juha. H. (2011).*Classificação de árvores com dados de varrimento laser móvel e hiperespectrais fundidos.* Sensores em Agricultura e Silvicultura, Volume 11, Edição 5, Páginas 5158-5182.

Esser, P., Dawes, H., Collett, J., Howells, K., (2009).*Inertial measurement unit sensing of vertical centre of mass movement.*Journal of Biomech.

Feliciano, B., Sheehan, T., (2008). *Estudo de varrimento laser terrestre da erosão de ravinas em West Bijou Creek, Arapahoe County, Colourado: Uma investigação sobre aquisição de campo e processamento de dados.* União Geofísica Americana, NASA.

Flew, T., (2008). *New media: an introduction, 3rd edn, South Melbourne.* Oxford University Press.

François, C., Emmanuel, D., Denis, P., Philippe, V., (2006). *Fusão de dados GPS/IMU utilizando filtragem Kalman multisensor: introdução de aspectos contextuais.* Elsevier. Volume 7, Número 2, Páginas 221-230.

Frank, L., Salina, Y., Thorsten, S., (2006). *Um estudo de caso de monitorização da deslocação da parede do túnel utilizando a tecnologia de varrimento a laser.*

Frej, A., (2005). *Green Office Building*: A Practical Guide to Development. Washington, D.C. ULI, The Urban Land Institute. Pp 4-8.

Gan, J., Li, Qi., Qu, Y., (2005). *Quadro do sistema de gestão de emergências de saúde pública baseado numa cidade inteligente.* IEEE, CyberGIS Studio, Universidade de Pequim, Pequim.

Gandolfi. S, Barbarella. M, Ronci. E, Burchi. A. (2008).*Close Photogrammetry And Laser Scanning Using A Mobile Mapping System For The High Detailed Survey Of A High Density Urban Area*. Os Arquivos Internacionais de Fotogrametria, Sensoriamento Remoto e Ciências da Informação Espacial. Vol. VII. Parte B5

Gang, Q., Weian, W., Zhangfeng, W., Jinglei, Z., (2006). *Livro de serviços Web de dados geográficos urbanos com base em XML*. 6ª Conferência Internacional sobre as Actas de Telecomunicações ITS. Departamento de Topografia e Geo-Informática, Universidade de Tongji, China

George, S., Atsalakis, V., (2009). *Análise das técnicas de previsão do mercado bolsista:* Sistemas Periciais com Aplicações, Volume 36, Páginas 5932-5941.

George, T., Chris, B., Jing, L., Andrew, O., Dörte, S., Marylin, W., (2006). *Estimativa da exatidão do GPS utilizando técnicas de correspondência de mapas: Applied to Vehicle Positioning and Odometer Calibration*. Computers, Environment and Urban Systems, Elsevier, Volume 30, Número 6, Páginas 757-772.

George, T., John, R., Jensen, E., Hodgson, A., Tullis, A., Judith, B., (2007)...*Impact of LIDAR Nominal Post-spacing on DEM Accuracy and Flood Zone Delineation*. Sociedade Americana de Fotogrametria e Deteção Remota, Vol. 73, pp. 793-804

Ghang, L., Hong-Hyun, K., Chi-Joo, L., Sung, H., Seok-Heon, Y., Hunhee, C., Bong Keun, K., Gu Taek, K., Kyunghwan, K., (2009). *Um sistema de seguimento do percurso de elevação baseado em tecnologia laser para uma grua de torre robótica*. Pages: 865-874.

Giménez, R., Marzolff, I., Campo, M., Seeger, M., Ries, J., Casalí, J., Álvarez-Mozos, J., (2009).*Accuracy of High-Resolution Photogrammetric Measurements of Gullies with Contrasting Morphology*.Earth Surface Processes and Landforms, Volume 34, Issue 14, pages 1915-1926.

Gleason, S., Gebre-Egziabher, D., (2009). *Aplicações e métodos GNSS*. Livro

Gordon, P., (2010), Uma Introdução à Tecnologia de Sistemas de Mapeamento Móvel. Revista GeoInformatics. Acedido através do sítio Web: http://web2.ges. gla.ac.uk/~gpetrie/Petrie Mobile_Mapping_Systems_Jan-Feb_2010.pdf.

Guarnieria, A., Vettorea, A., Pirottia, F., Menentib, M., Maranic, M., (2009).*Retrieval of Small-Relief Marsh Morphology from Terrestrial Laser Scanner, Optimal Spatial Filtering, and Laser Return Intensity*. Geomorphology, Elsevier, Volume 113, Números 1-2, Páginas 12-20.

Haifeng, L., (2009). *Aplicação da técnica RTK ao levantamento de secções transversais de auto-estradas.*

Haiming, Q., Xiaohua, Z., Hongjun, C., Jinrui, Y., (2008). *Sistema de rastreamento e localização para robô de tubulação*. Mechatronics, Elsevier, Volume 19, Edição 1, Páginas 76-84

Hayward, S., Larry, G., *(2003). Método e sistema de determinação da altitude de um objeto voador*. Patente US 6640165.

Helmut, M., (2007).*Object Extraction in Photogrammetric Computer Vision*. ISPRS Journal of Photogrammetry and Remote Sensing, Volume 63, Número 2, Páginas 213222.

Hen, G., Cheng, Z., Sh, K., Zhang, J., Long, W., (2006). *A aplicação do LIDAR no levantamento e conceção de linhas eléctricas*. Infraestrutura Nacional de Conhecimento da China.

Hiroyuki, K., (2008). *Conceção de um sistema de aterragem de aeronaves utilizando*

GASS de dupla frequência. Universidade de Stanford, páginas; 3- 29- 38- 5.

Hodge, R., Brasington, J., Richards, K., (2009). *Recolha, Processamento e Análise de Erros de Dados de Varrimento Laser Terrestre de Superfícies de Cascalho Fluvial.* Resumos do Livro Geofísico, Vol 11.

Holmgren, J., Johansson, F., Olofsson, K., Olsson, H., *(2008}.Estimation of Crown Coverage Using Airborne Laser Scanning.*Proceedings of SilviLaser, 8th international conference on LiDAR applications in forest assessment and inventory, ISBN 978-0-85538-774-7.

Hongxing, L., Douglas, S., Songgang, G., (2007). *Extração automatizada de linhas costeiras a partir de dados de deteção e telemetria aérea e avaliação da precisão com base na simulação de Monte Carlo.* Journal of Coastal Book, Volume 23, Edição 6: Páginas 1359 - 1369.

Hughes-Hallett, D.; Connally, E.; McCallum, W., (2007). *College Algebra.* John Wiley & Sons Inc. Página 205, ISBN 0471271756, 9780471271758.

Hunter, C., Kremer, J., (2006). *Desenvolvimento de um sistema comercial de cartografia móvel por varrimento laser.* Segundo Workshop Internacional, o Futuro do Controlo Remoto.

Hyo, S., Park, H., Soo, K., Jae, H., (2008).*Aplicação de GPS para monitorizar as respostas induzidas pelo vento em edifícios altos.*The Structural Design of Tall and Special Buildings.Volume 17. Pages: 117-132.

Jaboyedoff, M., Demers, D., Locat, J., Locat, A., Locat, P., Oppikofer, T, Robitaille, D., Turmel, D., (2009).*Utilização de varrimento laser terrestre para a caraterização de deslizamentos retrógrados em argilas sensíveis e de deslizamentos rotacionais em margens de rios.* Canadian Geotechnical Journal, Volume 46, pp. 1379-1390.

Jason, W., (2009) .*Mobile Laser Scanning with 1cm Accuracy* .Acedido através do sítio Web: http://www.laserscanning.org.uk/forum/viewtopic.php?f=42&t=1360.

Jawhar, I., Mohamed, N., Shuaib, K., (2007). *A Framework For Pipeline Infrastructure Monitoring Using Wireless Sensor Networks.* Simpósio de Telecomunicações Sem Fio.páginas: 1 - 7 , ISBN: 978-1-4244-0696-8.

Jennifer, E., Stacy, A., Nelsonb, C., George, H., (2009). *An Object Extraction Approach for Impervious Surface Classification with Very-High-Resolution Imagery (Uma Abordagem de Extração de Objectos para Classificação de Superfícies Impermeáveis com Imagens de Muito Alta Resolução).* The Professional Geographer, Volume 61, Número 2, Páginas 250 - 26.

Jeong, H., Dong-Hoon, J.,Byung-Guk, K., (2006).*Photograph Database for Highway Facility Management in Mobile Mapping System.* Computational Science and Its Applications- Computer Science, Volume 3981/2006, 996-1002.

Jessica, L., Morgan, S., Gergel, E., Nicholas, C., (2010)...*Fotografia Aérea: Uma ferramenta em rápida evolução para a gestão ecológica.* Instituto Americano de Ciências Biológicas, Páginas 47-59, ISSN 0006-3568

Jiang, S., Sheng, Y., Li, Y., Liu, H., Dai, H., (2007).*Rapid Surface Modelling of Large Strip Objects Based on Vehicle-borne Laser Scanning.* Jornal de Ciência da Geo-Informação.

Jie, C., Baoquan, C., (2008). *Modelação arquitetónica a partir de dados de alcance escassamente digitalizados.* Jornal Internacional de Visão por Computador, Volume 78, Números 2-3, 223236, DOI: 10.1007/s11263-007-0105-5.

Jin-feng, S., Wei-dong, S., Ji-chao, Z., Dong-mei, Z., (2008). A aplicação da moderna tecnologia de levantamento topográfico no levantamento mineiro.Journal Of Coal Science And Engineering (China). Volume 14. Pages: 283-286.

Jin-Suk, K., Yonghee, Y., Mee, Y., (2007)... *Conceção de MMS (Mobile Mapping Systems) aplicável a LBS (Local Based Services).* Smart Information Management, 2nd International Conference- ISBN: 978-1-4244-1475-8 - páginas 487 - 492.

Joanna, N., Giles, W., (2010). *A aplicação da varredura a laser terrestre à medição da nuvem de saltação eólica e sua resposta à mudança da umidade da superfície.* Processos da superfície terrestre e formas de terra, Volume 36, Edição 2, páginas 273278.

Joanna. M, Giles. W, Robert. S, Squirrell. (2011). *Mobilidade da faixa de areia eólica e desenvolvimento de protodunas em uma praia de secagem: Examinar a humidade da superfície e os padrões de rugosidade da superfície medidos por varrimento laser terrestre.* Earth Surface Processes and Landforms, Volume 36, Número 4, páginas 513-522

Johanna. H, Petteri. A,Juha. H, Hannu. H. (2011). *Aplicações de digitalização a laser em estudos fluviais.* Physical Geography, doi:10.1177/0309133311414605

John, A., Cain, F., (2009). *Sistema e método para localizar e restaurar linhas de serviço na reabilitação de condutas.* Publicação de pedido de patente dos Estados Unidos, Pub. N.º: US 2009/0272452 A1

Jonathan, P., Resop, W., Cully, H., (2010). *Varrimento laser terrestre para monitorizar o recuo de margens de cursos de água: Comparação com técnicas tradicionais de levantamento topográfico.* Jornal de Engenharia Hidráulica, Volume 136, Número 10.

Karim, H., Fadi, D., Nicolas, P., (2009). *Extracting Building Footprints from 3d Point Clouds Using Terrestrial Laser Scanning At Street Level.* IAPRS, Vol VIII, Parte 3/W4

Kenner. R, Phillips. M, Danioth. C, Denier. C, Thee. P, Zgraggen. A. (2011). *Investigação da perda de rocha e gelo numa parede rochosa de montanha recentemente deglaciada usando varredura a laser terrestre: Gemsstock, Alpes Suíços.* Ciência e Tecnologia das Regiões Frias, Volume 67, Número 3, Páginas 157-164

Kersten, T., Mechelke, K., Lindstaedt, M., Sternberg, H., (2009).*Methods for Geometric Accuracy Investigations of Terrestrial Laser Scanning Systems.* Photogrammetrie - Fernerkundung - Geoinformation, pp. 301-315.

Kevin, T., Ian, C., Andrew, A., Anthony, D., Alistair, L., (2008).*Object-Oriented Classification of Very High Resolution Airborne Imagery for the Extraction of Hedgerows and Field Margin Cover in Agricultural Areas.* Applied Geography, Volume 29, Número 2, Páginas 145-157.

Khider, M., Kaiser, S., Robertson, P., Angermann, M., (2008). Um novo modelo de movimento para peões adequado à navegação pessoal. Centro Aeroespacial Alemão - Acesso através do sítio Web: http://www.kn-s.dlr.de/People/SKaiser/Papers/ENC_GNSS_ Final_Khider.pdf

Klaus, M., Thomas, K., Maren, L., (2007).*Comparative Investigations Into the Accuracy Behaviour of the New Generation of Terrestrial Laser Scanning Systems.* Optical 3-D Measurement Techniques VIII, Vol I, pp. 319-32

Komninos, N., (2009). *Intelligent cities: towards interactive and global innovation nvironments (Cidades inteligentes: rumo a ambientes de inovação interactivos e globais).* Revista Internacional de Inovação e Desenvolvimento Regional.

Kontogianni,V., Drakos, A., Haritantis, I., Stiros, S., (2008). A *review of surveying* *methods for sports and leisure.Survey Review.*Volume 40. Páginas: 67-73.

Kukko. A, Kaartinen. H, Kaasalainen. S, Vaaja. M, Anttila. K. *(2010).Mapping Topograph Changes And Elevation Accuracies Using A Mobile Laser Scanner.* Ubiquitous Positioning Indoor Navigation and Location Based Servics, ISBN: 978-1-4244-7880-4,Pages1-6.

Lang, S., (2008).*Análise de imagens baseada em objectos para aplicações de deteção remota: Modelação da Realidade - Lidar com a Complexidade.* Ciências da Terra e do Ambiente, Páginas 3-27.

Lee, L., Ge, L., (2009). Comparação do Laser Scanner Terrestre com a Fotogrametria Aérea Digital para a extração de cumes nos arrozais. Survey Review Ltd, Páginas. 253-267.

Li, Qt, S., *(2001).Book On Smart City Framework Architecture.* IEEE explorer.

Liang, X., Litkey, P., Hyyppa, J., Kukko, A., Kaartinen, H., Holopainen, M., (2008)... *Deteção e reconstrução de troncos ao nível da parcela utilizando dados de varrimento laser terrestre de modo único.* Earth Observation and Remote Sensing Applications, páginas 1 - 5, ISBN: 978-1-4244-2393-4.

Lijun, Z., Qiu, L., Zizheng, W., Huijie, L., Zhongsheng, L., Yao, G., Kletzli, R., Xiaodong, Y., Shuming, C., Yanjing, L., (2007). *Aplicação de Lidar na seleção e desenho de rotas de linhas eléctricas.* Simpósio de Geociências e Deteção Remota. ISBN: 978-1-4244-1211-2. Pages: 3109 - 311.

Ling, J., Zhi-gang, H., Rui, L., (2010).*Um filtro adaptativo de modelos múltiplos em interação para a aviação civil baseada em GNSS.* Conferência Aeroespacial e Eletrónica (NAECON), Actas do IEEE.

Liu, C., Lu, C., (2005). A análise de dados de *varredura a laser de três dimensões e amostragem de topografia.*

Liu, X., Zhang, H., (2008). *Modelação espacial triangular inteligente de edifícios com base em dados de varrimento a laser.* Science of Surveying and Mapping Journal.

Liu, Y., Yang, F., Liang, Y., Pan, Q., (2007). *Aplicação do Sistema de Avaliação MapXin de Emulação de Radar.* Infraestrutura Nacional de Conhecimento da China.

Lou, D., Liao, L., (2005). *Simplificação de dados LIDAR terrestres com base na partição quad-tree.* Jornal de Aplicações Informáticas, ISSN:1001-9081

Loukas, G., (2004). *Análise de Fourier clássica e moderna.* Prentice-Hall, ISBN 0-13-035399-X.

Luc, A., Ibnu, S., (2005). *Uma introdução à análise de dados espaciais.*

Maasa, G., Bienerta, A., Schellera, S., Keaneb, E., *(2008}. Determinação Automática de Parâmetros de Inventário Florestal a partir de Dados de Laser Scanner Terrestre.* International Journal of Remote Sensing, Volume 29, Número 5, Páginas 1579 - 1593

Mark, U., Douglas, B., Marc, W., (2007). *Estimation of Walrus Populations on Sea Ice with Infrared Imagery and Aerial Photography (Estimativa das Populações de Morsas no Gelo Marinho com Imagens de Infravermelhos e Fotografia Aérea).* Marine Mammal Science, Volume 24, Número 1, Páginas 57-70.

Markus, A., Abraham, B., Ruijie, H., Samuel, P., Nicholas, R., (2009). *Visão Estéreo e Odometria Laser para Helicópteros Autónomos em Ambientes Interiores com GPS negado.* Sociedade Internacional de Engenharia Ótica.

Marzolff, I., Poesen, J., (2008). *The Potential of 3D Gully Monitoring with GIS Using*

High-Resolution Aerial Photography and A Digital Photogrammetry System. Geomorphology, Volume 111, Números 1-2, Páginas 48-60.

Matti, L., Anttoni, J., Juha, H., Antero, K., Harri, K., (2010). *Deteção de objectos semelhantes a postes verticais num ambiente rodoviário utilizando dados de varrimento laser com base em veículos.* Sensoriamento Remoto, 641-664.

Meguro, M., Takiguchi, J., Amano, Y., Hashizume, T., (2008).*Melhoria da precisão do GPS através da seleção de satélites utilizando uma câmara de infravermelhos omnidirecional.*Intelligent Robots and Systems.pages: 1804 - 1810, ISBN: 978-1-42442057-5.

Mehdi, R., Armin, G., (2011). *Extração automática de edifícios 3D a partir de imagens aéreas e espaciais para a gestão do risco sísmico.* Georisk: Assessment and Management of Risk for Engineered Systems and Geohazards, Volume 5, Número 1, Páginas 77 - 96.

Meng, Y., (2009). *Novos métodos de reparação móvel de condutas subterrâneas urbanas.* Tongfang Knowledge Network Technology, DOI: CNKI:SUN:GLGX.0.2009-04- 013.

Merz, P., Reimer, K., Weiss, M., Schwarzelbach, O., Schroder, C., Giambastiani, A., Rocchi, A., Heller, M., (2010).*Combined MEMS inertial sensors for IMU applications.Micro Electro Mechanical Systems (MEMS)*, IEEE 23rd International Conference. ISBN: 978-1-4244-5761-8.

Michael, K., Boris, J., Uwe, S., (2008).*Iterative Processing of Laser Scanning Data by Full Waveform Analysis.*ISPRS Journal of Photogrammetry and Remote Sensing. Volume 63, Edição 1, Páginas 99-114.

Mike, J., Smith, J., Chandler, R., (2008). *Aquisição de dados de alta resolução espacial para as Geociências: Kite Aerial Photography.* Earth Surface Processes and Landforms, Volume 34, Número 1, páginas 155-161

Avaliação do Ecossistema do Milénio. (2005). Ecosystems and Human Well-being: Síntese da Biodiversidade. Resumo para os decisores.pp.1-16. Washington, DC: Instituto dos Recursos Mundiais. A gama completa de relatórios está disponível no sítio Web da Avaliação do Ecossistema do Milénio. Recuperado em: 2009-03-10.

Mirzaei, F.M., Roumeliotis, S.I., (2008). *A Kalman Filter-Based Algorithm for IMU-Camera Calibration: Observability Analysis and Performance Evaluation.* IEEE Robotics and Automation Society. ISSN: 1552-3098. Volume: 24 Issue:5, pages: 1143 - 1156.

Murphy, E., Acuna, A., Dumbrell, I., (2010). *Determinação do valor da árvore e do rendimento do produto em toro em plantações de pinheiro radiata (Pinus Radiata) na Austrália: Comparações de varrimento laser terrestre com um sistema de inventário florestal e medições manuais.* Canadian Journal of Forest Book, Volume 40, pp. 22232233.

NASA (2010). *Livro experimental avançado LIDAR.* Recuperado em setembro de 2010.

Conselho Nacional do Livro. (EUA). (1995). *The global positioning system: a shared national asset : recommendations for technical improvements and enhancements. Comité sobre o Futuro do Sistema de Posicionamento Global*, Academia Nacional de Administração Pública. National Academies Press. Página 16.ISBN 0-309-05283-1.

Nickitopoulou, A., Protopsalti, K., Stiros, S., (2006). *Monitorização de deformações móveis e quase estáticas de grandes estruturas de engenharia flexíveis com GPS: Precisão, limitações e promessas.* Engineering Structures, Elsevier. Volume 28, Número 10, Páginas 1471-1482

Norbert, P., Christian, B., (2007). *Aspectos Geométricos da Varredura a Laser Aérea e da Varredura a Laser Terrestre.* Workshop ISPRS sobre Digitalização Laser, Volume VI, Parte 3 / W52.

Omar, M., Umaru, G., Wali, S., Shreedhar, M., McArd, M., (2009). *Monitorização do nível da* água *utilizando dados de deteção remota por radar: Aplicação ao Lago Kivu, África Central.* Elsevier Ltd.

Oppikofer, T., Jaboyedoff, M., Blikra, L., Derron, L., Metzger, R., (2009).*Characterization and Monitoring of The Rockslide using Terrestrial Laser Scanning.* Riscos naturais e ciências do sistema terrestre. Páginas 1003-1019

Pan, G., Wang, S., Chen, C., Zhang, D., (2010).*Desenvolvimento e aplicação de um sistema de levantamento automático em túneis de proteção.* Jornal da Universidade de Tongji, Ciência Natural.Vol. 38. Pagers: 459-463.

Paskaleva, K., (2009). *Enabling the smart city: The progress of e-city governance in Europe.* Revista Internacional de Inovação e Desenvolvimento Regional.

Peter, B., Bridgeyate, B., (2009). *Levantamento de condutas enterradas.* Patente dos Estados Unidos, Patente n.º: US 7,635,976 B2

Peter, D., Norbert, P., (2008). *A Comprehensive Automated 3D Approach for Building Extraction, Reconstruction, and Regularization from Airborne Laser Scanning Point Clouds.* Sensores, Páginas 7323-7343.

Petri. R, Hannu. H, Juha. H, Henrik. H. (2009). *Orientation Of Airborne Laser Scanning Point Clouds With Multi-View, Multi-Scale Image Blocks.* Sensors in Agriculture and Forestry, Volue 9, Issue 8, Pages 6008-6027

Qiu, J., (2008). *Varrimento Laser Terrestre para Monitorização da Deformação da Engenharia do Túnel do Metro Atravessado por Tubagem Térmica.* Arquivos Internacionais de Fotogrametria, Sensoriamento Remoto e Ciências da Informação Espacial.

Resop, J. P., Kozarek, J.L., Hession, W. C., (2010). *Varrimento Laser Terrestre para Quantificação de Medidas de Complexidade Hidráulica e de Habitat: Uma Comparação com Técnicas Tradicionais de Levantamento.* União Geofísica Americana.

Richard, L., Peter, B., Michelle, P., Laurie, C., (2007). *Classification of Australian Forest Communities Using Aerial Photography, CASI and Hymap Data.* Sensoriamento Remoto do Meio Ambiente, Volume 112, Edição 5, Páginas 2088-2103.

Sanjay, K., Marc, F., Keith, J., Rawn, S., Norbert, B., (2005). Bússola da Arquitetura Orientada para os Serviços (SOA): Business Value, Planning, and Enterprise Roadmap. Livros da IBM Press, 978-0131870024

Sawabe, W., Goto, Y., Kobayashi, K., Watanabe, (2008). *Aplicação do filtro de partículas ao sistema de navegação autónomo para ambientes exteriores.* Conferência Anual da SICE. ISBN: 978-4-907764-30-2. páginas: 93 - 96.

Schmidt, D., Winne, H., (2007). *Avaliação do potencial dos sistemas globais de navegação por satélite para sistemas avançados de assistência ao condutor* - Conferência sobre navegação (ENC-GNSS).

Schurch, P., Densmore, A., Rosser, N., Lim, J., Michael, M., Brian, W., (2010).*Change Detection Using Terrestrial Laser Scanning in Steep Terrain and Complex Surface Geometry - Survey Planning, Data Processing And Validation.* Assembleia Geral da EGU, NASA.

Schwarz, K.P., El-Sheimy, N., (2007).*Smart mobile mapping systems-state of the art and* *future trends.*Advances in Mobile Mapping Technology- Taylor & Francis Group, London, ISBN 978-0-415-42723-4.

Scott, Z., Hilary, E., Snell, D., Michael, D., Edward, B., Berrien, M., *(2009).End-To-End Testbed For Rapid Analysis Of Laser Remote Sensingdata And Application To Flight Data In Preparation For Ascends.* ASM Phoenix.

Shahar, B., Sagi, F., Victor, A., (2007). *A Supervised Approach for Object Extraction from Terrestrial Laser Point Clouds Demonstrated on Trees (Uma abordagem supervisionada para a extração de objectos de nuvens de pontos laser terrestres demonstrada em árvores).* International Archives of Photogrammetry, Remote Sensing and Spatial Information Sciences (Arquivos Internacionais de Fotogrametria, Sensoriamento Remoto e Ciências da Informação Espacial).

Shi, P., George, V., (2009). *Reconstrução baseada no conhecimento de modelos de edifícios a partir de dados de varrimento laser terrestre.* ISPRS Journal of Photogrammetry and Remote Sensing, Volume 64, Número 6, Páginas 575-584.

Siege, S., Dauber, N., Shim, J., (2005). *The Vest Pocket CPA.* Wiley.

Simon, J., Buckley, J., Howell, H., Enge, K., (2008). *Varrimento Laser Terrestre em Geologia: Aquisição de dados, processamento e considerações de precisão.* Journal of the Geological Society. p. 625-638.

Soe, W., Myinta, P., Anthony, B., Susanne, G., Qihao, W., (2011).*Object-Based Classification of Urban Land Cover Extraction Using High Spatial Resolution Imagery.* Remote Sensing of Environment, Volume 115, Edição 5, Páginas 11451161.

Sullivan, A., Steven, M., (2003).*Sheffrin.Economics.*Principles in action.ISBN 0-13063085-3. Page: 272.

Sylvie, S., Roderik, L., Massimo, M., Pete, T., (2009).Incidence *Angle Influence On The Quality Of Terrestrial Laser Scanning Points.* Workshop ISPRS.

Sylvie, S., Roderik, L., Massimo, M., Peter, T., (2011). *Geometria de varrimento: Fator de influência na qualidade dos pontos de varrimento laser terrestre.* Sociedade Internacional de Fotogrametria e Deteção Remota (ISPRS), Elsevier

Tanabe, M., Besselaar, P., Ishida, T., (2002).*Smart Cities II: Computational and Sociological Approaches*, Springer-Verlag.

Estudo do Instituto Nacional de Normas e Tecnologia dos EUA. (1999). http://www.spectrum.ieee.org/WEBONLY/publicfeature/aug03/bbcost.html. Acedido em (2009).

Thomas, R., Duane, E., Daniel, D., Richard, H., Michael, P., McCann, T., Wayne, R., Michael, R., Brent, R., Rich, S. (2001). *Infraestrutura de rede inteligente para o sistema de observação oceânica MBARI.* Instituto do Livro do Aquário da Baía de Monterey.

Thomas. (2005). *Arquitetura* orientada para os serviços*: Concepts, Technology, and Design.* Upper Saddle River: Prentice Hall PTR. ISBN 0-13-185858-0.

Thomas. P, Kersten. M, Maren. L, Harald. S. (2008). *Investigações sobre a exatidão geométrica dos mais recentes sistemas de digitalização laser terrestre.*

Timothy. F, Alastair. D, Matthew. H, Paul. B. (2010). *Utilização de dados de varrimento a laser terrestre para a criação de modelos de inundação urbana de resolução decimétrica.*

Tischler, M., Garcia, M., Peters-LIDAR, C., Moran, M., Miller, S., Thoma, D., Kumar, S., Geige, S., (2007). A *GIS framework for surface-layer soil moisture estimation combinando medições de radar por satélite e modelação da superfície terrestre com estimativa das propriedades físicas do solo,* Elsevier Ltd.

Toledo-Moreo, R., Betaille, D., Peyret, F., (2009).Fusing GNSS, Dead-Reckoning, and Enhanced Maps for Road Vehicle Lane-Level Navigation.Journal of Selected Topics in Signal Processing.

Tony, F., Chan, S., (2005) *Processamento e Análise de Imagens - Variação.* PDE, Wavelet, e Métodos Estocásticos por, ISBN 089871589X

Tunstel, E., John, M. (2009). *Terrence Fong e Debra Schreckenghost.* Desempenho de levantamento robótico móvel para a caraterização de locais de superfície planetária. Avaliação de desempenho e benchmarking de sistemas inteligentes. Pagers: 249-268.

Valerie. (2009). *Tecnologia móvel de digitalização a laser para aplicação em levantamentos topográficos:* Da recolha de dados aos produtos finais. FIG Working Week - Surveyors Key Role in Accelerated Development.

Varady, T., Martin, R., Cox, J., *(1997).Reverse Engineering of Geometric Models An Introduction.* Computer Aided Design 29 (4), 255-268.

Verne, K., Ryan, K., (2009). Google planeia medidor para detalhar o uso de energia em casa.   http://www.sfgate.com/cgi-bin/article.cgi?f=/c/a/2009/02/10/BULM15RHFH. DTL&type=tech. Recuperado em 2009-02-11.

Wade, T., Sommer, S., (2006) A to Z GIS: Um Dicionário Ilustrado de Sistemas de Informação Geográfica.

Wang, Z., Jamshidi, J., Maropoulos, P., Owen, G., Mileham, P., (2008). *Implantação experimental do sistema de metrologia de grande volume com GPS interno numa instalação de produção em grande escala.* Conferência Internacional sobre Engenharia de Produção.

Wang.(2010). *Análise dos Elementos Interferentes na Deteção de Defeitos em Condutas na Estação de Recolha e Transferência de Gás Natural com Tecnologia de Ondas Guiadas por Ultra-sons.* Tsinghua Tongfang Knowledge Network Technology, DOI: CNKI:SUN:GAGU.0.2010-02-016.

Wanyun, L., (2010). *O sistema de navegação por satélite B eidou cobrirá todo o mundo em 2020. Acedido através do sítio Web:* http://eng.chinamil.com.cn/news-channels/china- military-news/2010-05/20/content_4222569.htm.

Wing, M., Eklund, A., Kellogg, L., (2005). *Consumer-Grade Global Positioning System (GPS) Accuracy and Reliability (Precisão e Fiabilidade do Sistema de Posicionamento Global (GPS) para o consumidor).* Journal of Forestry, pp. 169-173(5)

Won, S., Golnaraghi, F., Melek, W., (2008). *Um Sistema de Seguimento de Ferramentas de Fixação Utilizando uma IMU e um Sensor de Posição com Filtros de Kalman e um Sistema Especialista Fuzzy.* Sociedade de Eletrónica Industrial do IEEE. ISSN: 0278-0046.

Conselho Empresarial Mundial para o Desenvolvimento Sustentável (2007). *Eficiência energética nos edifícios:* realidades e oportunidades de negócio.

Worrall, A. (2007). *Desenvolvimento de procedimentos de garantia de qualidade para levantamentos cadastrais utilizando tecnologia GPS.*

Wu, Wen-jin (2009). *Utilização da tecnologia* 3S *na deteção e gestão de condutas subterrâneas.*   Tongfang   Knowledge   Network   Technology,   DOI: CNKI:SUN:GDGS.0.2009-03-006.

Xiang, L., Xiang, L., Xiao, B., Jian, N., (2010). *Novo método de levantamento e mapeamento do plano arquitetónico com imagens de retícula laser.*

Xu, J., Wan, Y., Zhang, S., (2008). *Sobre o método de simplificação da nuvem de pontos terrestres LIDAR.* Journal of Geomatics.

Yin, J., Sun, C., Zheng, Y., (2007)...*Estudo de aplicação da tecnologia de medição a laser aerotransportada na construção de linhas de transmissão UHV.*

Yin, S., Shi, K., Gao, Z., (2009). *Discussão sobre o plano tecnológico do sistema de informação de condutas subterrâneas urbanas.* Tongfang Knowledge Network Technology, DOI: CNKI:SUN:JZSX.0.2009-02-227.

Ying, C., Chaowei, Y., David, W., (2009). *Um sistema interoperável de divulgação de dados de radar meteorológico espácio-temporal.* International Journal of Remote Sensing, Volume 30, Número 5, páginas 1313 - 1326.

Yuhong, H., Steven, E., Franklinb, X., Guoc, G., Stenhoused, B., (2011). *Classificação orientada a objectos de imagens de multi-resolução para a extração de perturbações florestais lineares estreitas.* Cartas de Sensoriamento Remoto, Volume 2, Edição 2, Páginas 147 - 155.

Yusuf, A., (2007). *Uma abordagem para a modelação de dados do mundo real com o scanner laser terrestre 3D para o ambiente construído.* Automation in Construction, Elsevier, Volume 16, Número 6, setembro de 2007, Páginas 816-829.

Zabela. L, Júlia. A, Pedro. A, Henrique. L. (2009). Modelação de Pontes Históricas Utilizando Varrimento Laser, Radar de Penetração no Solo e Métodos de Elementos Finitos no Contexto da Dinâmica Estrutural. Estruturas de Engenharia, Volume 31, Número 11, Páginas 2667-2676

Zhai, J., Wang, Q., Lv, M., (2008).*China Application of XML Topic Maps to Knowledge Navigation and Information Retrieval for Urban Traffic Information Portal.* Escola de Economia e Gestão, Universidade Marítima de Dalian, Actas da 27ª Conferência Chinesa de Controlo, Kunming, Yunnan.

Zhang, H., Li, C., Peng, S., (2005).*Real-Time Model Method For Leakage Detection Of Gas Transmission Pipelines.* Tongfang Knowledge Network Technology, DOI: cnki:ISSN:1000-0976.0.2005-10-035

Zhang, K., Xiao, B., (2003).*GPS e sistema de mapeamento móvel multisensor.*Journal of Natural Sciences, Volume 8, Número 2, 557-56.

Zhang, L., Song, S., Wang, Z., Zhao, S., (2009). *O método de deteção e levantamento de condutas subterrâneas do distrito portuário de Nanjiang no porto de Tianjin.* Tecnologia da Rede de Conhecimento de Tongfang, DOI: CNKI:SUN:DBCH.0.2009-01-067

Zhenli, W., Xiuxiao, Y., *(2009). Análise da exatidão dos elementos de orientação exterior na paralaxe vertical em fotogrametria aérea suportada por POS.* Simpósio Internacional sobre Análise Espacial, Modelação de Dados Espaciais-Temporais e Extração de Dados, Volume 7492.

Zhu-Jun, G., Zhi-Yuan, Z., Xue-Zheng, S., Lin, L., Yong, Z., Dong-Sheng, Y., Yong-Mei, L., (2010). *Um modelo para estimar a cobertura florestal total com fotografia digital baseada no solo.* Pedosphere, Volume 20, Edição 3, Páginas 318-325.

Buy your books fast and straightforward online - at one of world's fastest growing online book stores! Environmentally sound due to Print-on-Demand technologies.

Buy your books online at
www.morebooks.shop

Compre os seus livros mais rápido e diretamente na internet, em uma das livrarias on-line com o maior crescimento no mundo! Produção que protege o meio ambiente através das tecnologias de impressão sob demanda.

Compre os seus livros on-line em
www.morebooks.shop

MIX
Papier aus verantwortungsvollen Quellen
Paper from responsible sources
FSC® C105338

FSC
www.fsc.org

Printed by Books on Demand GmbH, Norderstedt / Germany